当时用相机拍下的池塘，为天鹅搭建的钢架子在水面中央；可惜被树枝遮挡，但仍依稀可辨。

A. 拉波波特晚年在加拿大多伦多郊外居住的独体别墅。

清晨，A. 拉波波特已经完成了一天的主要写作任务——在后半夜同虚拟的俄罗斯亡灵对话。

2000 年,89 岁的 A. 拉波波特照例在入睡前弹钢琴。

2007 年,在人生的终点,96 岁的人瑞 A. 拉波波特还在演奏欧洲古典音乐。

(本图由 A. 拉波波特的长子 Mr. Tony Rapoport 提供)

与俄罗斯人的对话

两个世纪社会进化的系统论观点

托尔斯泰卷

[美] A.拉波波特 著

黄觉 唐云燕 高云 译

闵家胤 校

漓江出版社

桂林

图书在版编目(CIP)数据

与俄罗斯人的对话：两个世纪社会进化的系统论观点／（美）A. 拉波波特 著；黄觉，唐云燕，高云 译；闵家胤 校. ——桂林 ：漓江出版社，2016.9

ISBN 978-7-5407-7870-5

Ⅰ. ①与… Ⅱ. ①拉… ②黄… ③唐… ④高… ⑤闵… Ⅲ. ①社会科学－文集 Ⅳ. ①C53

中国版本图书馆 CIP 数据核字(2016)第 160601 号

策　　划：郑纳新
责任编辑：王红军
封面设计：李诗彤
内文排版：姜政宏

出版人：刘迪才
漓江出版社有限公司出版发行
广西桂林市南环路 22 号　邮政编码：541002
网址：http://www.lijiangbook.com
全国新华书店经销
销售热线：021-55087201-833

山东德州新华印务有限责任公司印刷
（山东省德州市经济开发区晶华大道 2306 号　邮政编码：253000）
开本：880mm×1230mm　1/32
印张：16.75　字数：270 千字
2016 年 9 月第 1 版　2016 年 9 月第 1 次印刷
定价：58.00 元（全二册）

中文版代序

阿纳托尔·拉波波特学述[①]

闵家胤

20 世纪 80 年代初刚刚接触系统论的时候，我就知道“一般系统论”是美国理论生物学家 L. 冯·贝塔朗菲、经济学家 K. 保尔丁、生理学家 P. 韦斯和数学家 A. 拉波波特（Anatol Rapoport）在 50 年代中期创立的，还知道拉波波特是一位博弈论专家。

1986 年第一次到荷兰做访问学者，我在自由大学图书馆里初次读到拉波波特的文章，并且发现从 1956 年到 1977 年的 21 年间，他一直是《一般系统年鉴》的主编，由此推断他对创立和推进这门新学问贡献甚伟。

1987 年，我在告别荷兰自由大学归国的前夕，得知拉波波特最近出了一本《一般系统论》，便决定要组织翻译出中文

---

① 此文原本为学兄牛志强策划的《世界犹太裔文化名人传》（正续两集）（北京：中国工人出版社，2003 年）撰写，现略作修改，以为代序。

版。得到加拿大友人、现在在瑞士兰德格巴哈伊国际学院担任院长的 H. B. 丹尼斯教授的帮助，我很快同在多伦多大学任终身教授的拉波波特建立了联系。应我的请求，他慷慨地放弃了中文版的版税，寄来了作者照片、小传和中文版序言，并且一次一次详细解答我们在翻译和校译过程中遇到的问题。这本书在 1994 年由福建人民出版社出版之后，我给他寄了五本，并附上一封感谢信——我原以为同他的交往就止于此了；没想到几年之后还有机会同他见面、交流并加深了了解和情谊。

2000 年 7 月，我应邀到加拿大瑞尔森多技术大学参加"系统科学 2000 年世界大会和国际系统科学研究会第 44 届年会"，此前我曾写信联系，得到拉波波特的欢迎——会后我可以到他家住一段时间，当面交流。

7 月 16 日上午，我同来自全球的 400 位学者和科学家一道端坐在瑞尔森多技术大学的学术报告厅里。执行主席宣布，大会由一般系统论四位创始人当中的唯一健在者 A. 拉波波特，和控制论三位创始人当中的唯一健在者 S. 比尔（另两位是 N. 维纳和 W. R. 艾什比）共同担任名誉主席，并请拉波波特致开幕词。一位老人踽踽走上讲台，台灯的光线从下向上映照出他白皙清秀的脸庞，秃顶，两边稀疏的白发，一对极富吸引力的黑眼睛，目光从黑边眼镜框上投射下来——同我熟悉的印在《一般系统论》扉页前面的那张标准像非常相像，只是老了许多。

拉波波特开幕词的题目是《世界系统观念:一般系统研究的∫(积分)标记》。他说,一般系统论的四位创始人共同关心用“系统”概念来整合人类知识,并用∫(积分符号)作为一般系统论的会标。“整合”也是社会和政治的概念。只有在广泛合作基础上的整合才能使我们这个物种在地球上免遭灭亡。在致词的结尾处,拉波波特引用系统论另一位创始人、曾任美国科学促进会会长的经济学家 K. 保尔丁的一段话说:

“保尔丁区分出三种社会控制模式:威胁、交换和爱。威胁是专制和独裁的特点:做(或不做)这个或那个,否则你就会受到惩罚;这种模式的基础是对被统治者始终保持威压。交换是近代自由资本主义的特点:你为我做这个,我就为你做那个;这种模式的基础是人们直接的切身利益。爱是整合的全面合作的社会的特点。人们受到关心、照顾等,因为他们是社会的成员。”然后他接着说道:“我认为这三种模式代表道德的三个层次。交换比威胁道德,而爱又比交换道德。放到性关系语境来看,我认为嫖妓要比强奸道德,而一夫一妻制又比嫖妓道德。就政治语境而言,我认为民主资本主义要比极权主义道德,而民主社会主义又比民主资本主义道德。”这几句话言简意赅,讲得实在精彩。

在开大会的七天当中,我同拉波波特接触不多,很多时候他也没来——毕竟是 90 岁的老人了。最后一天,按照约定,我们一起参加了一个小型的研讨会,然后我就是他个人的客人了。我们一起搭乘公共汽车回家。

拉波波特的家,给我的印象是位于多伦多市区的边缘,整个就是一个小型的森林公园。十几户人家,各人有各自样式的房子、花园、绿地以及房前屋后的树木。中间有一条环形的甬道,大树的浓荫笼罩着。见过他的夫人,喝过咖啡之后,他带我沿甬道走了一圈。这真是世外桃源,不但有鸟在林间飞来飞去,还有松鼠蹿上跳下。

“你们怎么把房子盖到公园里来了?”我不由得发问。

“不,”他回答说,“二十几年前,这里是市郊的一片荒地。我们先后到这里来盖房、种树、养花,渐渐地就形成这样一片森林住宅区了。最妙的是中间的这个池塘……”

我顺着他的手指向前看,透过一层层树叶和藤萝,可看到一池清水,有两个篮球场那么大,没有一点点受到污染的痕迹。夕阳透过树荫把粼粼的光洒在水面上,我不由得想起老年凯瑟琳·赫本主演的那部电影《金色池塘》。我们沿着池塘边的甬道走,拉波波特给我讲了一个发生在池塘里的故事。

原先,在池塘里一直生活着几只鳄龟。后来,这里飞来了几只天鹅。起初,它们倒也相安无事;等天鹅生了一窝蛋,争端就起来了——几只老鳄龟把蛋吞吃了。一部分居民怒不可遏:鳄龟太霸道了!为了保护天鹅,必须消灭鳄龟!另一部分居民争辩说,不,鳄龟是池塘里的原住民,恰如印第安人是美洲的土著;天鹅是外来的移民,恰如白种人到达了美洲。倘若消灭鳄龟，就等于白人对印第安人实行种族灭绝。于是，园区的居民开了一个辩论会。争辩得出来的结论是：建一个乌龟爬不上去的钢架子，让天鹅在上面产卵和孵蛋，二者就重新相安无事了。

听了这个有趣的故事，我不由得想到，说到底，“民主”就是社会系统内的最佳选择机制，而政治则是妥协的艺术。用民主的方法解决问题，上面这个小小的难题不就很快找到最佳的解决办法了吗？达成妥协，不就又相安无事了吗？

说着说着我们走回了家。吃完晚餐，端着一杯咖啡，坐在书房的沙发上，拉波波特给我讲述了他的一生。

1911 年 5 月 22 日，拉波波特出生在乌克兰洛佐瓦亚(Lozovaya)的一个犹太人家庭，该市位于顿河西岸。说到这儿，我们立刻有了共同的话题，兴奋地谈起肖洛霍夫的《顿河故事》和《静静的顿河》。他说，童年时代正值苏联内战时期，恰如肖洛霍夫小说里描写的那样。红军来了，学校关门了。犹太人重视教育，他一直由父母进行家教。犹太人受迫害，父母被迫带着他这个独生子，历尽千辛万苦，来到苏联—波兰边界。母亲先过河，到波兰那边找一家亲戚，说找到了再回来接他们。亲戚找到了，可是红军来了，封锁了界河，一家人只能隔河相望。好不容易挨到冬天，河面结冰了，父子俩假装滑冰。滑着滑着就爬上对岸了。还没来得及高兴，就听这岸的红军哨兵大喊一声：“回来！不回来就开枪了！”吓得父子俩只好乖乖地退了回来。晚上，父子俩正一筹莫展地呆坐着，忽听有人敲门，开门一看，正是白天站岗的那两个红军战士。他们的意图很清楚："是不是想过河？拿钱来，我们连夜护送你们过河。"父子俩喜出望外，当然是倾囊相赠。就这样，他们一家三口到了波兰，再辗转经维也纳到达美国。

1922 年，11 岁的拉波波特进了芝加哥一家公立中学。毕业后，父母又送他到维也纳学了六年作曲、钢琴和指挥。（说到这儿，他骄傲地告诉我，他 88 岁那年，还在多伦多市举办了个人钢琴独奏会。）1937 年，拉波波特已经 26 岁了，才又回到美国，进芝加哥大学数学系。在四年内，他拿下了学士、硕士、博士三个学位。遗憾的是，毕业之日就是扛枪上战场之时——在通过博士学位答辩的第二天，他就应征入伍走向二战战场。1942—1946 年，拉波波特在驻印度的美国空军基地服役，负责与昆明国民党空军基地的通讯联络。（说到这儿，我告诉他，那时我爸爸就在高山那边的昆明飞机场当机械员，给驼峰飞行的飞机做维修。）

二战结束之后，1946 年，拉波波特 35 岁了，才开始教学、科学和学术的生涯。他先后在芝加哥、密歇根和多伦多大学任教职，20 世纪 80 年代初曾到维也纳高级研究所任所长四年，然后又回到多伦多大学，现在则是这所大学的终身教授。与此同时，他还或长或短地在华沙、哥本哈根、柏林、日内瓦、维也纳、布拉格、波恩等地的 10 所大学做过客座教授。迄今为止，拉波波特已经撰写了 19 本书，为 40 本书写过文章，发表论文 400 多篇，获得十几种奖项和荣誉称号，其中包括楞次国际和平奖、哈罗德·拉斯韦尔政治心理学杰出成就奖、一般系统研究综合成就奖。他的名字被10种百科全书收为词条。

拉波波特对四门学问都有开创之功或做出过重要贡献，它们是操作主义、语义学、博弈论和一般系统论。这四门新学问的专业辞书都专列词条，承认拉波波特是创立者之一。

操作主义（operationism）是科学哲学的一个流派，它认为，一个对象的概念，是我们通过操作所揭示的关于这个对象的可观察结果的观念之和。一个科学术语当且仅当它被操作地定义才是有意义的。这在一定程度上是对科学家工作实践的概括，并且相信科学至少可以逐步接近对实在的真实认知。拉波波特在这方面比较早地出版过两本有影响的书：《科学和人类的目标》（1950）和《操作主义哲学》（1953）。

语义学（semantics）是关于一个记号或一套符号的意义的学问。语义符号学关心语言表达方式的两个方面：指称和意义。语义学是语义符号学（semiotics）的一部分，另外两部分是句法学和语用学。拉波波特出版过一本书《语义符号学》（1975）。

拉波波特成就最大、成果最多的还是博弈论（game theory）这门新兴的数学学科。这门学科的理论基础，是认为每一个有理性的人的行动，在战略上都是为了将自己选择的功利或造成的后果最大化。博弈论就是要从数学上发现在这种处境中最合理的战略应当是什么。拉波波特在这个领域代表性的成果是《战斗、游戏和辩论》(1960)、《战略和良心》(1964)、《二人博弈理论》(1966)、《N 人博弈理论》(1970)。并且,他还做了很多工作把这一理论推广应用到心理、政治、道德、管理和决策领域。

拉波波特对一般系统论的贡献,前面已经做过介绍。我愿意在这里转述他书中的一则"小故事"。这则故事是在《一般系统论》这本书中,讲信息论里的"冗余度"概念时引用的,而所谓"冗余"就是不携带真实信息的"多余码",说白了就是空洞的废话:

"在第三国际早期的一次会议上,一个中国代表做了一个小时的讲话,同时就由一位苏联官员逐句译成俄文。考虑到讲话这样长,而且那个苏联官员完全不懂中文,人们问他如何能做到这样。他的回答是:'他还能说别的什么吗?'用信息论的术语讲,这一小时讲话的冗余度接近 100%,因而其信息量接近于零。"①

当年校译稿的时候,这段话给我的刺激很深,痛感背诵教条、只说套话和专讲空话早已是全球皆知的让人家当笑料的中国人的共性了。

我在拉波波特家里住了一个星期,通过大量的交谈,除了对他的学术成就有了全面的认识之外,还对这个犹太家庭

① 《一般系统论——基本概念和应用》,第 172 页,[加] A. 拉波波特著,钱兆华译,闵家胤校,福建人民出版社,1994 年。

和犹太学者的日常生活有了直接的了解。

拉波波特是个“早睡早起的百灵鸟”。他每天晚上 10 点睡觉，早上 3 点半起床，黎明前后的三个多钟头是他的最佳工作时间。中午他坐在沙发上读报，然后埋头做报上的迷宫或填字游戏——我相信这是博弈论专家的拿手好戏，他做这种练习肯定是为保持头脑的思维能力。晚上睡觉前必在钢琴上弹几首古典乐曲。家里藏书甚富，但是没有电视机——他的解释是，倘若有电视，孩子们就不读古典作品了。可事实上他的孩子都是五十上下的人了：儿子萨沙是个音乐家，早已成家单住；女儿列娜是个宠物医生，同老两口住在一起，总是早出晚归，牵着她的几条良种狗。因此，合理的解释应当是这个家庭对流行的通俗文化不屑一顾。

拉波波特说，他的祖国俄罗斯对他非常重视，曾多次邀请他去访问，给他出版的传记不久就要问世了。他自己正在写的书的书名是《与俄罗斯人的对话——托尔斯泰、陀思妥耶夫斯基、列宁》。这本书他答应出版后要邮寄给我。为正在写的这本书，他曾邀我陪他到多伦多大学图书馆去借俄文原版《托尔斯泰全集》第 44 卷。在回家的路上，我表示愿意把他在系统科学 2000 年世界大会上的开幕词译成中文在中国发表，还建议他写一篇文章概述自己的哲学思想，同样由我翻译发表，好让中国人民对他有更多的了解。他欣然同意了。

接下来的两个晚上，他都坐在沙发上沉思，清晨都在书房的电脑前紧张地写作，然后把两篇文章都下载交给了我。在后一篇文章《概述我的哲学思想》里面，他的思想很新颖并且值得重视。

他说，人类是有观念和运用符号的生物，当前人类面临的最大威胁是由观念符号造成的；“集中体现人与人之间关系的标准是截然划分‘我们’和‘他们’，造成鸿沟的划分标准往往是某个观念，通常是使用煽动性的语言造成的，例如把‘种族’，或死死抱住的一种意识形态，或一种‘宗教’，或一个‘阶级’（往人头上简单地贴上标签来确定），或国籍，或性别，或诸如此类视为同类”。纵观全球，许多地方战火纷飞，争斗频仍，你恐怕不得不承认老人的话是有道理的。

短短的一周很快过去了。在告别的前一天，我专门到唐人街采购，然后下厨房为两位老人做了一顿四川风味的中国饭，作为答谢。拉波波特老两口非常高兴，把儿子一家和女儿都请来了。席间宾主交谈甚欢。

拉波波特说：“你没来之前，我只知道你是我的书的中国译者，现在我们是朋友了。”

我说：“中国现在重视知识产权了，我回去翻译发表你的两篇文章，需要解决版权问题。”

他说：“那好，我愿以一个便士的价格让渡中文版权，由你回国后全权处理。”我当即从钱包里找到一枚指甲盖大小的加拿大便士交给他。他郑重地接过去，放进了上衣兜。

我说：“我值了！用一便士买到了一个大权威的两篇

文章。”

他说:“我值了！轻易地就把我的思想便捷地传播到中国。”

此外,他还表示,他晚年一直在写的这本《与俄罗斯人的对话》,待写完后,也将中文版的版权无偿地让渡给我;我也答应一定将这本书在中国翻译出版。

前　言

本书开拓出一个有魅力、有系统的视角，审视两百年来社会、文化和科学的发展，是卓越的系统理论学家、和平运动思想者为读者奉献的最新力作。作者拉波波特有着当代最睿智的头脑。

一般系统研究会(Society for General System Research，成立于1956年)的创始人如今只剩下A.拉波波特依然健在。他在多伦多大学担任数学和心理学名誉教授，一生出版了四百多篇/部论著，其中包括三十来本专著，跨越了宽广的研究领域：哲学、系统理论、博弈论、决策论、人类与社会行为、语义符号学、研究方法、生态学以及和平研究。这些出版物的共性是这位巨人博学深思头脑的系统观，而作者老到的文笔又为其观点添彩。

本书是拉波波特的集大成之作。他以对人类和生活的不懈探索为基础，阐说了世界的发展，并以经典的形式——

苏格拉底式的对话——将这种思考呈现出来。

拉波波特选择了三位对话者——列夫·托尔斯泰、陀思妥耶夫斯基和列宁。这三位对话者有两个共同之处:他们都乐于斗争,即乐于辩论;他们都和作者一样,是俄国人。

拉波波特长期、深入地研究了三位对话者的生平和著作,不仅为我们描绘了三个生动、丰富的人物,而且深刻地揭示了俄罗斯的灵魂。然而这本书又不止于民族或文化的研究。随着对话的展开,交谈化为明察秋毫的镜头。作者借此作出精辟的分析,开拓出一系列引人入胜的视界,展现了社会结构、文化变迁,以及科学和宗教的原理。敏锐的读者能从同一个声音中"听"出科学家、哲学家和艺术家。

拉拉波特是数学和心理学大师,他以其他人无法企及的方式将这两种学科融合在一起。这本书中到处闪烁着这种融合的结晶,最后一章尤为突出。作者在这一章针对人类的生存提出了三个至关重要的问题。对这三个问题的回答虽然简短,却指明了方向,比现有的其他任何蓝图都更为清晰。

《与俄罗斯人的对话》引人入胜,是九旬天才一生的智慧结晶。作者以超常的记忆力回溯了八十多年的个人经历和不懈探求,包括六十多载的辛勤研究和教学。本书会让每一位心胸开阔的读者感受阅读的喜悦,同时又沉浸在富饶的学识之中。

最后,我要感谢"系统化管理基金会"(Stiftung zur Förderung der Systemorientierten Managementlehre)为本书出

版提供的资助。基金会位于瑞士圣加仑,由彼得·高梅兹教授(Prof. Dr. Peter Gomez)担任主席。

马库斯·施瓦宁格(Markus Schwaninger)

瑞士圣加仑大学

2005 年 3 月

目　录

第一章　相　逢

朦胧中我听见右手靠窗的那位大胡子老人问我时间。他说的是俄语，我却不以为奇：“Который час?”（什么时间了？）我没睁眼，张口答道：“Четверть пятого в Цюрихе.”（苏黎世时间四点一刻。）接着我听见他问：“Который век?”（哪个世纪？）我顿时惊醒过来，却做出一副不惊不怪的样子，平静地说：“Двадцатый на исходе.”（20世纪即将结束。）……直到这时我才朝他望去，一眼就认出了他！我等他接着说，他却沉默了半晌。然后，他又开口了：

“（机上广播）她说什么？说一遍英语，又说一遍法语。我听得懂一些词，但不懂什么意思。”

“您左右两边各有一截带子，”我说，“两截带子能在您肚子上锁住。锁上它。”

［此后仿宋体表示对方的话，宋体表示我说的话；对话之外的文字放在括号里；全文使用对话体。］

托:干吗?

拉:要求如此。或许很快会有颠簸。飞机可能有点摇晃。系上带子就不会从座位里摔出去。

托:能摔哪儿去呢?咱们挤得像罐头里的鲱鱼。

拉:就算是吧。可咱们得听话。

[他沉默了几分钟,然后说:]

咱们在哪儿?您是谁?我怎么会在这儿?

您在这里,只是在我的想象中。我把您想象到这里来。您现在的座位上坐着一位老先生,他长得有几分像您。咱们正从苏黎世飞往多伦多。行程大约需要 8 小时。现在咱们飞了一半左右。咱们很走运哦,天空晴朗。看看窗外,您看,万米之下的海洋里,冰山星罗棋布,它们曾经是格陵兰冰川的一部分。您很快就能看到远处格陵兰岛的海岸线了。

咱们乘的是飞船吗?

叫它飞船也行吧。

一共有多少乘客?

大概三百到四百吧。

都是些什么人啊?有钱人吧?

那得看怎么说。以欧洲和北美的一般标准看,也不算很有钱,当然也不穷。前面公务舱里坐的才是有钱人。

那咱们坐的什么舱?

他们叫经济舱。比公务舱便宜多了。

公务舱什么样?很豪华吗?

也说不上豪华。

那有什么不同呢?

那边比较宽敞,您能把腿伸直,进出座位比较方便。这边,比如您要去那个私密地方,就必须请我给您让道。我就得站在过道上,等您通过。过一会儿您回来了,咱们又得这么折腾一轮。在公务舱呢,您进进出出都不会打搅邻座的人……

您刚才是说多伦多吗?

多伦多在加拿大,目前是加拿大最大的城市。

那蒙特利尔呢?

蒙特利尔比较老,人口和多伦多差不多。

加拿大……不就是杜霍波尔教派[①]那些人定居的地方吗?

---

① Duhobors 或 Douhobors,起源于俄罗斯的一个基督教教派,一说最早出现于18世纪,也有学者认为16至17世纪就开始出现。其成员反对政府、俄罗斯东正教教士、偶像崇拜等,在俄罗斯受到迫害,于是向加拿大迁徙。目前大部分教徒居住在俄罗斯,少量居住在美国。——译者注。下文未注明者均为译者注。

是啊，还多亏了您呢，列夫·尼古拉耶维奇。您还记得吧，1896 年，您提议把诺贝尔和平奖授予这些人。他们在不列颠哥伦比亚省的一个社区里为您建了一座雕像。

偶像崇拜嘛。

您要这么说也可以吧。反正他们对您的记忆力佩服得五体投地。

他们还坚持自己的信条吗？还是拒绝服军役吗？

加拿大没有义务兵役制。

说说那些教徒。

我几年前和他们有些往来。他们请我到不列颠哥伦比亚省去讲课。我能用俄语讲，他们很高兴。我发现他们的年轻人俄语都说得很流利，真是喜出望外啊。在美洲，欧洲移民的孩子大部分都不会说故乡的语言。杜霍波尔教派教徒的孩子显然不是这样。

那这些教徒在加拿大做什么呢？种地？

他们刚到加拿大时，差不多都是农民，先是定居在草原地区的萨斯喀彻温省[①]，那里主产小麦。他们得到土地，在上面劳作，但是他们被要求宣誓效忠于爱德华七世[②]。

---

① Saskatchewan，加拿大中部省份，有大片牧场和麦田，被誉为加拿大的“粮仓”。

② 维多利亚女王的长子，英国国王，1901—1910 年在位。

那是个浪荡子。

这么说大概也不错。他母亲肯定看不惯他。

他母亲是个好人,对丈夫也贤惠。我请她帮助杜霍波尔教徒在加拿大定居,她答应了。后来呢?他们宣誓效忠爱德华七世了吗?

没有。他们拒绝了。他们和您的追随者,即托尔斯泰主义者,颇为相似,视上帝为唯一的统治者。于是其他人以此为由抢走了他们的土地。大部分杜霍波尔教徒向西迁徙,在不列颠哥伦比亚定居。还有其他事。有些人不想让自己的孩子进公立学校,于是他们自己开办了学校,传授自己的信条。他们的这种抵抗方式被大加渲染,给很多人留下了坏印象。他们男男女女在城里的街道上裸体游行。您会反对这种行为吗,列夫·尼古拉耶维奇?

不会。

这难道不是以恶制恶吗?

不是。

这个我们等会儿再说。总之,我发现他们过得殷实愉快。当然他们不可能所有人都一直做农民。美洲耕田种地的人已经少了很多。我记得在您那个时代,俄国大约80%的人是农民。对吧?我想美洲现在只有2%—3%的人是农民。

这怎么可能呢?

我慢慢给您解释。反正杜霍波尔教徒现在从事各种职业：工人，白领，商人，专业人员——医生、律师、教师。不过他们从不参政。

您也是俄国人？

您觉得呢？

我觉得您不是。您俄语说得挺流利，可我听不出您是哪里口音。

我的口音混杂，列夫·尼古拉耶维奇，我猜有一点俄国南部口音，加上美国中西部口音，还稍微带点维也纳德语的口音。

那您父母呢？

犹太人。

[我们沉默地坐了片刻。然后我问道：]

您想什么呢？

我也正想问您呢。

好吧，我来说。您在最后十年给契诃夫写了一封信，提到您收到别人的信件，谈起您感兴趣的一些文学作品。其中提到张伯伦认为耶稣不是犹太人。您知道这个张伯伦是谁吗？

不知道。

我等会儿告诉您。总之，您在给契诃夫的信里对张伯伦的话做了评论。您说您也认为耶稣不是犹太人,因此他的话才会被身为犹太人的保罗歪曲。您的一位传记作者以此为证,说明您有反犹倾向。我读过那本传记的英文版(原文是法文),我觉得翻译有问题。我认为您或许的确说过保罗是"Иудей"(犹太教人),而耶稣是加利利人,因此不是"Иудей"。后来我看到了您给契诃夫的信的原件。您写的不是"иудей",而是"еврей"(犹太人),也就是犹太人。于是我想起您写的《福音书》简介。对耶稣的神性、奇迹、肉身复活等,您统统不承认。您只承认您认为能作为登山宝训核心思想的那一部分。您在简介的开篇即说:"耶稣的父亲不知何许人,所以他自称为上帝之子。"既然耶稣的父亲为不知名的凡人,耶稣就很可能不是犹太人,您可能就是这样认为的。对不对?

这有什么重要的?

因为我觉得您可能认为这很重要。您把这一点和保罗歪曲耶稣教诲联系起来,并且和保罗是犹太人而耶稣可能不是犹太人也联系起来。

我可没觉得这有什么重要。

也许吧。但是您的这种观点来自张伯伦,休斯敦·斯蒂沃特·张伯伦,我就觉得这很重要了。您知道这个张伯伦是何许人也?

不知道。

他是理查德的女婿。您应该知道瓦格纳吧?

一个写歌剧的。净弄些怪诞情节和荒谬音乐。

这个我们等会儿也会说到。先说张伯伦。他是民族社会主义的重要先驱,《十九世纪之基础》的作者。

这和耶稣是不是犹太人有什么关系呢?

太有关系啦!我们得好好聊聊。您去世以后发生了很多事。我希望您能多待一阵子。

您忘了我完全掌握在您手里。您说是您把我想象出来的。如果您不让我走,大概我是走不了的。

对了对了,我老是忘。我有太多话想和您聊,几乎就觉得您是真实存在的了。

[又是长久的沉默。然后他说:]

您是招魂术士,能让我起死回生?

当然不是。我和您一样不相信那套鬼话。还记得您的剧本《启蒙之果》吗?女仆塔尼娅故意造假,她的主人于是以为真有什么人从另一个世界出现在降神会,让他兑现给农民的许诺。最难弄的就是道具,敲击声、飞起来的物件,等等等等。脚本并不难弄,而且一成不变——就是敲击。

一下是同意,两下是不同意,如此这般。但是从外面召唤人这点事可难不倒我。我只用想象就行。难的是你来我往的对话。我知道我想说什么。可我怎么确定他们会说什么呢？所以我总想让他们说点什么，好给我机会把我想说的话说出来。这对他们不太公平，对吧？

［托尔斯泰大概没听我说话。］

看［他说］，他们把挡板拉下来了。他们要干吗？

让机舱里暗一点。上头的屏幕要放片子了。电影。您那个时代俄国人怎么叫来着？记得我小时候叫它活动画（kinematograf[①]），对不对？还是叫拉洋片来着？您看过片子吗？

我临死前听说有人在拍您说的那种片子，是关于"基督复活"的。

您觉得这个想法怎么样？

很好啊。可以把真相告诉成千上万的人。

也可以向他们说谎。

对，也可以说谎。看，屏幕上有画面了。

［过了一会儿，他说：］

他们在说话，可是说什么呢？怎么没有字幕啊？

---

① 来自法语 cinématograph，来自古希腊语 kīnēma，kīnēmat-（活动）+"-graphe"（图像）。

用不着字幕。这是有声电影。

可我什么也听不见。

您得把那个塑料袋里的塞子插到耳朵里,就能听见了。您想听么?可以选择英语和法语。

您想让我听吗?

您要是感兴趣,下回我带您到真正的电影院去。

[又是一阵焦心的沉默。然后他说:]

咱们是去加拿大吗?

对,去多伦多。

哦?我需要证件吗,护照什么的?

什么也不用。您座位上坐着的不是您,而是一位长得像您的老人。他肯定证件齐全。要接受检查和通过海关的是他。反正我办手续的时候也不会想着您。所以到时候您是不存在的。等我上了出租车,咱俩再会合。

出租车是什么?

类似于出租马车(извозчика),不过没有马,而是一辆汽车。您见过吗?

当然见过。1910 年我还见过一架飞机,而且说我们的下一代会看到很多飞机。

说得太对了。您那时候觉得这事是好是坏?

不记得了。

可惜。不过您现在可以判断一下。

[又沉默了半晌。我觉得我俩都睡着了。飞机开始下降时,我俩同时醒来。他说:]

她又开始说话了。她在哪里呀?

她不在这儿。[您听到的]只是录音,只是她的声音。您知道录音机吗?我想您那个时代叫作留声机。

知道。

您知道哪个俄国民间故事里提到了这个原理吗?

不知道。

呵呵,其实我也不确定民间故事里有没有提到过。茹科夫斯基①(Жуковского)在一篇童话故事里提到过了。茹科夫斯基在他的童话故事里应用了俄国民间故事和德国民间故事的素材。不过我想他也加入了自己的很多想象。比如贝蓝迪沙皇的故事。您还记得那个故事的情节吗?

不记得了。

---

① 瓦西里·安德烈耶维奇·茹科夫斯基(1783—1852),俄罗斯诗人、翻译家、评论家。

伊凡·查列维奇和不死的卡什切(Kashchey the Deathless)的小女儿玛利亚从她父亲身边私奔了。他们离开伊凡被囚禁的监牢时,玛利亚向窗玻璃上吐了一口唾沫。这口唾沫冻结了。卡什切的人找来巫师召唤伊凡,一头撞在锁闭的门上。这时那口唾沫答应道:“我来啦!”看,那是玛利亚的声音被录了下来。

开玩笑吧。

绝不是。我们每天都会遇上这样的事。给某家公司或者机构打电话。接电话的不是真人,而是录音,不停地告诉我们按哪个键就能接通不同的部门。可问题是我们也不知道该找哪个部门。我们希望和能向我们提供所需信息的真人说话。可录音不管我们说什么,只管说预先编程的那些话。

编程?

我过会儿再慢慢解释那个词。我只想告诉您,茹科夫斯基预见到了对一项伟大发明的糟践。玛利亚的唾沫不停地说:“我很快就到。”我很同情卡什切手下的人,他们气急败坏,不知所措。不过这倒帮伊凡和玛利亚争取了逃跑的时间,我觉得挺好。

可您还是认为留声机是一项伟大的发明。

我认为留声机是文明史上最伟大的发明之一,可以和书写媲美,二者的功能也相似——将记录下来的时间保存千秋万代，供人随时“复原”，就如我在想象中复原了您。夏里亚宾①是最伟大的歌唱家之一，在您那个时代已经誉满全球，您听过他演唱吗？

没有。

现在您可以听了。我还特别想让您听听穆索尔斯基的歌剧《鲍里斯·戈都诺夫》中皮门斯的一段独唱。② 我知道您鄙视歌剧，痛恨莎士比亚。可您不恨普希金吧？

当然不恨。

您若是听了穆索尔斯基的《鲍里斯·戈都诺夫》，兴许能改变对歌剧和莎士比亚的看法呢。人家都说普希金的这部（五音步抑扬格）悲剧模仿了莎士比亚的五音步悲剧，特别是《麦克白》。

您还记得比勉的台词吧：

以后不知什么时候哪一位勤快的僧人，
会发现我这篇苦心孤诣的无名作品，
他也会跟我一样点燃明灯，
拂去手本上数百年的灰尘，
重新抄写这些真实的故事，

---

① 夏里亚宾（1873—1938），俄罗斯著名男低音歌唱家。

② 莫杰斯特·彼得洛维奇·穆索尔斯基（1839—1881）是俄罗斯著名作曲家。《鲍里斯·戈都诺夫》是穆索尔斯基根据普希金同名戏剧改编的歌剧，完成于1869年12月。

让正教徒们的子子孙孙

了解祖国大地上以往的命运…… ①

书写把过去保存在没有生命的石块、羊皮纸、纸张上，留声机则留下活生生的人声，留下了大师演奏和歌唱的音乐杰作。还要过多久，我们就能保存人的身体了？在死亡来临时，将身体冷冻起来，等将来能够把他/她复活时，一切都完好无损。一些微生物就是因为封存在化石里而保存了数千年。融化之后，它们便复活了。稍微复杂一些的生物怎么就不行呢？然后再复杂一点，直到……

听起来倒像是炼金术师的梦想，把普通的金属变成金子。

怎么就不行呢？原来说元素蜕变根本不可能，现在却是很普通的事了。

您想说明什么呢？

当然不是让人人兜里有金子，那样的话，穷人照样是穷人。我只是想说，可能和不可能总是在改变的。

您觉得这样很好？

变化本身无所谓好坏。但是对变化采取的做法可能使它成为非常好的事情，或者成为非常坏的事情，也可能成为既好

---

① 翼刚译：《鲍里斯·戈都诺夫》，收入《普希金全集 4·诗体长篇小说 戏剧》，杭州：浙江文艺出版社，1997 年。

又坏的事情。

那是什么决定这种好坏呢?

这正是我要跟您讨论的,如果您愿意跟我走的话。不过,飞机要降落了。快靠近我。

[二号航站楼人群熙攘。三架航班同时从欧洲抵达。顾不上想他了。我看到刚才的邻座就在我旁边的队列里,尽管长髯雪白,看起来却并不像托尔斯泰。他从我前面走过,大约是往行李传送带的方向。我从不托运行李。葛文每次都帮我把所有东西塞进一个行李箱,包括我装讲课笔记的公文包。列夫·尼古拉耶维奇出现在出租车里。]

[我以为他看到车流会大惊小怪,可他一点都没表现出来。他问了几个问题,却压根没提"怎么没有马"之类的事。所以我根本没机会扯到我最想聊的那几个话题,比如谁来干重活,有闲的富人在做什么,等等。看来得想个别的办法激发他对这些事的兴趣。]

[他没问到家怎么介绍他,我向他保证只有我一个人能看到他,即使有别人在场,我们也依然能像刚才那样交谈(通过感应),当然还是只有我们两人时最自在。]

[葛文忙着张罗晚饭。孩子们要过来,成双成对,还有我们的孙子雷奥也要来,他和列夫同名。托尔斯泰可以旁听我们的餐桌聚谈。我也带着他在房子里转了一圈,看看客厅、餐厅、厨房和三间卧室,三间卧室分别在一楼、阁楼和地下室,还带

他看了我的书房和人文藏书，专门给他看了三本他的传记，一本是诺顿写的，另外两本是从法文翻译过来的，作者分别是古尔塞和特洛亚特（Troyat），读起来颇像托尔斯泰的小说。还领他看了我收藏的小说、哲学和历史书籍，以及他去世一年后和我出生的那年《大不列颠百科全书》上关于他的文章。我向他解释了计算机，带他看了楼下的公寓，我女儿和她的六条狗（五条惠比特犬，一条中国种）住在那里，我的科技藏书和期刊也放在那里。]

[吃饭时，我让他坐在我旁边的一张空椅子上，并用意念向他介绍我的家人：葛文，我告诉他我们快要庆祝金婚了；我的长女阿尼亚，兽医；亚历山大（萨沙），作曲家，毕业于维也纳国家音乐学院，我五十年前也曾在那里学习过，现在亚历山大供职于皇家音乐学院；他的英国妻子凯瑟琳，也在皇家音乐学院工作；他们的儿子雷奥，今年 11 岁；还有我们的小儿子查尔斯·安东尼（托尼），小提琴家；还有他的女朋友海伦·阿姆斯特朗，自由职业记者。萨沙一家的住处离这里不远，步行就能到达；托尼和海伦的住处也离得不远。我们家经常聚餐，大家相谈甚欢。我让列夫·尼古拉耶维奇自己听，自己判断。]

[第二天我一整天都在家工作，没再搭理他，直到晚上十点左右上床睡觉。我记得躺在床上时想起了他，但我很快睡着了。我们再次交谈发生在我去学校的路上。春季学期即将结束，我已经没课了。我带他去罗巴尔茨图书馆。]

第二章　介绍新的情况和冲突

离这里大约 4 千米，差不多 3 俄里［我说］。几年前我 40 分钟能走到。可 1991 年我犯了一次心脏病，现在要走 1 小时了。您感觉怎么样？

我始终骑马出行。半路上能歇会儿吧？

我每次都歇呢。在达文波特路和巴图斯特街的拐角有一块冰川标志牌，咱们可以在旁边坐一坐。西贝柳斯广场也可以坐一坐。巴哈伊教中心对面靠近布罗尔和胡荣街的地方也有一张凳子。从那里再走五分钟就到图书馆了。

您好像住在树林子里嘛。城市在哪里呀？

我们就在城里呢。不过这一片是私人领土。120 年前，一群人合伙买了一块地，搞了一个艺术村。过一会儿我们会看到一块岩石上有块牌子记载此事。29 年前我们家搬到多伦多来的时候，买下了这幢房子。这地方名叫维齐森林公园，周边共有 55 幢住宅。看，这是我们的池塘。

那些天鹅，是野生的么？

是住在公园里的一家人养的。每年4月到11月天鹅住在池塘里。然后就搬到一家农庄过冬。

是一对儿吧？

不是。两只都是公的。

怎么会这样？

最早弄来的一对儿天鹅是一公一母。不知道每年来这里的是不是同一对儿。反正天鹅都长一个模样。也许每年来的都不一样。养天鹅的大概希望它们繁殖，所以一对儿不行就可能再换一对儿。有一年还真筑了巢，生了三只小天鹅。养天鹅的悉心照料每一只，尤其是那几只小天鹅。可后来惨剧发生了。几只小天鹅不见了。池塘里有鳄龟，准是它们把刚孵出来的小天鹅给吃掉了。从此养天鹅的就只放公天鹅了。

它们打架吗？

不打。大概没有理由打架吧。也许它们相恋呢——同性恋，知道吧。

这种事也能开玩笑吗？

原谅我。我一下子忘了在跟谁说话。不过，我是想找个时间聊聊这个话题，严肃地聊，我保证。

这么说这里再也不会有小天鹅了？

恐怕不会了。其实前一阵也有人提起这事。这里的住户常常开会,讨论维护公园的各种事情。有人提出了天鹅和鳄龟的问题。有些人提议把鳄龟弄走,再放一对儿天鹅,这样或许会繁殖出一群。可另一些人说这样不公平。他们说,鳄龟比天鹅早来,所以更有权利住在池塘里。这事还真热闹了一阵子,后来投票的时候,弄走鳄龟的建议得票少。也许是因为当时正赶上纪念哥伦布到达新世界五百周年。

那有什么关系?

庆祝 1492 年"发现"美洲的活动已经策划了好些年。结果第一民族(First Nations[1])的代表纷纷提出抗议。

谁是第一民族?

就是原来说的印第安人。

为什么称为第一民族?

哥伦布称他们为"印度人",因为他以为自己到了"印度"——印度是他的目的地。那些"印度人"的后裔可没把哥伦布看作英雄。他的壮举对他们来说是被征服的开始,此后,这个半球的人口损失十之八九,曾经繁荣的文化遭到毁灭。"第一民族"的意思是说,这些民族最早来到这里。那些反对清除鳄龟的人,态度与此有关联,看到了吧?鳄龟到这

---

① 指加拿大除因纽特人和梅提斯人之外的原住民族群。

里的时间早于天鹅,因此把它们从池塘里赶走是不公平的。

有些道理。

这是公园南门。出去就是达文波特路了。您看,我们是在城里,不在森林里。我们向东走到巴图斯特街,那是贯通南北的主要街道。从这里就能看到——有红绿灯的地方就是了。

红绿灯是什么?

到那儿您就明白了。拐角有道台子,咱们能在那里坐一会儿。那里有个牌子,说12000年前,冰川开始融化,安大略湖的湖水直达此处。现在湖岸离我们大约5千米,在南方。您看,巴图斯特街向北走突然陡峭起来,那就是原来的湖岸。

您对地理学感兴趣?

略知一二。我更感兴趣的是人头脑里顽固不化的念头是从哪里来的。

这也和冰川有关系?

有啊。您有没有听说过有个教派称作"耶和华的见证"?

略有所闻。他们是和平主义者,和杜霍波尔派一样,对吧?

有点儿吧。也就这么一点相似之处。"耶和华的见证"和杜霍波尔派不同,他们积极地劝说别人改宗。他们三三两两,挨门挨户地强发宣传品。有时候还要挤进门聊一聊。有几次我让他们进门了,因为我很想了解他们到底在想什么。

那你们都聊些什么呢?

他们总是以提问开始,问我是否认为这个世界糟透了。我每次都回答是。于是他们问我是否认为人靠自己的力量绝无可能拯救世界于水火。我不置可否,让他们继续往下说。他们便给我看他们的小册子,说只有神力才能解救世界,只有笃信耶和华和他在《圣经》里的教诲,才能召唤神力。这些话都是老生常谈嘛。我随他们说,他们话题一转,说《圣经》是唯一绝对可信的真理,而且必定问我是否相信"书里的话"。

那您怎么回答?

我说不信。他们问为什么不信。我说我认为那里面的话大多数都是胡扯。他们早就给我打上了"不信者"的记号,认为我被所谓的"科学"毒害了,所以就等着我这句话。此话一出,他们立刻说,有确凿的证据表明《圣经》里关于世界起源和相关事情的每一种说法,都是不折不扣的真实。

您为什么对这个问题感兴趣?

我就是想试试他们到底有多大的耐心。所以我就举出种种矛盾、前后不一致和荒唐的地方。他们早准备好了辩驳的话。我觉得这些反驳非常有意思。有时我觉得自己简直是成心让他们出丑,可我总是自我安慰说,他们自我感觉好极了。我觉得他们把这种对话当作帮助真理、战胜谬误的搏斗。进化论是他们最喜欢的攻击目标之一,他们认为进化论充满了矛盾和荒诞。

您认为进化论有道理？

对。

那您把这道理说几条给我听听。

这块牌子可就派上用场了。我问他们，照他们的看法，大洪水是何时发生的。他们说，这不是看法不看法的问题。大洪水的时间是经过精确计算的，大约在公元前 2400 年前后，也就是说，在距今 4000 年至 5000 年之间。我就说，据说那时候大水至少比现在的海平面高出 5000 米，因为阿拉拉特山峰是最早露出水面的，那座山的高度就是 5000 米左右。好吧，就算那时候，说得远一点，5000 年之前，大水深 5000 米，需要多长时间才能退到现在的海平面？

他们说什么？

他们推说不擅长算术。于是我告诉他们这块牌子。达文波特路和巴图斯特路交叉的路口，大约高出现在安大略湖的水平面约百米。如果水平面退 100 米用了 12000 年，退 5000 米要用多少年？

他们怎么说？

您大概不会相信。我听到他们的回答，简直不相信自己的耳朵。他们说，那个时候阿拉拉特山大概没有现在这么高。那好，就算吧。我问袋鼠是如何从澳大利亚到中东地区的，因为袋鼠肯定也上了方舟，那它们一定要先到中东地区。还有北极的北极熊。他们说，那时候肯定有动物园啊。我又问，一千万对到一亿对昆虫（现在已知和估计存在的种类数）一一通过审查，进入方舟，需要多长时间；成千上万脊椎动物的笼子，由谁来打扫。我说，如果进化论不对，那么现在已知的所有物种，那时候都一定存在，而且必有一对作为代表。我问他们，食肉动物吃什么……

那您到底想干什么？您让人家出丑，只是因为人家的信仰很无知？他们当然是受骗了，可这又妨害了谁呢？

您这是怎么了，列夫·尼古拉耶维奇？您自己不也嘲笑《旧约》和《福音书》的荒诞吗？您写了《论宗教和宗教的本质》一文，其中使用的例子和我的完全一样：怎么能把所有动物都弄上方舟？您接着问道：玛丽既是母亲又是处女；天堂打开，一个声音从里面传出来；耶稣飞上天堂，坐在他父亲身旁；上帝既是一又是三，他不是三位神，如梵天、毗湿奴和湿婆，而是同时是一和三，这一切怎么可能让人相信！上帝因为亚当的罪孽而惩罚所有人；为了拯救信徒，只救信徒，上帝的儿子必遭杀害（而且上帝知道他会有杀身之祸），您质问道：还有比这些更卑劣的事吗？是您让我觉得应该让那些信以为真的人看到这些荒诞之处。

那不一样。我是在批判教会。教会有势力，又腐败，他们是残酷社会秩序的卫士。我不是在批判无知也无力的普通人。

这样的普通人需要信仰为他们的生活赋予意义。

您说得对。我正要说这事。现在,如果您歇够了,咱们走吧。您朝东南方向看,远处那个是“摩天大楼”,对高大建筑的一种形象称呼。俄国人把这个词完全按字面翻译了过去——“небоскребы”。

有人住在里面吗?

有些住宅也很高。不过最高的——60—70 层——都在城里的商业中心,是写字楼。您看到那座细高塔没有?那是世界上最高的独立建筑,被视为多伦多市的标识,正如埃菲尔铁塔之于巴黎。您记得埃菲尔铁塔吗?

不记得。我 1858 年到巴黎,那时候还没有埃菲尔铁塔呢。1889 年建造的,对吧?

差不多。为了纪念法国大革命一百周年。

多伦多塔也是为了纪念什么吗?

据我所知不是。那是座电视塔。以后有时间我再给您解释。

有时间?您和我?我不知道我有多少时间。这完全是您说了算。至于您嘛,您觉得您有多少时间?您多大岁数了?

这个问题问得好。我今年 88 岁了,列夫·尼古拉耶维奇。您去世那年,我母亲怀上了我。现在我的年龄比您的寿命多 6 岁,所以,时间还真是说不准的事。但事情也还是有实在的一面。我们一边聊着，我会抽时间把咱们的谈话记录下来。等我写完了，咱们的关系也就终止了。所以，咱们的对话总要限定在一定的时间之内。

[我们闷头走了一段路，进入了一个住宅区。我本来想解释一下北美洲城市住房的典型情况，但终于没有开口。我们在杨·西贝柳斯的胸像前坐下，胸像对面是一片儿童乐园。我告诉他说，胸像是芬兰人造的，并告诉他多伦多有一百多个不同民族的社群，并给他看了一张市政府的公告。公告使用了英文、法文、意大利文和中文。我告诉他，这几年中文超过意大利文和法文，成为多伦多第二大语言。他一声不响地听着。过了好一会儿，他说：]

您说您今年 88 岁，可您家里人怎么这么年轻？

年轻？

您有一个儿子，留胡子的那个，大概有四十多岁。可您的女儿女婿也就二十多岁吧。

您错了。他们都四十多了。

您说您女儿是兽医？城里有很多牛和马么？

几乎没有。她诊所里的患者是猫和狗，宠物。

也能给它们看病？

您觉得它们不应该吗？它们难道不也是上帝的造物？

正因为它们是上帝的造物,才不应该在医疗中失去尊严。

我了解您对医药的看法,列夫·尼古拉耶维奇,但我不敢苟同。好了,我们到罗巴茨图书馆了。这是校图书馆。此外还有很多专业图书馆——工程图书馆、科学和医学图书馆、数学图书馆,等等。各学院也有自己的图书馆。现在我们到12楼去,我给您看点东西,我想您会高兴的。

12楼啊?

别怕,有电梯——上上下下的小房子。不然人在数十层的摩天大厦里如何上下呢?我先要出示借书证,才能进电梯,电梯会把我带到放书架的地方,书就放在书架上。您就不用出示什么了。记住啊,只有我看得到您。到了。分类号PG3365,托尔斯泰,列·尼。90卷本《全集》。

里面都有些什么?

可能什么都有。反正出版商把能找到的东西全放进去了。肯定有您所有的通信。还有您在笔记本上随手涂写的只言片语。

这是什么人出的?

苏维埃社会主义共和国联盟的政府,也就是俄罗斯帝国的后继者。现在苏联也已经没有了。

什么时候的事?

列夫·尼古拉耶维奇,我发现咱们交谈的时候,总会有些事情需要详细解释。但是这些解释必须按恰当的顺序组织起来,您才能听得明白。这事可得好好想想,然后我再酌情计划后面的谈话。我先说说苏联的版本吧。准备出版的东西,也就是说,通过审查的东西,会经过严谨的编辑,单本著作会附加详细的学术性导读。在布尔什维克革命后的第一个十年里,您的著作被逐出了苏联图书馆。但是后来您又被"恢复名誉"了。我敢保证这套全集是最全的,大约也是最准确的。您自己看吧,随便抽一本出来看看。

这是《我的信仰》。

正是。我给您找我印象最深的那一段。这跟我们关于医学的谈话相关。劳驾您把这段大声念出来。我想听听您的语调,了解一下您对您所写的文字有何感受。

幸福需要几个重要条件,其中之一是人不脱离自然,在高天下呼吸新鲜空气,亲近大地、植物和动物。人们认为失去这一切是重大损失。囚狱的切肤之痛,在于失去了与自然的这种亲近。看看那些忙于俗务的人,他们失去得最多。他们每年只看到一两次日出。终日面对的是人类劳动所制造的精细织物和石头。他们肠胃虚弱,只吃陈腐食物。旅行也不能使他们略有所获。他们在封闭的匣子里旅行。即使到乡村或国外去放松或者咒骂,他们目之所见依然是老一套。

幸福的第二个条件是一份自己最喜爱的工作,自由的工作,而且须是让人胃口好、睡得香的体力工作。那些获得世俗原则所谓幸福的人，其实失去了真正的幸福。囚徒彻底失去了工作，而这些人则被罚做枯燥的工作。只有真是必须做的工作才能带来乐趣。

幸福的第三个条件是家庭。在俗务上越是成功的人，其家庭生活越是悲惨。多数人抵不过通奸的诱惑。那些没有奸情的人，也不觉得子女是种快乐，而是视之为拖累，因而并不与子女亲近。

第四个条件是与人建立自由但友爱的关系。俗务上的成功人士与他人关系也最受限制。社会等级越高，有意义的亲密圈子越小。最高层的思想道德水平最低。另一方面，农夫和农妇却能跟世界上任何人亲近。从阿尔汉格尔斯克(Archangelsk)①到阿斯特拉罕(Astrakhan)②有 8000 万人口，农夫和农妇不用正式介绍，可以随时认识他们。而官员和官员太太则与位高之人和位低之人都隔绝着。有钱人及其家庭可能认识数百人。更高层的人圈子里就只有数十人。皇帝和国王身边的圈子就更小了。

最后，幸福的第五个条件是健康和无疾而终。我们再次看到，农夫和农妇健康状况比较好。只要比较一下普通的有钱人夫妇和普通农民夫妇就知道了。你会发现农民夫妇的劳

---

① 阿尔汉格尔斯克是俄罗斯北部濒临北冰洋的重要港口。

② 阿斯特拉罕在伏尔加河下游，东南临里海。

动有时尽管难以承受,但他们却比有钱人夫妇更健康。大多数有钱人身体有病。他们总要找医生看病。有钱人很少健康,而工人和农民很少生病。身体好的有钱人都有手淫的习惯。他们在工人或农民体力最盛的年纪就掉光了牙齿和头发。再看看他们的死亡。不是自杀了,就是接二连三从俗务之神的车上坠下。

好。看看关于损失和健康你都说了些什么。您说,富人受损最大,最不健康,穷人(你当然指的是你所了解的俄国农民)最圆满,最健康。可是您把我孩子的年龄少说了 20 岁。您以为只有我的长子年龄超过了 40 岁,那还是因为他留着长胡子。如果他刮掉胡子,估计您也会说他只有二十多岁。再说说我自己。我在 12 年的时间里做了三次前列腺手术,第一次在我 53 岁的时候,第二次我 65 岁,第三次 78 岁。最后一次手术摘除的组织是恶性的。如果没有第一次手术,我可能早就得癌症了,或许五十多岁就死了。高超的医疗和医术至少让我多活了 32 年。还有一件事您应该注意。我现在不吃腐烂或者不新鲜的食物了。您已经看到了我们吃的东西。

那你们这里的穷人呢?

穷人也不种地了,完全不是农民,只有美国南部例外,那里还有些种植园经济。他们的健康状况远不如较富裕的人,后者占人口的大多数。但即便如此,他们的状况和您的国家当年的穷人也是不可同日而语的。我不明白您为什么在书里说总体上农村夫妇比城里的有钱人夫妇更健康，又为什么说穷人吃得比富人好。米哈依尔·布尔加科夫（Mikhail Bulgakov）革命前一年是斯摩棱斯克（Smolensk）地方自治会（земстве）的医官，他在书里写到了尼柯尔斯克（Nikolskoe）的农民。那个庄园您经常光顾，列夫·尼古拉耶维奇。布尔加科夫说，这个地区的农民全都患有性病。他在短篇小说《星状疹》里描述了这种情况：性病感染了每一个人，不仅是男人，连老妇和儿童也受到感染。

这种比较非常困难，因为我们这里穷人的生活状况和你所知道的穷人太不一样了。而且穷人在人口中的比例也小得多。根据官方统计（也就是用如今的贫困线来衡量，这个贫困线与您那个时代的穷人相比，高了不知多少），穷人占总人口的20%。人口中的大部分是所谓"中产阶级"。

那些中产阶级工作吗？

一般是工作的。但失业带来各种严重问题，在我们这个几乎完全城市化、严重依赖机械的社会里，失业是苦难的主要根源。

我是说，他们做货真价实的工作吗？做体力劳动，让他们精疲力竭但不会宠坏身子骨的那种劳动吗？他们做那种让人吃得香睡得甜的劳动吗？

如果您是问，他们是不是像您那个时代的农夫一样在田里劳作，耕田锄地，挥舞大镰刀，打麦脱粒，汗流浃背，那我告诉您，不，在加拿大或者西欧国家已经没人那样劳作了。这些事都由机器来做。如果您想在多伦多找份体力活，比如挖沟或者在城里的街道上扫雪，我还真找不来这样的活。

可你说每个人都工作(除了那些没工作的)，那他们都做些什么呢?

这个恐怕现在说不清。如果您想了解您正在访问的这个世界，特别是这个世界的经济制度，也就是对于您理解“工作”意味着什么最为重要的制度，那可得耗费咱们全部的时间。

我们有多少时间？我早就问过这个问题，可好像你没有确切地回答我。

我本来想说，这完全由您决定。可后来我意识到(很不好意思)，这其实是由我决定。我就直说了吧。您是我臆造出来的，因为我想表达对您的思想和灵魂的崇敬，同时也想讨论您思想里的一些缺陷，恕我直言。或许通过这些臆想的对话，我也能直面我的缺陷。我们交谈时，我或许能设身处地地站在您的角度，您被我，甚至可能被我尚未出世的重孙子孙女，倏忽带到了 21 世纪，您能指出我哪些路走对了，哪些彻底错了。

您喜欢走极端呀?

我的至亲也这么说。准是我的俄国血统闹的。

我记得您说过您不是俄国人。

我是说过。可这事儿谁说了算呢？别管什么血统，您那个时代的人就这么说，也别管什么基因，如今的人会这么说。遗传决定眼睛的颜色。这能在数学上得到确认。基因决定偏好，但我们不知道什么偏好。有一件事确定无疑：遗传对人的语言绝对没有影响。语言完全由孩提时代初学说话时的语言环境决定。有时第一语言可能被遗忘，人又学会另一种语言。但这仍然完全取决于文化环境。所以我们有理由假设其他许多能力，那些被归入“灵魂”范畴的能力——这么说的人好像清楚地知道“灵魂”是什么——也是由文化环境决定的。我方方面面的生活观都受 19 世纪俄国文学的影响，从这个角度说，我是俄国人。

您很熟悉俄国文学咯？

我不知道该把自己比作谁。我读过普希金和果戈理的全部重要作品。陀思妥耶夫斯基的小说我读过 6 部，还读过屠格涅夫的很多作品，还有契诃夫大约一半的小说和全部戏剧，安德列耶夫和库普林的大部分作品，也读过一点高尔基。诗人，我最喜欢茹科夫斯基和莱蒙托夫、科尔斯索夫（Кольцова），还有克雷洛夫的寓言。我读了您大部分的重要小说。我 6 岁就开始读托尔斯泰了。

怎么会？

我是独生子。我 3 岁时，战争爆发了。

什么战争?

你去世4年后,第一次世界大战爆发了。

第一次?难道有很多次?

第二次世界大战始于1939年。

接着说。

1914年秋季,俄国军队伤亡惨重,于是开始从我父亲这一类人里征兵,原来他们认为这些人不适合当兵。为了逃兵役,他去了巴库。那个地区穆斯林人口众多,他们可能效忠于土耳其,而土耳其算是俄国的敌人,所以那里尚未开始征兵。我和母亲搬去跟外祖父母同住。我4岁时就能流利地阅读,并且开始学习写字。我记得这些,因为那时我给父亲写信,当然是母亲说我写。我父母有一些藏书,我们把这些书带到了外祖父母家。大约有一百本书,经典俄罗斯小说,当然也有翻译作品,莫泊桑、汉姆生,也有卡尔·马克思和麦克斯·诺尔道(Max Nordau)。不知为什么我觉得这两个人有点关联,或许是因为两人的书装帧相似,都是大理石纹的封面,还因为麦克斯和马克思发音相近。我自己也有一些书,俄国民间故事,一个铜板一本。后来那些故事我全都记住了,可以背诵。

有一回母亲见我盯着那些大书,就说如果我愿意,可以读您《全集》中的第15卷和第16卷。第15卷是您为初学者写的小故事,还有一些算术课。我特别喜欢算术课。《高加索的囚徒》也在那一卷。第16卷里的故事微言大义。我觉得这些故事和耶稣的寓言有异曲同工之妙,用普通人日常生活中的事情讲道理。据说耶稣要用这些道理育人,你则显然在努力做这件事。

您最喜欢哪些故事?

都喜欢。我读到的第一个故事是《有爱的地方就有上帝》。我在那个年纪,居然就觉得鞋匠阿夫杰伊奇和他帮助的那些人特别亲切,真是不可思议。您激发同情心的手段实在太高超了,让我一下就有了感觉。我对其中一个细节印象特别深刻。老门卫、士兵的妻子、卖苹果的女人和阿夫杰伊奇救下的那个男孩,全都在他梦境里出现。每个人都说"你不认识我了么?就是我呀"(指耶稣),随后露出微笑。可那女人的孩子大笑起来。我记得当时我就想:"大人高兴的时候微笑,但小孩子会大笑。就应该是这样!"

对呀,当然啦。

现在,80年过去了,为了准备咱们的会见,我重读了手头您的三种传记。我最喜欢特洛亚特的。他称赞您有种神秘的力量,能把角色写得栩栩如生,上百个角色,个个鲜明。他注意到您有一种"诀窍",能在角色上添加"神来之笔",恕我打个不敬的比喻,就像莉莎·博尔孔斯卡娅微翘的上嘴唇,或者库图佐夫的慵懒,或者瓦西里亲王和人握手时总爱朝下拽人胳膊的习惯。特洛亚特认为这些标签如同音乐主导主题(leitmotif)。您知道音乐动机是什么意思吗,列夫·尼古拉耶维奇?

知道。理查德·瓦格纳在他的歌剧里采用的一种手段。

您看过他的歌剧吗?

看过《齐格弗里德》。

您女儿塔尼娅(在日记里)写道,您到莫斯科去看《齐格弗里德》,看得大倒胃口。第二幕还没结束您就走了。

那玩意儿太差了。音乐太闹,粗腔横调的,一点不美。那一幕开头,我简直不知道乐队是已经在演奏了,还是刚刚出场。况且我鄙视条顿神话。他们的主神是个蛮子。

这与咱们的谈话无关。我提起瓦格纳主要是想说音乐动机,你笔下的人物带着那些标签"上台"时,就如同瓦格纳使用音乐动机。瓦格纳每次想提醒听众某件事要发生,或者某个人要上场,就使用音乐动机。听众不仅知道故事进展,而且了解人物的思路。我很高兴特洛亚特注意到这一相似之处。

这与鞋匠阿夫杰伊奇以及您对他的印象有什么关系呢?

我只是举个例子,说明您有一种神力,让读者进入您笔下人物的内心生活。

您 6 岁就注意到这一点了?

根据这个世纪杰出的儿童心理学家皮亚杰的理论，人的能力在 7 岁左右能看出大概。我比较早熟，因为我不仅有能力，而且我知道我有这种能力，我为此感到高兴。

讲个实验给您听吧，列夫·尼古拉耶维奇。有人问一个孩子，他的父亲只有一个兄弟："你爸有兄弟吗？"那孩子说："有。"

"他叫什么名字？""皮埃尔叔叔。""那皮埃尔叔叔有兄弟吗？"7 岁以下的孩子都说："没有。"他们不懂皮埃尔叔叔就是爸爸的兄弟。皮埃尔叔叔是"兄弟"，而爸爸是爸爸。同情，即从别人"内心"看世界的能力，是您一生最大的关注，列夫·尼古拉耶维奇。这也是马克斯·韦伯的一大关注，他是著名的德国社会学家，在您身后不久，他的著作就出版了。"化身"为他人的能力是您最有力的寓言的主题。您能猜到我在说哪个吗？

大概能猜到。是不是《亚述王伊萨哈东》？

正是。

我记得您说过您是犹太人？

对，在飞机上告诉您的。

那您知不知道《伊萨哈东王》最早是用意地绪语（Yiddish）[1]

---

[1] 意地绪语是许多欧洲犹太人及其他各洲犹太后裔讲的犹太语，以高地德语的一种方言为主，夹杂希伯来语、俄语、波兰语等语言的词汇，用希伯来字母拼写。——校者注

出版的?

知道,一起出版的还有《三个问题》。

您知道为什么?

我想我知道。

血腥的 1903 年基希涅夫集体迫害事件[①]之后,杰出犹太人代表团来找我,您知道这事?

知道。

他们请我写文章为他们鸣不平。

您却没有答应。

对。您知道我为什么拒绝?

我大概能猜到。我最近才知道那次事件。以色列一家俄文报纸刊登的文章里提到那次事件。

以色列?

对,建于巴勒斯坦的犹太国家。看来对于这个世纪的历史,还真得帮您补很多课呢。但咱们先别分心。我只告诉您,那篇文章的标题是:《托尔斯泰反闪米特吗?》。反正我知道您

---

① 基希涅夫(Кишиневе),苏联摩尔达维亚加盟共和国首府。1991 年摩尔达维亚独立成为摩尔多瓦后,以此为首都,恢复旧名基希纳乌。19 世纪时,俄国和波兰的许多犹太人不堪忍受反犹情绪,迁居至此。1900 年人口统计数据显示,该市人口中犹太人比例高达 43%。1903 年 4 月 6 日至 7 日和 1905 年 10 月 19 日至 20 日,该市发生两起严重的反犹暴动,分别导致 47 名和 19 名犹太人死亡。事后大批犹太人移居西欧和美国。

没有答应写那篇文章，因为已经有数百篇文章表达对俄国粗暴对待犹太人以及政府纵容这种行为的愤怒，而且遣词造句如出一辙，您只是不想再凑这份热闹。您希望利用这个机会，以您独特的方式表达您所信奉的普遍原则，即上帝在每个人心中，因此人心相通，这是同情最神圣的一面。对不对？

差不多吧。咱们怎么老是离题呀？这些跟阿夫杰伊奇，以及您幼年对我的小说的喜爱，特别是跟瓦格纳，又有什么关系呢？我记得您在飞机上就提到过瓦格纳。

不是瓦格纳，列夫·尼古拉耶维奇，我说的是他的女婿张伯伦，他认为耶稣不是犹太人。瓦格纳是我刚才提起的，还说到他的音乐动机技巧。

那就更离题了。这都哪儿和哪儿呀？

这些都涉及艺术特别是文学的功能啊。

那咱们为何不直奔主题呢？

会的会的。先让我把这些事想清楚，然后大致定一个讨论计划。文学和艺术的功用当然要包含在内。要不这样吧。您想了解什么，尽管提问。这样我就能告诉您我的……用意。我知道您是谁。全世界都知道您是谁。姑且把咱们这次遭遇比作“神曲”，那我就是您的维吉尔，您应该大致了解我的世界观吧。

那好，开始吧。你富有吗？

您看到了我的生活状况。您觉得呢?

我还真不知道。我知道,您准是闲人,因为您关心"文学和艺术的功用"。在我那个时代,干活的人才不关心这类事情。

我也干活,列夫·尼古拉耶维奇。通常每周干60—70小时呢。

我知道您说的干活是什么意思。要这么说,我也干活,比您时间还长呢。但我从不把那种算做干活。别人,很多人,给我干活,所以我才成为有闲之人。别人给我做饭,给我洗衣,给我种地,而我从地里获得财富。这些事谁给您做?

嗯,我自己做早饭。洗衣有机器。做晚饭要花一两个小时。一般是我太太做。星期日全家聚会,我女儿或者某个儿子做晚饭。我三个孩子都做得一手好饭。有时他们也做点外国菜。您记得的。上周日您和我们一起吃了晚饭。您还想知道点什么?

谁来打扫房间?

每周五有个女人来打扫,大约需要6小时。地毯用一种吸灰尘的机器清理。还有其他一些活。我不太清楚。等我问问葛文再告诉您,如果您真想知道。

那……

哦,对了,我想起来您因为仆人必须帮您端夜壶而苦恼。但您一定注意到了,我们现在不需要那种服务了。在您那个时

代就算得上文明国家的地方，室内水管已经普及了。事实上，我认识的人中没有一个用贴身侍仆的。

您刚才说做晚饭需要一两个小时。食材怎么办？

哦对了，购物。一般一周一次就够了。您知道市场吧，现在有些商店里可以买到所有东西。肉有不同切法，都包装好了，冷冻起来。各种蔬菜和水果全年都可以买到。各种菜，什么汤啦，炖肉啦，都用罐头保存。把里面的东西倒出来热热，就能吃了。牛奶和果汁是盒装的。家家有冰箱，可以把食物放在冰箱里，随时拿出来烹煮，或者只是加热。

这些东西怎么运回家？

大部分人有汽车。

汽车？

就是机动车。我们没有。因为我们觉得不需要。我女儿有一辆面包车，用来运她的那些狗。她每天早晨带着这些狗去诊所。

她为什么要搞六条狗？

她训练它们，带着它们参加各种展览。这些年好几条狗得了奖。有时候她也给它们配种。

可你没有机动车。那你太太得买菜吧，一周的食材，她怎么运回家？

她一般和邻居搭伴去。差不多人人都有车。

那他们都得有司机啊。司机不是仆人吗?

不是的,只有特别特别有钱的人才用司机。或者是政府要员。绝大多数人都是自己开车。

妇女也开车?

当然了。如果一家只有一辆车,那么这辆车通常留在家里。大多数人乘公共交通车去上班。如果哪家的主妇不上班,她就开着车做各种事情。

那您太太呢?

有时候她一个人去买东西。这时候她会推个小车。商店离家大约半俄里地。有时候她买了东西叫出租车回来。附近也有小一点的商店。

您是说,加拿大人都过这样的日子?

我要怎么说您才能明白呢?您问我是不是富有。我们现在说的"富有"和您那个时代您那个国家的富有完全是两码事。我可以告诉您,从财富上讲,我在加拿大、美国和大部分欧洲国家处于什么位置。我想我的收入在这些国家应该属于靠上的百分之三十五到四十,如果说到积蓄,大约还能再往上靠一点。但是如果放在全世界比,比我富有的人比例就小多了。按这样的标准,我想我应该算是富有的吧。但是您也见到了,虽然只看了一丁点,我们的生活方式和您所熟悉的那些富人(更不用说贵族了)很不一样。

我所知道的那些富人,最大的特点就是需要数百名贫穷的男女辛苦劳作,不仅供给他们生活必需品,也供给他们各种豪华奢侈。[①] 您向我讲了您的生活方式,是想说明您不属于那些不事生产、挥霍无度、变态纵欲的人吗?

我不知道什么变态。反正我没有。如果您发现我有,请您向我指出。我愿意改正。说到剥削他人劳动,也有也没有。从全世界来看,我想答案是有剥削。但如今这个世界的穷人被剥削,跟您那个时代富人剥削穷人,已经是天壤之别了。就拿您说吧,您和受您剥削的穷人有直接接触。您每天都被提醒,自己住大房子,他们住小窝棚;您有好几十人直接伺候着。他们种出来的作物大部分都卖掉了,而钱落入您的腰包,他们得不到。您看到了这种状况的极度不公正,您认为只要让您的权利和特权与他们对您的义务平等起来,问题就解决了。您认为把您的财产分给他们,这个目标就达到了,尽管您后来发现这样做其实很难。

今天,富人对穷人的剥削最终结果跟您那个时代一样恶劣。但您无法直接用手指着说:"看,这位是富人,他享受着荣华富贵,因为他占有那些穷人生产的财富。"如果我的理解没错的话,您认为只要富人有良心,听到这句话就知道他应该怎

① 《托尔斯泰和陀思妥耶夫斯基》一书中提到屠格涅夫有2000个农奴,想来托尔斯泰伯爵的农奴数应当高于这个数目。——校者注

样改变这种状况。他会把财富分给穷人,或者卖掉他的财产,把钱分给穷人,比如他的农奴和仆人。而我们这些应该算富人(以全世界的标准衡量)的人,却没有这样的选择。剥削者和被剥削者之间没有直接关系。甚至于无法像对您和其他地主一样,明确指出谁是剥削者。剥削的机器是这个经济制度——全球经济系统(甚至不是某一国的经济制度)。操纵这个系统的是所谓第一世界,也就是最早开始工业化、目前世界财富最集中的那些国家:中西欧、北美、日本、澳大利亚。第二世界已经消失了。这个我到时候再给您讲。第三世界主要是非洲人,还有中美洲、南美洲、中东、印度、南亚的很多人。

这些都是穷人?

世界上最穷的人。他们的贫困和您那个时代的俄国农民不相上下。

他们也给地主扛活?

这个嘛,情况比较复杂。第二次世界大战以后,欧洲几个大国——英、法、意——力量大为削弱。其殖民帝国分崩离析。就说非洲吧,现在约有 50 个独立国家,全部是联合国的成员国。现在几乎世界上所有国家都是联合国成员国。这些国家都被归入"发展中"国家,因为他们的工业还在初创阶段,尚未融入全球贸易系统。简单说,那里的人民生活水平尚未达到普遍接受的正常水平。这一切都需要资本的支持。资本来自富国的贷款,这些贷款都有利息,而大部分借贷国无力支付利息,于是必须借更多的钱来偿还利息。这些贷款由一个名为国际货币基金组织的国家银行业务系统提供,这个系统由富国掌管。放贷国的主要目的是扩大自己的经济,这就需要全世界都对资本出口开放。所以,国际货币基金只把钱借给那些全球资本主义系统之内的穷国。也就是说,任何“社会主义实验”都不受欢迎。

什么样的社会主义实验?是亨利·乔治[①]主张的那种吗?

对了,我知道您对亨利·乔治和他提出的“单一税”计划感兴趣。我老是忘记您认为大规模贫困的唯一原因,就是大地主私人拥有土地。当然您有这方面的第一手知识。您还记不记得,我说过,在工业化世界,从事农业生产的人数量减少到只占人口总数的百分之二三?

而这些人大多数还像我那个时代一样贫穷?

在第三世界是这样。

为什么?

如果您把您的问题改一改,或许我能回答这个问题。您为什

① 亨利·乔治(Henry George)是美国19世纪末期的知名社会活动家和经济学家。他认为土地占有是不平等的主要根源,提倡征收单一地价税的主张,曾经在欧美一些国家盛行一时,颇有影响。他主张土地国有,征收地价税归公共所有,废除一切其他税收,使社会财富趋于平均。孙中山的民生主义思想,正如大家知道的那样,与亨利·乔治有密切关系。——校者注

么不问问,何以第一世界的大多数人变成了富人,以您那个时代的标准来衡量的话。

好吧,他们是怎么致富的?

在您那个时代,工业化国家的政治权力已经开始分散。各处都制定了法律,保障工人组成工会,集体进行工资谈判。最重要的是,经济中的公共部分程度不一地扩大了,有些措施尽管被经济特权的维护者视为"步步逼近的社会主义",但仍然得到实施。社会主义者在某些国家掌握了政权。这些国家没有采纳卡尔·马克思主张的革命措施,但为提高整体生活水平做了很多努力,特别是扩大社会服务。

比如?

就以加拿大为例。这个国家的医疗基本免费,每个人都能平等地获得。非马克思主义的社会主义者和他们的政治同盟者认为,社会主义的本质是扩大经济中的公共部门,也就是扩大生产人人能够平等获得的产品和服务。公共部门的另一个特点是免费教育。几乎所有发达国家都实行了免费以及不同程度的义务教育,至少到中学毕业。例如奥地利不仅小学和中学是免费的,连大学都是免费的。大学生只要通过各门考试,还能得到助学金,补贴一部分生活开支。那些没通过考试的学生依然能够免费听课,但得不到助学金。

如果把合作企业计算在内,如果我没有记错的话,瑞典的公共部门涵盖了其经济总量的三分之二。这些国家,主要是欧洲小国如斯堪的纳维亚半岛国家、奥地利、瑞士、荷兰，和原来属于不列颠帝国的发达国家如澳大利亚、新西兰，它们拥有最高的整体生活水平，贫富差距最小。另一个重要因素是对雇主和工人的关系进行了某种管控。第一世界的大多数国家都有失业保险。有广泛的社会保障系统。每个有一定工作年限的人到了一定年龄，通常是 65 岁，都能得到养老金。这笔养老金能保障生活——尽管是简朴的生活。如果夫妻二人都有养老金，保障就更多一些。也就是说，人到了老年不必靠子女养活；也就是说，人不必为了养老生很多孩子。加上儿童死亡率几乎下降到了零，现在几乎没有大家庭了。

所以人们都节欲了？

只有极少数人节欲，例如震颤派教徒，他们和您一样，认为节欲是最大的美德。

那怎么……

一次说一件事，列夫·尼古拉耶维奇。别跑题。

那为什么你说的第三世界不能摆脱贫穷？

还记得国际货币基金组织吧。它把钱借给穷国，让它们有钱支付以前贷款的利息。这些贷款附带有苛刻的条件。例如，已经实施或已在考虑中的某些社会服务必须减少，或者取消。最重要的是，接受贷款的国家必须保障外国资本的自由进入。为了偿还贷款利息,这些国家必须扩大出口。由于这些国家还不发达,它们出口的几乎全部是原材料,因此破坏了自然资源。另一种情况是,出口的是单一农产品,如香蕉或咖啡(富国对热带农产品有很大需求)。这样一来,原本可用来为本国人提供食物的可耕地面积缩小。随着这些产品的出口量增加,这些产品的国际价格下跌。总体结果便是财富不断从第三世界流向第一世界。军火贸易也是这种财富流向的重要原因之一。现代武器,包括战斗机、复杂的自动化武器、武装战车等,由第一世界卖到第三世界。这种贸易让供应商发财,买主则破财。武器除了死亡和毁灭,什么也生产不出来。

那就只能这样了吗?

当然不是!

那能做什么呢?

您最火爆的一篇文章的题目,就说出了能做的事情,列夫·尼古拉耶维奇。

您认为如何?

假如您能同时对世界上所有人说话,用他们自己的语言对每个人说话,您让他们倾听上帝的声音,凭良心生活,有些人会说"我们就是这样做的",而另一些人则会问:"哪个上帝?"还有些人会想,您拿了谁的钱来说这番话。您怎么办?

我写那些小册子,只是想说出真实。您就从没有过纯粹为了说出真实而写作的时候吗?

有很多次。那我们就在这个层面上说话。我完全相信您热爱真。那我就要问庞提乌斯·彼拉多问过耶稣的那个问题:“什么是真?”您大概记得,耶稣没有回答。您会回答吗?

不会。人要么知道什么是真,要么不知道。对不知道的人,我说什么都无法让他看到什么是真。

我明白您的意思。但我会按我的理解说一说什么是真。或许您会认为我的认识不对,您可以用我能明白的方式纠正我。这样的交谈对咱俩都有好处。我们的讨论会更有成果。我先说点掏心窝子的话。我当然是通过您的写作认识了您。我特别想告诉您(或者想象我在告诉您)我有多崇拜您的著作——您的每一部作品,不论我完全接受还是部分接受,还是部分不接受或者全部不接受。我崇拜您那种无与伦比的清晰和真诚。现在,我要开始议论您关于人类罪恶之源的观点了。我也尽力表达清晰。我认为,用实例说明每一个论点、推断、信念,是最能保证清晰表达的方法。

我先用您的办法试一试。

工人得不到自己生产的产品,这些产品被资本家和少数统治者拿走了。人们看到了这种不公,于是想通过改变政府形态来改变这种状况。有人主张实行君主立宪制,另一些人则主张君主专制体制,还有些人主张共和制。这个时期出现了孟什维克和布尔什维克,马克思主义者和极简主义者,辛迪加主义者、社会主义者和无政府主义者。这些人都说:"把权力交给我们,我们会让人人满意。"这些政党中的许多在某个时期掌握过权力,有些至今还掌握着权力,但工人仍然生活在悲惨之中,而且每况愈下。为什么?因为占少数的统治者,不论是实行君主专制,例如俄罗斯,还是共和制,例如瑞士或美国,总是以自身的利益为导向。他们利用权力,通过剥夺劳动人民应得的财富,强力获得自己的特权。因此革命的结果,只不过是改变了统治者的身份。只要靠暴力维护特权,暴力就不会终止。暴力的受害者对施暴者忍无可忍时,就会全力反抗施暴者。

在奴役人民时如何使用暴力?谁是施暴者?几百个百万富翁和统治者应该没有能力让几百万劳动者屈从于他们。如果几百人压迫几百万人,这一定是因为统治者并未直接施加暴力,暴力是人民自己加于自己的。经由一些巧妙、聪明的方法,人民自己对自己施暴。因此,要想把人民从压迫中解放出来,首先要搞清楚奴役的根源,并扫除这些根源。这方面的书已经堆积成山了。

我要向革命者、布尔什维克和孟什维克以及社会革命党人和无政府主义者进言一句:不要再写煽动性的小册子,不要再鼓动工人罢工。还是好好反省自身,发现真理,传播真理吧。

您认为如果革命者采纳了您的建议,他们就会宣传同样的真

理？或者即便他们真的宣传了同样的真理，人民就会接受他们的宣传，从此抛弃暴力和剥削？

我不知道。但如果说有什么能把人民从毁灭之路拉上救赎之路的话，那就只有认识真理和听从真理。这是耶稣的教诲。他才是真正受到启蒙的，而不是那些政客，不是那些革命者，不是那些教授。您有什么办法？

我不会告诉大家如何去感受，我会告诉他们如何行动。我认为人们的感受并不能决定他们的行动，而是行动及其后果影响感受。我也不认为通过自省就能找到真理。真，或者说部分的真，只有在行动的后果及对后果的观察中，一次一点地发现。我不同意您说的工人的状况毫无改变。在第一世界，工人的状况得到了巨大的改善。不过，的确有人变得更好了，也有人变得更糟了，而这才是最重要的。我们必须了解其中的原因。我们哪些事情做对了，哪些做错了？我们如何才能汲取历史经验？最重要的是，我们如何有效地组织起来，共同行动，改善我们的生活？最后，“我们”指的是谁？您或许觉得我提出的问题比我回答的问题还要多。可这正是我的目的。

那么下面我们怎么办？

看看对于我提出的问题，咱们是否会有不同的回答。比较一下咱俩的世界观、生活观，以及对人类状况的看法，看看咱俩的想法有什么异同。我已经看到了，咱们对科学和宗教在人类生活中的角色有不同的观点，但这种分歧不在于是相信《创世记》还是《物种起源》。我们的分歧在于哪种思维方式更有利于改善人类现状。对于真、美德，或者甚至包括美，是采取宗教思维的方式，还是科学思维的方式。您说呢？

对。

第三章　宗教、科学和真

据我所知，您在《天国在我们心中》《我的信仰》和《宗教及其本质是什么》中阐述了您的宗教观。您同意不？

如果您说的是明确的解释，我同意。但实际上我的宗教观渗透在我最后三十年所有的文字中。

耶稣的同时代人希列拉比（Rabbi Hellel）曾被人要求一只脚站立解释律法书（Torah）。据说他把金箴[1]反过来说："己所不欲，勿施于人。"并且又加上一句："全部律法，此一言而已。余者皆注此句。"您同意吗？

不同意。

那《福音书》呢？您愿意单脚站立解释其精髓吗？

您问的是《福音书》的内容，还是基督的教诲？

这两样有区别吗？

---

① Do unto others as you would have them do unto you. 你们愿意人怎样待你们，你们也要怎样待人。《圣经·新约·马太福音》7:12。

当然。

有什么区别?

我们已经谈到了。您已经知道我对于基督的神性、奇迹以及肉体复活持什么看法了。我认为这些都是亵渎,或者迷信,我因此被逐出教会。

我要向您提当年人们问希列拉比的那个问题。如果《福音书》所记录的是基督的教诲,那么请说说《福音书》的精髓。您会怎么回答?我不要求您单脚站立。您大可慢慢道来。

我倒也不需要很多时间。先看看咱俩对于人做什么或不做什么的动机是否有一致看法。

您说的人,包括男人和女人吧?

当然啦。我刚才没说吗?

您当然说了。您用了“человек”,就是“人类”的意思。如果让您换成英文,您可能会说“人”,这个词也是“人类”的意思。但是这个词还有一个意思,就是“男性”。

这个重要吗?

我不该打断您,列夫·尼古拉耶维奇。坏习惯啊。请您接着说。

人的动机来自三种需求:理性的需求,情感的需求,以及教养的需求。科学家都认为人不需要宗教,科学可以而且已经代替了宗教。然而人类在生活中从未离开过宗教,而且人离开了宗教就无法生存。

您是说不存在没有宗教信仰的人吗?

不,我是说,理性的人离开了宗教就无法生存。

不以理性为动机的人是可以的,像动物一样——可以没有宗教。动物的行动听从本能,其目的是满足它的直接需求。动物总是以相同的方式行为。蜜蜂飞翔于鲜花丛中采集花蜜,用来喂养幼虫,它不会想其他事情。鸟儿秋天向南迁徙,春天向北迁徙,从不想这些行为好不好。而理性的人会思考。人收割庄稼时会想这一行为会不会耗尽土地的养分而让后代没得吃。他会想他吃掉了他所收割的庄稼,是否就拿走了像他一样的其他人的食物。他不可能不想他所养育的孩子会是什么样。他不能不想他的行动的后果,因为他的行为有很多后果,有些还互相矛盾。

我懂您的意思。理性人会在做决定的时候考虑他要做的行为会有什么后果,您说对不对?

对。

好,我们有了一点共识。也许这点共识能够扩大。我认为人的行为有以下两类决定因素:一类是“前方的召唤”,姑且这么说吧,另一类是“后方的推动”。前一类是您说的“理性人”的特征,后一类则是强制或者教养的结果。“后方推动”

行为的决定因素不是未来可能发生的后果，而是此刻或过去已经发生的事。您能接受这样的分类吗？

再说清楚一点。给我举个例子。

您已经举了一个理性思考的例子。收割的人思考其行为的可能后果：不仅解决他和他家人的饥饿，还可能耗尽土地的营养，给后代造成恶果。所以我就举个"后方推动"行为的例子吧。一个人受到侮辱。他勃然大怒，攻击了侮辱者。或者，一个人在仪式中按规定行事，因为他接受的教育就是必须如此。您能接受对人类行为的这种分类吗？

说不好。说到在仪式中按规定行事，您也可以说那人受其行为后果的控制。例如，如果他做了，就能上天堂；如果他没做，就要下地狱。但我认为这人算不上"理性"。

好吧。那么，我想，您认为理性包括现实地预见未来后果的能力。

差不多。

而相信是否遵从某种规定仪式会导致永恒的奖惩，这并不现实，因此不是理性的标识？

不是。

那这种信念是否属于宗教的特征？

这不是宗教的本质。

那么宗教的本质是什么呢?

宗教的本质寓于这个词[①]的词源之中。这个词的拉丁文原意是“捆绑”。宗教把人和上帝绑到一起。对此好几位哲学家有过论述。宗教是人类的每一个体与上帝相爱(Beile 语)。宗教产生于灵魂经过思考而拥有的需求(B. Constant 语)。[②]宗教是认识超人类的神秘力量的一种独特方式。宗教是以神秘的灵性界定人的存在。这种神秘的灵性是人和世界的宰制,人认为自身处于这种灵性的包围之中。

没错。宗教这个词最初的确和“捆绑”有关。但您说“捆绑”在这里指向人和上帝的关系,我认为您错了。这里的“捆绑”实际上是指人民与其经常接触的事物的关系。人感受到,或者觉得有必要通过合作或忠诚,建立纽带。而后者首先是家庭,其次是家族,再次是氏族,依此类推。在拉丁语里,宗教有“捆绑”的意思,但我认为说拉丁语的古罗马人还没有您定义宗教并探究其本质时所理解的那种上帝的观念。

难道不是一回事吗?和上帝绑在一起不就意味着和其他人绑在一起吗?

也许吧,但话不能反着说。

您什么意思?

---

① 指英文词“religion”。

② Beile 和 Constant 的引语原为法文。

就这意思。宗教能使人建立起合作、良好的关系，也能用来划分敌我。敌人即崇拜其他神灵、信奉其他宗教的人。那些狂热信奉宗教的古人——例如古希伯来人，就是这样。他们是历史上最早的征服者，在征伐的同时，也改变着自己的生活方式，从游牧者转变成农耕者。征服的过程漫长而且血腥。可以想象，一神论——只信仰一位神灵，这个神的最大特征就是“唯一性”和强烈的嫉妒心——在保证征服成功、将迦南的入侵者转变为杀人狂的过程中，起到了至关重要的作用。

这些只说明古希伯来人并没有领会宗教的真正本质。众先知接近了本质，但只有基督揭示了宗教的本质。

真正的本质？

对，真正的本质。您说您读过我的不少东西。那您有没有读过《宗教及其本质是什么》？

读过。

那咱们就从人类行为的动机说起。我想咱们在这一点上看法基本相同。您说过，我将之归于如下几个基础：情感冲动、理性和教养。

我的看法略有不同，不过我认为咱们基本一致。

那好，咱们就来看看信宗教的人和不信宗教的人，行为有什么差异。

信奉宗教的人知道善恶,他若是看到他的理性和他的行为之间存在矛盾,就会竭力消除这种矛盾,并学会使其行为符合理性的要求;而一个不信奉宗教的人除了好恶,再没有其他标准来评价自己的行为,于是他服从于自己的感觉,而遇到矛盾则常常采取复杂、聪明的办法来加以克服,这些办法却是错的。信宗教之人的推理简单直接,不信宗教之人的推理啰唆、复杂,但根本不对。

举个尽人皆知的例子。某人荒淫乱性。他若是信奉宗教,他就会知道这是邪恶,而他的理性所做的一切,就是引导他摆脱这种恶习:不再与淫女来往,专心工作,再不淫荡地把女性视为贪欲之物。这一切简单明了。而他若是不信宗教,他就会找出各种理由,说明爱女人好处多多。他找出各种精妙的理由,什么"灵魂的交融"啦,"爱情的自由"啦,不一而足。这些话传播越广,就越是乱人耳目,掩盖了真正要紧的东西。《福音书》里说:人爱黑暗胜过光明,因为他们的行为都是作恶。每个作恶的人都仇恨光明,不愿走向光明,以免其恶行在光明中暴露。

在我看来,您的意思是说,理性人必须是信奉宗教之人,反之亦然。那您能否找出一个理性但并不信教的人,或者一个信教但并不理性的人?

您能吗?

当然能啊。就说一个蓄意杀人的人吧,比如陀思妥耶夫斯基

笔下的……拉斯科尔尼科夫[1]。他计划杀死当铺老板娘，并为此精心准备，搞了一把斧头藏在大衣里，并假装给她看一件当品，以分散她的注意力，然后用斧头猛击她的头部。他想出了这些步骤，并且一一实施。

但他有没有问过自己，杀死这女人是不是好事？

怎么了，列夫·尼古拉耶维奇，您知道他问过的！他思前想后，掂量这坏女人的生命和他能用她藏起来的那笔钱去做的好事，也就是使他妹妹免于嫁给一个有钱恶棍，因为他们很穷，他妹妹和他母亲似乎只剩下这条路可走了。他问自己，当年拿破仑为了在欧洲建立更好的政治秩序而牺牲成千上万人的生命时，是怎么做的。您说拉斯科尔尼科夫理性吗？

理性，而且他信奉宗教，因为他最终认识到自己做错了。理性的人当然也可能犯错误。拉斯科尔尼科夫开始并没有完全意识到其行为的含义。后来他看到了，于是去自首了。

那拿破仑呢？当他看到自己精心计划的一切付诸东流时，他也感到懊悔了吗？

当然没有。他当然不信宗教，所以也不理性。

您当真觉得虔敬就是理性？

您非要这么说，那就是吧。

---

① 陀思妥耶夫斯基《罪与罚》中的男主人公。

我还不太确定，因为我不敢相信您看不到理性和德行的区别，或者说，人们对于“理性”这个词的一般理解与其对“宗教”这个词的一般理解之间的区别。特别是几乎人人都认为“宗教”与某种超验的神祇（有称之为“力”“智能”的，有称之为“万物之始”的，您就这么说的，还有些其他称呼）有关联。所以我们，您和我，还是在这个问题上统一思想吧。还有一点咱俩也需要统一。咱们别再以传统神学和大多数哲学的方式追问什么“本质”了。我们还是看看人们说到某个词或者某句话，通常都是什么意思。

为什么呢？

因为对于“本质”为何的分歧，很难消除。因此关于“本质”的讨论，必然陷入不同信念之间的冲突。然而人们如果真的想了解其他人的想法，以及他们为何有这样的想法，他们还是有可能在讨论中就某个具体词的含义达成一致。这种一致就是接受惯例，而不纠缠于“实情”“真”或“善”。

因此我提议咱们将“信教之人”界定为信仰某种存在的人，这种存在被称作上帝。这种存在对人类行为有某种偏好，其行为是为了造成某种结果。您特别相信这样一种存在。而我刚才说过，如果某人对其行为的可能后果进行思考，如果这种思考基于常人认为多少有效的知识，我们就能说这人是理性人。

那行，咱们在这点上算是一致了。然后呢？

如果咱们一致同意什么样的人算得上“理性”，什么算是“信教”，那我要说，有些人非常理性，但是不信教，也有些人信教，但是不理性。

您在纠缠表面的词义。为什么要如此看重这些呢？

我这就要说到。我要对您关于科学及其对人类状态的意义的观点，提出质疑。

具体是哪些观点呢？

首先，我想提醒您注意皮埃尔·西蒙·拉普拉斯[①]说过的一句话。他算是18世纪末19世纪初最重要的科学家吧。他是拿破仑·波拿巴的同时代人，而我们俩碰巧都看不起拿破仑。

什么话？

拿破仑得到一本拉普拉斯的代表作，《天体力学》，于是召拉普拉斯前往一叙。我向您保证，列夫·尼古拉耶维奇，要读懂这本书，非经过多年的严格训练不可，所需时间比教中国文盲读懂《老子》原文还要长很多年。

而您认为这本书很重要？

我认为这本书无比重要。

---

① 皮埃尔·西蒙·拉普拉斯（Pierre Simon Laplace，1749—1827），法国分析学家、几率论学家、天文学家和物理学家，1817年任法兰西学院院长。

为什么呢？

您听了我讲波拿巴的问题和拉普拉斯的回答，或许就知道答案了。

那您讲吧。

波拿巴问："您这本关于宇宙的书里，为什么没提造物主呢？"拉普拉斯答道："陛下，因为我不需要那个假设。"

这段对话和宗教有什么关联？

您看不出来吗？拉普拉斯不需要通过信仰上帝来发现真。

真是什么？

您这个问题就是彼拉多向耶稣提出的。

那么您也不予回答吗？

我实在答不出。不过如果您想听，我可以回答与此相关的另一个问题。我能告诉您我认为什么是真。

那有什么用呢？

能使咱们相互理解啊。语言不就是为了让人们相互理解吗？您的言论和文字让我认为，您相信上帝创造了人，并赋予他一些能力。我想语言应该算上帝赋予人类的能力之一吧，这种能力使人经历另一个人大脑里，或者您可能更愿意说，内心所发生的。我说得对吗？

对。

那好,咱们现在就使用这种能力。按您的观念,这种能力就是为了这种目的才赋予我们的。我就说说我认为什么是真。我会告诉您当我说到“真”时,内心有何感受。我的观念可能和您的不一样,但您至少能知道这一点,咱们的谈话也就不用陷入误解。

好吧。您认为什么是真?

哎,这样就好。如果要界定一个表达复杂思想、感受的词汇,或者说什么不是那个词汇的内容,最好一开始就指定具体的指称,说不定试图理解的一方很熟悉这些指称。这样就建立了沟通的基础。例如,如果正在学习英语的某人问我:“苹果是什么?”我会拿个苹果给他看。为了防止可能出现的误解,我还会拿个梨给他看,并告诉他说这个是“梨”,不是“苹果”,免得他把“苹果”这个词误解为“水果”。解释“真”的含义也是如此,我先举几个真实判断的例子。例如,我会说:“如果您放手,而某物又没有其他支撑,那东西就会掉地下。”然后我会演示几遍,在某种程度上证明这个判断是真的。但只能在某种程度上证明,因为如果我手里是一只活着的鸟儿,或者是一只充满氦气的气球,它就不会掉地上。这时我就得修正我的判断,加上没有支撑的东西的确会掉到地上的条件。

咱们是不是跑题了?我们刚才在谈论拉普拉斯和他的《天体

力学》。

我们说的正是这个。据传说,牛顿思考为什么苹果熟了要落到地上这个问题时,发现了万有引力定律。其实事实不是这样。牛顿根本没有问自己为什么苹果熟了会落到地上。他提出的问题是:为什么月球不会掉下来?他根据运动和力的原理,得出的结论是:月球不会掉在地上,而苹果会掉在地上。因为通过运动定律计算,坠落的苹果的轨道与地球表面相交,而月亮的轨道不与地球表面相交。因此,坠落的苹果的轨道被地球表面阻断了,而月球“错过”了地球,继续沿着规定的轨道围绕地球运动。同理,地球也沿着自己的轨道绕太阳旋转。所有天体都沿着各自的轨道运行,其轨道由运动定律和万有引力定律规定。

您刚才要说的是您对真的看法。

马上就说到了。现在回到拉普拉斯。拉普拉斯通过物理学推理,将牛顿运动定律和万有引力定律在天体上的应用做了非常复杂的发展。其结果可以提前数百年非常准确地预测天体的位置。

可是如何在几百年后验证这些预测,由此像您说的那样确定其真实性呢?

我们做不到,但我们的后代能做到。但其实没有这种必要。在这件事上,事后验证与事先预测同样重要。例如,数百年前的一次日蚀能够通过中国的历史记录得到验证。

上帝的存在也能通过这种方式得到验证吗?

别忘了,我们对任何事物做出可验证的判断之前,都必须先解释我们所用的词是什么意思。您说的"上帝"是什么意思?

就是万物的开始。

那您说的"开始"又是什么意思?

您难道不知道"开始"是什么意思吗?

这不是知不知道的问题,而是要明确我在什么意义上使用某个词。

您说什么意义?

我刚才解释了"苹果"的含义(通过展示苹果),我也可以通过一些例子解释我说的"开始"是什么意思。大学的下个学期在九月的第一个或者第二个星期二开始。那一天,前些日子空空如也的教室和礼堂会有很多年轻人。我的生命开始于 1911 年 5 月 22 日。他们对我说,在那之前没有我。我无法想象自己不存在的样子,但我记得比我小的人在某一天之前不存在,而在那天之后存在了。我说他们的生命开始于某一天,就是这个意思。但是我要想象"宇宙的开始"时,却发现我办不到。我读过现代宇宙学理论的论述,其中提到所谓"大爆炸",据说发生在 150 亿年前。这一假说是对今天观察到的现象——宇宙的扩张,这意味着向着与时间相反的方向的收缩——的一种反推。但我看没必要把大爆炸与某种存在的有目的的行为联系在一起。据说那种存在与人类拥有某些共同特点，例如能分辨善恶，并希望拥有自由意志的人类选择这一个而不是另一个。

上帝是“万物的开始”，这只是我对上帝的理念之一。我的信仰，从本质上说，是坚信上帝在每个人心里。我在《天国在我们心中》一文中做了阐说。

我太清楚这篇文章了。首先，那种信念和我对人性的了解之间有种关联。其次，这篇文章为我提供了一个有利的视角，用以比较真的两种标准，或者两种接受。我认为咱们两人能在那种比较中找到共同点。

为什么这么说？

咱们回头说说拉普拉斯如何？

随您便。

海王星的发现最富于戏剧性地证明了牛顿物理实在概念的力量。

证明它的存在？难道通过望远镜看到它还不够？

您说得太对了。人们先证明了海王星的存在，然后才看到它。

说来说去，原来您根本不用看到某物，就能相信它的存在。

那为什么不能相信上帝呢,尽管没人能够肯定地说自己见到过他?

我知道,神学家提出了二十多种证据,证明上帝的存在。问题是没有一条证据经得住推敲。

您举个例子看看。

我想起别尔嘉耶夫①归纳的陀思妥耶夫斯基的推论。我认为别尔嘉耶夫对陀思妥耶夫斯基充满激情的基督教神学做了最好的解读。(1)如果没有恶,就不需要上帝。(2)但几乎人人看到恶的存在。(3)所以上帝存在。

您如何看这个推论?

让我想起数学家欧拉(Leonhard Euler)对百科全书派的狄德罗搞的恶作剧。欧拉在圣彼得堡叶卡捷琳娜二世的宫廷里遇见狄德罗。在引见时,欧拉显然想让那位羞怯的不可知论者难堪,于是向他提了这样一个问题:“先生! $e^{xi}+1=0$,上帝寓于其中。请回答!”②狄德罗又羞又恼,一言不发,落荒而逃。

如果您果真读过我关于宗教、教会规则和学究气的神学争论的文字,您一定知道我对此做何感想。我的信念没有建立在

---

① 别尔嘉耶夫(Николала́й Алекса́ндрович Бердя́ев,1874—1948),20 世纪最有影响的俄罗斯思想家、哲学家,1911 年发表其第一部宗教哲学著作《自由的哲学》,1922 年被苏联驱逐出境后,先住在柏林,随后移居巴黎郊区,直至去世。

② 原文为法文。

学究和假学究的形式证据上,而是发自内心的观照。如果您要找个旁证,那就想想笛卡儿的思考,“思”字就有一个“心”:“我思,故我在!”

好!我们开始交流了。我会让您看到我绝没有忽略或者忽视这种认知模式,用您的话说,这种达到真的道路。先记住这点,然后回头说说海王星的发现,以及由此证明拉普拉斯著作的重要性。

洗耳恭听。

在1781年3月13日之前,人们只知道太阳系有六颗行星:水星、金星、地球、火星、木星和土星。那一天,天文学家威廉·赫歇尔爵士在群星中发现一个移动物体,他最初以为是彗星。但实际上这是第七颗行星。从此人们相信太阳系有七颗行星。眼见为实嘛。

六颗星还是七颗星又有什么区别呢?

那要看对谁说。

对任何人。我认为探寻真是一件高尚的事,我可没想科学家。科学家一拍脑门想起一个问题,就搞一番研究:从地球到太阳有多少俄里?蓬巴杜夫人的最后一位情人是谁?如何让出口多于进口?反正都是他们自己感兴趣的问题。都是能填充他们的空虚的事情。他们这也叫工作?

您觉得破除迷信毫无价值吗?

“科学的迷信”就是相信所有人必不可少的知识只能从引起少数人——他们不用为生活劳作,因此过着不道德、不理性的生活——注意的零星琐事中获得。(参见《生活方式》)

人们如果相信别人告诉他们的事,却无视自己的理性,这样的人就是迷信的受害者。这就是“科学的迷信”,也就是相信教授、学者、一切自称为科学家的人所说的就是绝对真实。

信仰有真有假,科学信条也是如此。假的科学信条就是把自称有权规定真科学的人在某个时段所说的真科学当作唯一的真科学。不论何时,如果科学不是所有人的需求,而是为某些自称有权规定科学是什么的人所占有,这种科学一定是假的。我们这个世界上的科学就是这样。

在我们这个时代,科学的地位和两三百年前宗教的地位一样。同一群布道者——教授,同样的教堂、集会、学院、大学、议会,同样不加批判的信任,同样的矛盾,所有人都不以为耻。自满和欺骗代替了思考:

“跟他说有什么用,他不信科学。”

证明自己拥有真知识的最有效的方法,就是使用模糊概念。所谓的科学家就是这样做的。他们捏造出各种词汇来表达模糊概念。

科学和信仰有同样多的陷阱,而且始于同一个起点——为自己的弱点找借口。因此,科学的陷阱和宗教的陷阱同样有害。人们受到欺骗:他们应该看到自己的日子并不好,并且开始过好日子。于是就有了各种科学:政治学、金融学、宗教学、犯罪学、警察学、政治经济学、社会学——各种科学都假装发现了某些法则,人们可以而且必须依照这些法则过日子。结果,坏日子似乎与人无关,而是取决于生活法则;好日子也不由人说了算,人就可以继续过着坏日子,守着自己的弱点,一直相信恶果不是他们的生活方式造成的,而是科学家发现的"各种法则"造成的。这种陷阱无理之至,完全违背良知,若不是这陷阱纵容人在坏日子里混,人断不会相信它。科学还为剥削他人劳动发放通行证。所谓科学不过是富人发明出来打发时间的玩意儿。

您说了好几件重要的事情。我们还是一次只谈一件事吧。您的意思是,科学作为判断真的权威而拥有特权,这种特权迫使人们盲目接受科学家的话,而不追究真假。您错了。科学的本质正在于以能够服众的方式检验我们信以为真的东西。

那么如何检验呢?

我要再次回到拉普拉斯。我们说着说着就跑题了。可我认为咱们应该紧扣这个主题,直到您明白科学发现的重要性。我还是先把发现海王星的故事讲完吧。到时候您自然会明白这在人类历史上到底是鸡毛蒜皮的小事,还是一件大事。

讲吧。

还记得吧,人们最初以为天王星是颗彗星。彗星的绕地轨道很长，有时甚至不封口，有些彗星只接近太阳一次，然后就永远消失在太空中。但是人们发现天王星的轨道接近圆形，很像我们其他行星的轨道。

我们的行星？您觉得这些行星是我们的？

从某种意义上说是的。您不会反对把地球称作“我们的地球”吧？您认为有美德有智慧的农民，把我们这颗星球称作“大地母亲”，这是我们在茫茫太空中的家园，那我们为什么不能把太阳系看作我们的家园？

好，接着讲。

于是人们开始计算天王星的轨道。我认为这可不是吃饱了撑的，像您说的那种不事“劳作”的人打发时间或者招人注意的事情。这工作好比在我们身边的森林里寻幽探微，只不过范围更大。我们爱自己的家园，自然想细致入微地了解它。

接着讲。

可计算似乎总是不对劲。将牛顿运动定律应用于已知引力场，只需在不同时间观察几个点，就可以确定一颗星球的轨道。但是天王星的运行却有悖于在太阳和其他行星形成的引力场中应有的行为。于是就出现两种可能性，一种是牛顿的理论可能有漏洞。但科学家们不接受这种可能性。

为什么？

运用牛顿定律计算已知行星的轨道，都非常成功。那些行星几乎分毫不差地沿着计算显示的轨道运行。因此人们有充分理由相信这一理论的正确性。

另一种可能性是什么？

假设太阳系中还有一颗行星，在天王星外面的轨道上运行。

他们选了这一种可能性？

选了。但请您记住，这并不是那种“因此一定有另一颗行星……”的结论。我说过，这只是一种假设，科学家们用“假说”这个词。现在的问题就是要证实该假说为真。

难道这不是根据观察推出的合乎逻辑的结论吗？这还不足以证明吗？

不够。在数学里，根据假设推出的合乎逻辑的结论可以证明某一定理。但是在天文学里不行。天文学是实证科学。

区别何在？

在实证科学里，只有通过观察才能确立“真”，而在数学里，观察或者没必要，或者不相干。

不会吧。

就是这样。不过咱们还是稍后再谈这个问题。天文学提出的问题是，要通过观察证明存在另一颗星球的假设是对的。

于是天文学家纷纷在天空中搜索？

没有。他们纷纷检验牛顿理论的力量。他们开始计算这颗假想行星的轨道,这样就能知道应该把望远镜对准何方,才能在特定时间看到这颗假想的行星。

他们看到了?

对。1845 年,哥廷根皇家科学学会悬赏 50 达克特①给成功解决这一问题的人。一位年轻的英国人,J. C. 亚当斯(J. C. Adams),接下了这份工作。一位在理论天文学方面颇有建树的法国人,U. J. 莱弗利耶(U. J. Leverrier),则向法兰西学院递交了他的计算。1846 年 9 月 18 日,莱弗利耶写信给柏林天文台,指出了在什么位置寻找新行星。柏林天文台大约在 9 月 23 日收到了这封信。当时任台长的 J. F. 恩克(J. F. Encke)授权进行搜索。搜索就在当天晚上开始。半夜时分,他们看到一个现存星图中未曾记录的物体。但他们仍需证明该物体是一颗行星,而不是一颗恒星。第二天晚上他们再次进行观察,发现这颗星的确移动了,因此不是恒星,而是行星。这颗行星的存在及其位置是通过纯数学推理预测的。

您讲故事的声音说明您很激动。

这不奇怪,我现在想起来还激动呢。

为什么? 有六颗行星,还是七颗,或者 20 颗,有什么要紧吗?

① Ducat,第一次世界大战前欧洲贸易专用金币,欧洲多国均有铸造。一战后,随着金币本位制为金块本位制和金兑汇本位制所取代,达克特逐渐退出历史舞台。

对谁来说?

对人民,对那些关心每日生计,关心怎样让自己和孩子们吃饱、怎样和身边的人,特别是那些他们赖以为生、对他们有权力的人打交道的最广大的人民。

就这些?您心里就只想这些吗,列夫·尼古拉耶维奇?

您读过我的文章,知道我关心什么。

对。您还关心真的性质。我从您向我提出的问题——和罗马人庞蒂乌斯·彼拉多向拿撒勒的耶稣提出的问题一样——得出这个结论。不论耶稣的父亲是谁,他母亲是犹太人,因此根据犹太律法,他是犹太人。

这两个人的血统有什么重要的?

和亚当斯、莱弗利耶、恩克的血统同样重要,他们一个是英国人,一个是法国人,一个是德国人。尽管四分之一个世纪后,法国人和德国人互相残杀,又过了43年,英国人也加入了残杀的狂欢,这三个人却以同样的方式追求真。因此,假如耶稣回答了彼拉多的提问,假如他们继续共同探讨这个问题,彼拉多或许会懂得人们认为耶稣知道的东西;对于真的共识能将不同谱系的人联合起来,打破我们和他们的恶性分裂。

这种观点很牵强。

我认为不牵强。想想人类活动和人类思考的整个广袤领域。想想是什么把人分成"我们"和"他们",又是什么使人类联合起来。您说得对:宗教的确是一种强大的纽带。但实际上现存的所有宗教——我说的是几大宗教——都是分裂多于联合。事实上信仰同一宗教的人的联合就意味着排除不信这一宗教的人。人类只有通过科学实践寻求真,遵循其普遍标准和规则,才能毫不排外地联合起来。这样的标准可以相对容易地以它们不包括什么而不是包括什么来确定。这样的标准不会强迫人接受部分人或部分阶层的人的权威。也不会出现您说的那种以权威自居、以地位强迫人信服的科学家。这样的标准中也没有通过内心信念、启发或思索而揭示真这样的概念。对于真的科学标准,来自许多人基于独立经验而得出的结论。

我不同意您把内心信念完全排除在真的标准之外。您大概没有体验过,但是我有。我会让您接受这一点的。您说对于诸如“真”“爱”这些重要的概念,其“本质”没有“真正的意义”。您认为只有约定俗成的“意义”。只有人们为了交流而同意在何种意义上使用某词,意义才得以建立。那好,咱们暂时同意我说的真的意义,即不容辩驳地认为某物“是”人们感受的那样。这就是我感知真的方式——所谓真就是比其他任何事都更重要的事物,也就是上帝在每个人心中。发现了这一点,就是发现了真。

好吧。我要给您讲另一个例子,这个例子倒是支持这种意义上的真。柏拉图在对话《美诺篇》中说,苏格拉底要向一群朋友证明每个人都有“理性”，即使是完全没有受过教育的人。他让人叫来一位年轻的奴隶，说这个奴隶完全没有受过教育。他问这个孩子懂不懂希腊文，在确定这个孩子懂希腊文之后，他便开始引导这个孩子证明毕达哥拉斯的一条著名定理，“直角三角形之斜边的平方等于其他两边平方之和”。

您是想说，那个孩子其实已经知道这种关系，苏格拉底只是让他注意到这一知识？

才不是。他“知道”（按照您和苏格拉底对“知道”的定义）的是逻辑推理的规则。

那您是说每个人天生就知道这些规则？

是的。我想这种观点与您上帝在每个人心中的观点类似。但我要说的还不是这个。我要说的是，苏格拉底应该是证明了逻辑推理的规则内在于人的心理。他实际上当众做了一个实验——向在场所有人展示了一个事件，而这个事件可以让每个人以同样的方式独立复述。

那苏格拉底本人呢？认为我们称作“理性”的东西在每个人心中，这种信念也是来自一次实验吗？难道他不是在做任何实验之前就有了这种观点吗？

那是肯定的。我可以再给您举个例子。预言了法国启蒙运动的笛卡儿，一开始就不仅质疑了主流宗教的教条，而且质疑所有事物的教条。他肯定对这种无根基的状态感到不安，所以他觉得哪怕找到一条让他觉得确定的“真”也好。就这样他说出了那句名言：Cogito ergo sum（我思，故我在）。然而，我们要面对的是另一个问题。我提出的问题是：宗教在多大程度上把人联结在一起，而不是让“我们”和“他们”对立起来。只有通过不带偏见的观察，才能回答这个问题。具体说，您能不能想到什么不带偏见的、独立的观察，能够证明“天国在我们心中”？

这种要求也太荒唐了。您用的是科学标准，但不是信仰的标准。

就算吧。所以咱们把任务难度降低一点。咱们看看笛卡儿的结论能不能推演，能不能得到实验的支持。他的结论是，他这个人是存在的，但这个结论对我们意义不大。这基本上是个唯我论者的结论。

唯我论者吗？您是说认为天下只有他一人，其他一切都不过是他的感觉？

正是。这让我想起罗素的一句著名的俏皮话。他坦承自己曾经是唯我论者，但后来他放弃了，因为他找不到另一个唯我论者与他对话。

那您想做什么实验呢？

就是我常常在学生身上做的那个。我让他们看到我们如何找到（科学意义上的）证据，证明不仅在我们自己的大脑之外还有其他大脑，而且这些大脑以同样的方式“工作”。

您是怎么做的呢？

我让他们回想某种气味，比如氨气或者蒜味。过一会儿我问他们：“你们能否真的闻到那种气味？”他们能闻到。“那么描述一下那种味道。”有些人开始描述：他们用了“刺鼻”“强烈”这样的字眼儿。我说不行，他们的描述必须让我也仿佛闻到这种味道，但不能告诉我他们“闻”到了什么。如果我说“啊！大蒜（或者氨气）”，或者类似的东西，学生们就会感到满足。他们承认无法通过描述让我也闻到他们闻到的东西。但是他们认为我和他们一样闻到了氨气或者大蒜。

那从来没有闻到过氨气的人怎么办？

您说说看。您知道答案。您的寓言中有一个特别好，我从小就喜欢那个寓言。您再讲一遍，让我重温美好的记忆。

一位盲人问：“‘白’是什么意思？”一位明眼人答道：“白是雪的颜色。”盲人问：“您是说白就是冷？”“不，”明眼人说，“白是纸的颜色。”“您是说白窸窸窣窣的？”“不是不是，白就像白面。”“比沙细，比沙软？”不管明眼人如何解释，盲人就是不明白。

您同意人与人之间的理解要以共同经历为基础。

那当然。

这就是科学的意思。它拓宽了人类共同经历的领域，也就拓

宽了他们能够有效沟通的范围。

好吧。不过我更关心这种共同经历的性质。性质区分了真科学和伪科学。真科学关乎最重要的共同经历,而迄今为止的所谓科学却几乎总是虚头巴脑地盯着琐碎经历。

您说说看有什么不同。可别用形式定义,要用实例哦。

很乐意。真科学是人类自己无法揭示却又必须掌握的各种知识的集合。科学是千百年来人类最优秀、最智慧的成员的思索:关于为使自己和其他每个人生活更好而有所为、有所不为的知识。世界上每个地方都有这样的人:印度有克利须那和佛陀,中国有孔夫子和老子,希腊罗马有苏格拉底和马可·奥勒留,巴勒斯坦有耶稣,阿拉伯有穆罕默德。他们生活在古代,在中古,在现代。这种知识是每个期望从他人经历中有所收获、不至重蹈覆辙的人所必备的。

教人如何好好生活的科学触及生活的许多方面:如何与身边的人相处,如何给自己获取食物,如何婚嫁,如何养育子女,如何祈祷,如何学习,等等。因此科学看起来可能显得絮叨。然而,科学的基础是简洁的,而且人人都能理解,不论是学富五车还是目不识丁。人人能从科学的基础为生活中的一切问题找到答案。

舍此别无其他可能。不论上帝存在与否,只有那些靠他人劳作生存的人能在学校花十二年的时间学习人人都需要的科学,这是无法想象的。事情不能这样,也不是这样。真正的科学是人人需要，而且人人能够获得的。因为整个科学的基础可以归结为爱上帝，爱邻人，如同耶稣曾经说过的那样。而一切运用都出自科学的基础。婆罗门教、佛教和中国的圣人也表达了同样的真。这些圣贤中有一人曾说："你们愿意人怎样待你们，你们也要怎样待人。"乌克兰圣人斯科沃洛达（Skovoroda）曾说：上帝希望人好，于是将一切浮华之物造得难，而一切必需之物造得易。但这却不是我们时代的科学之道。我们把科学定义为一切，并非只有人人必须知道才过得上好日子的。

现在搞科学的人什么都研究。这些科学迅速积累，有了花里胡哨的拉丁语和希腊语名称。人们认为这些东西全都同等重要，于是搞不清应该首先研究什么。不仅如此，那些以科学为信仰的人还认为最重要的科学都是那些在生活中用不到的，也就是最无用的。于是无用成为决定重要性的最可靠标准。

以这种方式看待科学的人，当然认为所有的科学都是必需的。他们不分轻重、自以为是地计算太阳的重量，研究不同的昆虫住在哪里，如何繁殖，以及地球如何变成地球，地球上如何长出草来，现在有哪些动物、鸟类和鱼类，从前又有哪些种类，哪个沙皇迎娶了哪个公主，又和哪个沙皇开了战，怎样撰写诗歌和童话故事，我们需要什么样的法律，为什么我们需要监狱和绞刑架，或者以什么替代监狱和绞刑架，为什么基督教的某一条信条是对的，而另一条是错的，怎样制造电动马达和飞机和潜艇，等等等等。

今天对于科学的观念，是基于这样一种观点：世界就是它在无数生命有机体中的一个——以及拥有五种感觉的人——面前呈现的样子。这么武断的观点不可能正确啊。在其他生物眼里，世界可能完全是另一个样子。比如说龙虾，或者微生物。它们眼里的世界可能完全不一样。那所谓的科学家怎么能说他所描述的世界就是世界的“真实”状况呢？

列夫·尼古拉耶维奇，我可不敢苟同。只有完全没有受过教育的人才会相信世界就是他眼里看到的样子。就在几千年前，反思过这个问题的人都无一例外地相信地球就是整个世界，而且大地是扁平的，天空像碗一样覆盖着大地，星星都挂在天空上。您去读读《创世记》的第一章就知道了。一旦眼光超出一村一寨的人得出大地是个球体这样的结论，他们必然受到嘲讽。在“另一极”的人大头朝下地走来走去，想想就荒唐。伽利略坚持地球围绕太阳转，而不是像其他所有人看到的那样，太阳围绕地球转，结果惹出大祸。伽利略没有相信靠五种感觉感知的世界，而是依靠工具做研究。而他的工具既有物质工具，如各种仪器，也有观念工具，如数百年来发展起来的推理，如不断壮大的数学。这些工具是我们的直接先祖所不具备的。这一切都是科学这种思维方式以惊人速度发展的结果。科学绝不是你所认为的各种琐事的集合，它更像无数劳动凝聚而成的大厦，是不同人种、不同种族、不同

语言、不同信仰的人精诚合作的最突出例证。

那好，看看这种合作有什么结果。科学天然地分为三大类。第一类是纯科学——生物学、天文学、数学、理论物理学。第二类是应用科学——应用物理学、化学、理学、医学。这些科学使人类掌控自然，使劳动变得轻松。第三类就是所谓社会科学，目的是为现有的社会秩序寻找理由。这一类科学包括神学、法学、历史学、政治学。

第一类科学算不得真科学，因为这些学科不回答最根本的问题：人该做什么不该做什么。它们也无法满足好奇心，因为每回答一个问题就会提出另一些问题。好，人是从低等动物进化而来的。那低等动物又是从哪里来的？地球呢？又是从哪里来的？如果时间无始无终，我们在哪里可以停止？大小也是两头没有终点。好，太阳比地球大许多，但银河系又比太阳大许多。好，我们体内有红细胞。红细胞里有分子。那么分子里面呢？这些问题会使有闲人士感兴趣，他们靠别人的劳动过活，但对于一个认真思考的人来说，这些问题毫无意义，因此也不能算对真科学有任何贡献。（参见第38卷）

所谓应用科学的实质也不难看到。在资本主义制度下，这些不过是为了增加富人对工人的权力，放大现代战争不可言状的恐惧。因此，所谓应用科学顶多不过是对技术的掌控，但并非通过真科学的手段。

至于第三类,是三类科学中为害最烈的一部分。就说俄国中学的那门必修课,“Закон Божий”(上帝之法)吧。纯粹是渎神。还有伪哲学——黑格尔、马克思、尼采等等,什么法学、金融学、历史学,贩卖爱国主义,把邪恶的罪行当成英雄壮举。我觉得谈论这些都太肤浅。这些压根儿就是为虎作伥,没安好心。

您对纯科学的批评,归结起来就一条:每个问题只会连带出其他问题,因此整个领域一无所成。我认为这条批评也适用于数学,因为数学就像个小孩子。一个孩子学会了数到100,他/她就会问:“比一百还大的是什么呢?”如果我们告诉他/她,“是一千”,这时我们就知道他/她又要提问了。面对无穷的确是一种令人神伤的体验。我自己就经历过这样的体验,那时我们刚刚从俄国移民到美国,我11岁。他们一开始把我放在小学三年级(和8岁的孩子一起),后来我英文好了一些,他们才把我升到六年级。老师给我们出了一道题,把分数转换为小数。如果分母是2或者5的倍数,还比较好办,小数点之前一个数,小数点之后一个数。只需要用分母除以分子,直到除尽。比如1802/25 = 72.08。可有一道题是10/7。我按老师教的方法做除法,结果得出1.42857142857142857……我发现142857这一串数字会永无止境地重复下去,觉得一筹莫展。坐在我后面的那个男孩举手叫老师。“碧甘夫人,”他说,“阿纳托尔哭了。”全班人听闻此言,都看着我。老师走到我课桌前。

“怎么了,你不舒服了?”她关心地问道。

我把我的困境告诉她。

“傻孩子,”她说,“我说过只要小数点后两位数。你算到1.42就应该停下来。”

“但是我想算出个准确的得数。”

“没有必要啊,”她说。“赶快做下一题。”

回家后我问父亲这是怎么回事。父亲努力向我解释有限数的概念。其实父亲对这个概念也不清楚,我并没完全满意,但还是很高兴。由于我的好奇心只满足了一部分,反倒让我产生了一种敬畏感。说不定就是从那个时候开始,我想成为一名数学家。

列夫·尼古拉耶维奇,您对纯科学的描述并没有抓住其“本质”,咱们就用您的说法。您的描述很差劲。您把纯科学说成了俄国旅游品商店向游客兜售的俄罗斯套娃。您大概知道俄罗斯套娃吧。外型看上去像是穿着俄罗斯传统服装的大妈。打开来,里面又是一个一模一样的大妈,只是稍小一点,就这样一层又一层。我所见过的孩子打开到无法再打开的最后一层,都会失望。但您似乎要求“真”科学提供“终极解答”。您把上帝的形象视为“万物的开始”,把最终与上帝的结合视为“万物的结束”,把上帝看作解开存在之谜的终极答案。这时您当然是在要求最终解答。您反对学院派神学,其中包含近乎渎神的神义论(对上帝存在的形式论证)。但您的观点多么类似于神义论提出的“证据”。“万事皆有起因。我们只要找到这些起因的起因,终将找到‘第一起因’。那就是上帝。”

您对您所谓“社会科学”笼而统之的否定,其基础也是同样扭曲。但我稍后再反驳您的这种否定。现在我先驳一驳您对应用科学的责难。我们或许在这方面比较容易达成一致。简言之,我痛恨应用科学的腐败,正如您痛恨教会和其他权力败坏了“真”宗教。然而我和您有点不同。您认为耶稣的教诲是宗教的“本质”,而现世的教诲歪曲了这种“本质”。而我并不认为应用科学中对人有利的产品(我想您承认的确有这样的产品吧)是应用科学的“本质”,而对人有害的产品则是腐败。哲人维特根斯坦在《逻辑哲学论》开篇即说:“Die Welt is alles was der Fall ist.”(世界就是所发生的一切事实)应用科学的产物有好有坏,这就是事实。认识到这一点就足够了,没必要把前者归入“真”科学,后者划为“腐败的科学”。

您说在资本主义制度下,技术就是为了强化富人对工人的权力。这的确是导致应用科学腐败的(诸多)源头之一。不知您的这种观点是否来自卡尔·马克思,您把他称作“伪哲学家”。在这个问题上,我的观点和您也和马克思相同。为什么不顺着这条思路想下去——如何防止科学被败坏?我挺喜欢您说的“真”科学的任务:回答我们为了更好地生活哪些应该有所为哪些应该有所不为。但您又暗示认识到宗教的

“本质”就有了对这个问题的答案,也就是爱上帝,爱邻人。既然如此,科学还有什么用处呢?可以说“百无一用”。实际上您所描述的人类理想世界,也暗示着这种观念:人人工作,这种工作指的是在田间耕作,为自己和家庭提供食物。不需要地主、城市、大学、博物馆、会议、宗教会议、部委和监狱。然而还有两个问题您没有回答。第一,我们如何达到这样的社会;第二,我们如何防止回到现在的社会。

这两个问题就需要科学来回答。

那我们怎么能知道科学提供的答案是正确的?

这也是科学家的应有之义。

那我们就回到了您和我还有彼拉多提出的那个问题:“真是什么?”

您大概是科学家吧?

那得看您如何定义这个词啊。就算我是吧,您请说。

那得您告诉我呀。

科学家不会像彼拉多那样提问题。科学家不会问“真是什么?”他提出的问题会是“在特定情境下我们所说的真是什么?”如果对这个问题能够达成一致,下一个问题则是“记住这个一致同意的答案,我们如何确定关于这一情境的判断为真?”

那又怎样？

科学家就会给出具体的例子，说明如何确定真，前提是不伤害对于真含义的理解。

好吧，举个例子吧。

我们乘坐的这班火车将在一分钟后到达一个叫圣乔治的车站。您会在墙上看到地名。看，火车停下了。您在墙上看到什么了？圣乔治。这说明我说的话是真。经过数年艰苦、精确的数学计算，亚当斯和莱弗利耶确认的确存在一颗人所不知的行星。为了检验这一论断，需要一架强大的望远镜。当时柏林有一架。于是莱弗利耶写信给柏林，请求在某个时间把望远镜对准某个方向，会有天体进入视野，其位置第二天晚上会发生变化，说明那是一颗行星，而不是恒星。所有这些预言都实现了。天文学家一致认为这些预言为真，因为他们对"真"的含义有共同的理解。真论断就是证明为真的假设。

如果大家对标准意见不一又怎样呢？

在这种情况下人们就无法确定什么是真。

难道这不是常有的事吗？

对，很常见。

那您的标准还有什么用？

如果大家认为保持信仰高于对真和假的共识，那标准就没多少用。但如果大家认为相信真高于保护信仰，那么达成一个共同标准就有价值了。

既然您坚持每个论点都要有论据，那我应该请您对这个论点也给个论据。

当然。您记得普菲尔（Пфуля）将军吗？

我应该记得吗？

我想您应该记得。他是《战争与和平》中一个写得传神的小角色。

哦对了。那个夸夸其谈的人。他认为自己懂得一种让步兵在战斗中坚不可摧的战术，就是所谓“斜线运动”。

正是。经他“布阵”（行进和调动的顺序）的战役无一取胜，他却一如既往地认为自己是正确的。您还记得其中的缘由吗？

他总能找出“执行”失误，这些失误说明不按他的方向运动则战役必败无疑。因此失败不仅不能否定他的理论，反而支持他的理论。

现在我要告诉您，我的行为就像这位普菲尔将军，所有懂数学的人都是如此。您记得勾股定理吧？苏格拉底用它来证明每个人，不论地位多么卑微，都能够理性思考。

直角三角形斜边之平方都不等于两直边之平方和。

对。即使测量结果说明这条定理为假,我仍然认为它是真。

为什么呢?

如果精细到一定程度,测量总会有些误差,这种误差也许很小,但那也是误差。

但这难道不在预料之中吗?难道数学客体不是真实物体的理想化抽象吗?

是。人们曾经认为一定是这样,而且反之亦然。例如柏拉图认为数学客体是"真",而其物质形式是他称之为"现实"——理念的世界——的扭曲。

您说"曾经"。现在人们不这么认为了?

不了。至少数学家都不这样想了。有些数学客体在现实中根本没有物质形式,然而其属性却可以让无数数学家独立地、确定地推演出来,而且结果完全一致。例如,数学家可以根据引力原则设计一套天体力学,其中两个天体之间的引力与其距离的5次方而不是2次方成反比。没有理由认为实际存在这样的宇宙。我就是给您举个例子,说明某种观点并非出自任何观察或对于可观察到的事件的预测。还有个例子。数学家无一例外地认为(他们确知)任何分数——两个整数之比,a/b——的平方都不等于2。这个证明起来很简单。我可以让您看到事实的确如此。但是单位正方形的对角线斜边,其长度正好可以用一个数字来表示,这个数字的平方就等于2。这个事实无论如何也测量不出来。在这个案例中,您可以说数学真实虽然不是通过经验建立,却是从经验中抽象出来的。但高等数学研究的“对象”又不是这样了。它们纯粹是人类大脑的产物,在感官世界里完全找不到对应物。

那为何不能如此看待上帝呢?

可以啊,但神学家偏偏不这么看。您一定同意我的看法,从您对神学观点和信条系统的严厉批判中,我就能看得出来。解释一下所谓“大爆炸”,人们假设它发生于150亿年前,是“创世之举”。一些杰出的宇宙学家(宇宙学是天文学的延伸,研究星系、超星系和整个宇宙)真心“相信”这一理论。他们在争论目前宇宙的“扩张”是会永远继续,还是会最终转变为收缩,直到宇宙缩小为一个“点”,不论是个什么样的点,或者变成“虚无”。他们争论在那之后会“发生”什么,以及“发生”这个词在那种情况下是否还有任何意义。有人可能会说这样的思考不过是另一种神学,但其中有一个根本的区别。理论宇宙学的观点,其基础不是信仰,而是表达严谨的假说,从这些假说中可以得出严格的、逻辑自洽的结论。由于有不同的假说,而且目前无一证明符合公认的真的标准,所以会有分歧。

但是如果您说的这个大爆炸被认为是真实的事件,不论它发生在何时，为何不能认为这就是创世之举，也就是万物的开始呢？这也正是我对上帝的定义啊。

千真万确。不过仍然有问题。宇宙的扩张会永远持续，也就是说，世界会没有终结，还是这一过程会反转，宇宙会缩回到一个点，这便可以被视为世界的终结？或者，会有另一次大爆炸，之后还会有，也就是说，我们的宇宙周而复始，无始无终，也就没有“上帝”的空间。所有这些假说、推断和结论，只要有能够自洽的论点、推理和结论作为论据，都有道理。但论据不能是盲目的信仰和泛神论的形象。

泛神论？

当然啦。难道您没有把人类情感加到您的上帝身上？难道您没有在上帝身上附加上人类心理的某些成分？在缺乏准确性的前科学语言里，这些成分被称作“良知”“悲悯”“忏悔”等等。我是个无神论者，但我绝不仅仅因为这些词语不准确而否定它们。我是希望把它们搞精确，用系统的观察支持它们，说明它们在何种条件下被增强，在何种条件下被抑制，在何种条件下无用。我希望对它们做慎重的分析，追根溯源，发现它们在人类未来的发展中如何进化。

您让我想起一个人，他的鸡每天下一枚小金蛋。他于是有了钱，并且变得贪心起来。他想，何不一下子把金蛋全都搞到手呢，于是他杀了那只鸡，剖开鸡肚子。结果他发现这只鸡和其他的鸡没有什么不同。您想要“分析”人类的灵魂。怎么不索性杀掉人类，肢解尸体，直接看看灵魂到底是怎么回事？

这个类比很不恰当，列夫·尼古拉耶维奇。生理学家都知道，体外试验和体内试验提供不同的信息。组织、体液、荷尔蒙在活体中的运作不同于它们在试管中的表现。活体试验的设计和操作，其难度大大高于试管或尸体试验。而且那些伤害人体的试验，不论是为了什么科学目的，都是对科学伦理的不可接受的侵犯。

那您提议的分析人类灵魂，难道就不会因破坏其奥秘而掩盖其本质吗？

您说“破坏其奥秘”，意思是“扭曲其本质”因而妨害了研究的初衷吧？

可以这么说吧。

您说的有点道理。我举个例子，您看能否说明您的观点。有人不厌其烦地为“吻”下了定义：“吸吮一条另一端充满排泄物的管道的这一端。”这一类“分析”难道可以和对人类灵魂的科学分析相比吗？

真想不到您居然说出如此粗俗的例子。不过我得说，这例子很恰当。

您若是描写人类性事，难道会与吻没有密切关系，难道在精神上不是一脉相通吗？

那么您是说性也有精神的一面?

当然哪。而您认为这事连说都说不得,实际上是您把这事搞荒唐了。

我何曾说过?

要我再引一段吗?

请吧。

您说过这样一个人,他乱性,不忠,欺骗了他妻子。您说,如果他信宗教,他就会知道这是恶,而他的整个理性就会调动起来,想办法将他从这种邪恶中解脱出来:再不与淫乱的女人来往,努力工作,不再把女人视为泄欲的对象,不再对她们存淫荡的念头。一切都简单明了。但这人若是不信宗教,他便编出各种理由,说明和女人厮混的好处。许多精巧、天才的理由就这样产生了,什么"灵魂的交融"啊,"爱的自由"啊,等等。这些理论传播越广,这事就越混乱,越是遮蔽了真正重要的东西。

那么您认为在性事中提什么"灵魂相交",不是仅仅为淫荡找个靠不住的理由吗?

我认为不是。这不过是对真实的心理过程的一种过时的、有点陈腐的描述,而这种心理过程是人类关系的基础,像您这样的诚实的基督徒称之为"救赎"。我认为这种关系是整个人类长期生存的前提。

我不明白。我从来不否认性是整个人类生存的必要条件。我只是谴责淫乱。

但我认为它恰恰是在万无一失的繁殖之外,有利于人类生存的一个因素。您说那是“淫乱”,我说那是“意识”的交融,在枯燥的科学术语中,“意识”就是“灵魂”。我会换成从您那里学来的方法,而您是从您的导师,即拿撒勒的耶稣那里学来的。我说耶稣是超好的老师,您会同意吧。他的方法就是使用寓言。在他之前我没见人用过这种方法。这说不定是他的发明。不管怎么说吧,他知道自己在做什么,因为他曾对门徒们解释过。他说这样就能让蒙昧之人理解“奥秘”(他大约是指用深奥的语言表达通过冥思苦想而获得的洞察)。您生命最后阶段写下的那些故事,具有寓言的性质,而且服务于同一目的,例如《亚述王阿萨尔哈东》。您还记得吧——那篇最初是用意地绪语写的,故事里有一位神秘老人,他出现在阿萨尔哈东的梦中,让阿萨尔哈东相信他和他的死敌本是一体。我论述决策论时就要使用一个类似的寓言。

决策论?

对。您应该知道这是什么意思。您描述了理性人,或曰有信仰之人,在权衡该做什么不该做什么,这就是一个决策问题。假设他是理性的,他就会考虑其行为的可能后果。决策论研究对行为可能后果的预见如何影响人的选择。

明白了。往下讲。

假设两个人都被指控犯了盗窃罪。没有足够的证据证明他们行窃,但有足够的证据证明他们持有赃物。假设盗窃罪判五年监禁,而持有赃物只判一年监禁。假若两人中的一人,或者两人,承认行窃,他们就有可能被判犯有盗窃罪。假若两人都认罪,刑罚将从五年监禁减少为三年。假若两人都不认罪,他们仍有可能被判持有赃物,因而判处一年监禁。假若只有一人认罪,他就能免罪(因为与当局配合),另一人虽然没有认罪,但同伙的招供足以对他判罪,他就会被判服满刑期——五年。您听懂了吗?

懂了。哪里有决策问题呢?

两人都要决定是否认罪。我说过吧,两人分别关在不同的牢房,因而无法沟通。我们看看其中一人会怎样想。“我认罪还是不认呢? 这大概要看我的同伙认不认罪。假设他认罪。那我也认罪,我们都在监狱待上三年。但假若我不认罪,他倒是逍遥了,可我要在监狱里关五年。所以,如果他认罪了,那么认罪对我更有利。那如果他不认罪,我也不认罪,我们都在监狱里关一年。但如果我认罪了,我就自由了,只有他进监狱。这样说来,还是认罪对我更有利。所以,不论我的同伙认罪还是不认罪,我都应该认罪。”如果把道德方面的考虑撇在一边,他的推理可取吗?

我无法把理性与道德分开。这人应该认罪,并且悔改,管他什么理性不理性，这才是道德之举。

为了说清楚，咱们先把“道德”和“理性”分开吧。咱们暂时认为“理性”就是追求个人利益最大化。而“道德”有时候是个很矛盾的概念，这点您会同意吧？别忘了，如果认罪，就是出卖他的同伴，这可不是什么道德行为。

好吧好吧。然后呢？

另一位囚徒也是这样想，也认为自己必须认罪——为了自己的利益。结果，两个人都蹲了三年监狱。假若他们不认罪，他们只需要坐一年牢——因为持有赃物。

要我说，他俩的行为很理性，即对自己有利；又很有道德，即坦白了罪行。

我认为他俩既不理性也不道德。最后的结果是两人被关了三年监狱，因此不能说他们的行为是理性的。假若不认罪，他们只需要坐一年牢。他们并未有效地追求个人利益。说到道德，他们违反了道德金律。按照那条规则，每人期望对方如何做，他就应该如何做，也就是不认罪。

您关于两位囚徒的寓言，和我写的亚述王阿萨尔哈东的故事又有什么关系呢？

您看不出来吗？阿萨尔哈东知道他和他的受害者莱勒本是一体，他就忽然醒悟了。被钉上火刑柱上之前，他最后的念头是：“不会，这不可能。我不是莱勒，我是阿萨尔哈东！”这时他听见一个声音在头顶说:“你既是莱勒也是阿萨尔哈东!”他就猛然醒悟了。假若我也以同样的方式结束我的故事,我会让两位囚犯都明白,对方其实就是自己的镜像。同伙的推理与他的推理一模一样。假若他决定还是认罪更理性,那另一位也必定得出同样的结论,那么他们的下场必定不如两人都不认罪。假若他这样想了,因此决定不认罪(出卖朋友),他必定知道他的朋友也会得出这样的结论。假若他们得出同样的结论,即不认罪(保持忠诚),他们都会有个较好的结局。

咱们是不是又跑题了?咱们在比较作为思维方式,科学和宗教是否有助于改善人类的生存状况。

用飞行员的话说,咱们航向正确。您否定纯科学,认为它不过是琐碎地追求不连贯的、无用的零星知识,是有闲阶层发明出来打发时间的。您批判应用科学,说它被用到了邪道上,说它的作用就是强化富人对穷人的权力。最后您还批判了您所认为的社会科学,说那是给巨大的社会不公找理由。您的第二和第三条判断只有一部分有道理。而您的第一条判断说明您完全不理解纯科学,简直就像把房屋看作一堆砖头,把人脑看作几磅肉。纯科学犹如一座宏伟的教堂,是用数百年的时间建造起来的,需要几代人怀着忘我的崇敬之心热情奉献,特别是要齐心合力。

您这么说科学,就跟我说宗教的本质如出一辙。

您说的没错，而且出于同样的原因。

何以如此呢？

我们可以认为它们的终极目标是一致的。区别在于宗教没有达到那个目标，在我看来，也无法达到，而科学还有希望。

什么目标？

人类的联合。您自己就是如此解释“宗教”一词的词源。您说那个词来自拉丁语的动词“联结”，并将其释义为“使人与上帝联结”。但我认为这种解释不成立，因为古罗马人的观念中尚没有您所信仰的那个上帝。我认为“联结”指向一个民族（narod）。在古代以色列人中能找到最生动的例子。他们关于宗教的思想与这一类“联结”关系最密——通过严格遵守某些习俗，特别是通过对本民族的热爱和忠诚。后一条不可避免地意味着对其他人的痛恨。

您认为这就是宗教的真本质？

我再说一遍，对于一切只存在于内心而不存在于外部世界的事物，我不知道其本质为何。

世界？

维特根斯坦所说的世界。回忆一下他的《逻辑哲学论》开篇第一句：“世界就是所发生的一切事实。”水存在于外部世界，因此我能说氢与氧按一定比例结合是水的本质，而水还有其他属性，如液态（因为水有时呈固态，有时呈气态）或者温度。

水的构成是其最根本的属性，也就是您说的“本质”，因为原则上讲，水的其他属性都可以从这一属性中生发出来。但对我们大脑中的东西，比如“宗教”，我了解最多的是所有宗教或者大多数宗教的共同点。几乎所有宗教都把人分为“我们”和“他们”。

您不觉得宗教有可能让全人类联合起来吗？难道这不能算宗教的“本质”吗？

也行吧。换一种说法，宗教应该成为使全人类联合的手段。科学也是这样。但我再说一遍，科学达到这一目标的可能性大于宗教。

为什么这么说？

有证据表明如此。在所有反映我们的思维习惯而非外部世界的概念中，与“本质”最接近的是概念的所有形式共享的属性。我认为所有宗教最广泛共有的属性是将人分为信徒和非信徒，也就是我们和他们。而科学（组织思想的方法被称为“科学”）最广泛的共有属性则是对于真的通用概念。

我们又回到“什么是真”这个老问题了吗？

不全是。我说的是科学思维中真的概念，人们共同接受为真的观点，不是因为某人的权力，不是因为个人内心的信仰，而是每人独立完成的共同经验。

您认为这就是能让全人类联合起来的纽带？

不仅是这个。有一句被大家说烂了的老话,但我很认同。人类灵魂包含真、善、美。我愿意换一种说法:人类能够分享对于真的信仰、关于善的理念、对于美的欣赏(或愉悦)。

难道我没说过分享是宗教的本质吗?您还记得面包和鱼的奇迹吗?《福音书》里有个故事,五块面包和两条鱼居然让数百人吃饱了肚子。实际情况可能是赶来听耶稣布道的人,有些人带了食物,有些人没带。那些带了食物的人无偿地把自己的食物分给那些没带食物的人,于是人人都有吃的。

对,这种分享是一种利他主义行为——愿意为了满足他人的需求而牺牲自我。但我说的分享并不需要牺牲自己的利益。

有这样的分享吗?

当然有啊。假如我给您一条鱼,或者一块面包,或者一块钱,那么您就多了一条鱼或者一块面包或者一块钱,而我就少了一条鱼或者一块面包或者一块钱。经济学家称之为有限商品。这有点像质量或能量。它们有可能改变形态,有可能转移或移动,但总量不变。但是假如我有一条信息(知识),我把这条信息给您,您的知识增加了,而我的知识并未减少。在我们称之为科学的活动中,面包和鱼的奇迹比比皆是。当关于我们所在的世界(外部世界,维特根斯坦的世界——"一切事实")的知识,当关于这个世界的知识传播开来,人人都变富有了,谁也不会变穷。用科学的语言来讲,知识属于无限商品。科学活动从本质上就是分享、合作、解决冲突。

这就是您说的科学的本质？对于真的共有观念？

我再提醒您一遍，列夫·尼古拉耶维奇，我知道独立于我们的观念或感知而存在的事物的本质，但从不把这样的“本质”加之于人造的观念，如科学或者宗教。我宁愿说所有科学或者所有宗教的共同属性，因为这些属性可被证实。换言之，我会说我认为科学或其他人类活动应以什么为目标，但不会说某一目标体现了某种行为的“本质”。具体地说，我认为科学的目的应该是引导人们接受关于真的共同标准。我这样认为，因为这是所有科学的共同点。科学家，不论是俄国人、中国人还是尼日利亚人，对于物质的属性、地质层的年代、牡蛎的生理学、π——圆周与直径之比——的准确值，一定抱有相同的看法。受宗教、神话或传统哲学影响的观念则没有这种可能性。

那么关于什么是美，或者就用您的说法，什么是愉悦的观念呢？

这些事情用不着普天趋同，也能保证人类的生存。在这方面“多样性中的统一性”（unity in diversity）的原则比统一思想更为重要。我们下次谈话再讨论这个问题。

那么对于善的共同观念呢？

依我看，在这方面应该取得共识，也最难取得共识。我对通过科学达至关于真的共识非常乐观，但在这方面非常悲观。

我认为宗教的主要功能即在于此。

如果我没理解错,您认为宗教在这方面能够有所作为,而这正是宗教的“本质”。我不同意您的观点。这是我们两人最根本的分歧。

也是唯一的分歧。您认为通过科学可以达至关于真的共识,而我不敢苟同。

没错。不过咱俩最大的分歧大约会出现在关于美和愉悦的讨论中。下一场讨论就以此为题吧。

第四章　美、愉悦和肉体之爱

我花了15年的时间，才写成《什么是艺术》一文。我不断探寻人们关于美的本质的看法。我研读了美学的创立者鲍姆加登①，其追随者梅耶尔②、艾申伯格③和艾伯哈德④，及其反对者舒茨⑤、门德尔松⑥和莫里兹⑦。我研读了英国人、法国人、意大利人和荷兰人的论著，当然更不会落下德国哲学家——康德、费希特、谢林、黑格尔。我都读遍了。所有文字归结起来，对美不外两种定义。一种认为美是“独立”存在的，是“绝对”的一种表现形式，“理念”“精神”“意志”“上

① 鲍姆加登（Alexander Gottlieb Baumgarten，1714—1762），德国哲学家，美学的奠基者。

② 梅耶尔（George Friedrich，1818—1877），德国哲学家，鲍姆加登的学生。

③ 艾申伯格（Johann Joachim Eschenburg，1743—1820），德国批评家和文学史家，为最早向德国读者翻译和介绍英国文学及美学的学者，也是德国第一位莎士比亚剧作的译者。

④ 艾伯哈德（Johann August Eberhard，1793—1809），德国神学家和大众哲学家。

⑤ 舒茨（Christian Wilhelm von Schütz ，1776—1847），德国小说家、重要剧作家，发表了大量政治和哲学论著。

⑥ 门德尔松（Moses Mendelssohn，1729—1786），德国犹太哲学家，被认为是犹太启蒙运动（Haskalah）的思想源泉。

⑦ 莫里兹（Karl Philip Moritz，1756—1793），德国作家、文学批评家、艺术和语言学教授，其《论美的形式模仿》是其美学理论代表作。

帝”都是“绝对”的别名。另一种认为美是我们感受到的愉悦，其中不掺杂任何个人利益。第一种定义由费希特、谢林、黑格尔、叔本华等德国哲学家提出，第二种定义则由一些法国哲学家提出，如库辛[1]、约夫里埃[2]和拉维松[3]等人。第一种定义具有神秘色彩，而且没有根基。第二种定义比较扎实，可惜语焉不详，因为它牵涉一些无法归入“美”的感觉，如吃喝、触摸柔软的肌肤等等行为所产生的快感。

第一种定义确实无法作为讨论的基础。我喜欢第二种。过于宽泛应该不是问题，可以随时增加限制嘛。就如同对“香料”下定义。可能有人会说：“是一种烹饪时用来提味的成分。”有人立刻会提出反驳：“盐能算香料吗？”答案当然是否定的。接着还会有更多的反驳意见：“葱头和蒜呢？难道这些东西不是在烹饪时用于提味吗？”定义的目的是为了保证我们所说的是同样的事物。在定义香料时，只要举出足够多的属于和不属于香料的东西，就可以了。对于美作为某种愉悦的感受，也是如此。我们可以明确排除某些感觉，比如食物的味道和气味、温暖的感受、爱抚的感觉，等等，以免混乱。

就是说您承认第二种定义是主观的，全凭人的感受？

---

① 库辛(Victor Cousin,1792—1867)，法国唯心主义哲学家。

② 约夫里埃(Théodore Simon Jouffroy ,1796—1842)，19世纪法国实证主义哲学的代表人物之一。

③ 拉维松(Jean Gaspard Félix Ravaisson-Mollien,1813—1900)，法国哲学家和考古学家，其思想对19世纪末法国的思辨哲学产生了相当大的影响。

对，我接受这种说法。

那如何能让普天之下分享美的体验？我想您说过，共同的美的理念（正如真的理念）可以作为人类大同的一条途径呢。

这正是我想和您探讨的。

请讲。

咱们先从相近的问题谈起——关于价值的相对性。这一概念最早由美国的人类学家在具体的语境中明确提出，随后为其他社会科学研究者所接受。人类学家的研究对象曾经被人称作“野蛮人”，后来则改为稍婉转一点的“初民”，或其他类似的委婉说法。而许多人类学家却对他们怀有强烈的同情，征服者、殖民者、商人残酷剥削他们，以庇护者自居的传教士侮辱他们。这些人类学家，特别是其中的女性，于是努力消除他们在人心里的传统形象：“邪恶”“无耻”“幼稚”。这些人类学家指出，“初民”的语言中也有复杂概念，其丰富性和复杂性丝毫不亚于所谓“开化”民族的语言；其艺术和伦理同样不输于西方世界的艺术和伦理系统。某些善意的欧洲人和北美人居高临下地说，若假以时日并施以善待，南太平洋、中美洲、撒哈拉以南非洲的人民迟早会“开启蒙昧”，文明、道德如欧美人。上述人类学家坚决反对这种论调。他们坚信价值没有绝对标准，真假、美丑、对错只能以使用这些概念并受其引导的人民所接受的文化标准进行判断。

您同意吗?

既同意也不同意。若说艺术中的美及其表现形式,我完全同意上述看法;关于公序良俗,我部分同意;但对于真的标准,我完全不同意。

愿闻其详。

好啊。先说公序良俗。基督徒进入礼拜堂要摘帽;犹太人则要遮挡头部。关于态度与行为的关联,不同人接受的教养不同,也就以不同的方式表达尊敬。

这一点我同意。不过,尽管具体行为与行为人的敬意之间的联系不同,但敬意本身却是相同的。我的东西您读了不少,那您应该读过《苏拉特的咖啡屋》吧。

应该读过吧,题目听起来耳熟。您给我提个醒。

一位异教徒,一位罗马天主教神父,一位新教牧师,一位犹太人,和一位穆斯林,在咖啡屋里交谈,争论起上帝的实质来。他们的争论越来越激烈,谁也说服不了谁。一位中国人坐在一旁听着,一言不发。于是他们求他做个裁判。他向他们讲述了从前听到过的一场关于太阳的类似争论。有个人为了搞清太阳的本质,盯着太阳看了太长的时间,结果瞎了。于是他说太阳根本不存在。他的仆人用椰壳做了一盏灯,说自己对太阳毫无兴趣。那盏灯就是他的太阳。他知道这盏灯如何工作,灯帮助他服侍主人,在夜里找到东西。印度教信徒说太阳是神，并且说日食是吞日魔鬼吃掉了太阳，而祭司又把太阳救出来了。水手说这样的故事纯属迷信。他走遍世界，看到太阳不停地围绕地球运转，太阳的位置可以精确地预测。最后水手船上的舵手说，其实不是太阳围绕地球转，而是地球围绕太阳转。所以，问题是大家拜神的方式不同。

对对，我知道您在不断探寻人类重要活动的“本质”，而且通常都能找到。宗教是一个突出的例子。您也说过，艺术也是一个例子。我已向您表露过我的立场。假若咱们说的“本质”关乎“外部世界”的事物，这些事物早于人类无数千年就存在于这颗星球上，我是能理解这一概念的。物理实在就是由这些事物构成。其“本质”也就是其他一切属性所从自出的属性。但我不明白“本质”一词如何能用于纯粹的人类大脑、兴趣或活动的产物。这些范畴只能以人类的感知和概念加以界定。所以您说的宗教的“本质”，在我看来毫无意义。您若是说宗教的“本质”就是爱上帝，或者爱邻人，我看不出由这个本质如何能够生发出众多宗教的诸多流派。各种宗教的其他表现，包括创世神话以及血祭能让神眷顾的信念。后者又包括将耶稣的受刑解释为牺牲，耶稣扮演了羔羊的角色。在宗教当局规定和支持的活动中，包含对所谓“异端人士”的酷刑和杀害，举着圣人的画像游街以阻止流行病……我还要说更多吗？

我一直认为这些迷信和罪行是对宗教的扭曲。

谁来决定哪些是“本质”,哪些是扭曲呢?耶稣必须以自己的惨死洗刷整个人类灵魂的“原罪”,这种观点几乎存在于基督教所有教派,您不能否认吧?为什么不能说这种观点也是基督教的“本质”?

您跑题了。咱们还是回到艺术吧。

好。您认为艺术和宗教一样,有一种“本质”,并且被人歪曲了、篡改了、糟践了。我认为您所说的艺术的“真本质”,其实指的是艺术应该是什么不该是什么。如果您同意的话,我想咱们两人就找到共同点了。否则我就不懂了,实在不知道“本质”一词用于艺术是什么意思。

有什么不同吗?如果您非要认为我的观点是命令式而不是陈述式,随您好了。

您认为没什么不同,那就好。但对我来说,区别太大了。如果您说某事应该如何不该如何,那我就可以问个“为什么”。于是咱们的交谈就会转向如何理解艺术,如何创造或实践艺术。如果您说某物的“本质”为何,我就无法问“为什么”。我只能问“您为何这样看?”而这样的问题无法将我们的注意力引向结果。我认为行动或看法的结果比做出行动或持有看法的原因更有趣。那么,请您告诉我,您认为艺术应该怎样不该怎样。

我先说艺术不该怎样。

成千上万的年轻人终其一生学习如何以最快的速度摆腿(舞者),或者如何以最快的速度在小块象牙上或绷紧的弦上移动手指(乐师),或者用颜料画出他们看到的一切(画师),或者翻来覆去地搬弄一句话,或者让每个词押韵。这群人里有很多人善良聪慧,本来能做有益的工作,结果都脱离了严肃的生活。他们变成了片面的、自满的摆腿专家、运指专家、饶舌专家。

您认为乱扭(舞蹈)、涂抹(绘画),或者按一定顺序排列字词(诗歌),其结果不是您所说的艺术?

是非常坏的艺术,只有极少数例外。

为什么?

这不明摆着嘛。都是评论家给忽悠起来的。他们赞扬那些古希腊作品,其实这些作品既不开化,对我们也没什么意义:索福克勒斯、欧里庇得斯、埃斯库罗斯,特别是阿里斯多芬。还有一些较晚近的作品:但丁、塔索、弥尔顿、莎士比亚。绘画则有拉斐尔和米开朗琪罗,包括他那个荒诞的《最后的审判》。音乐则有巴赫、贝多芬,包括他的“晚期”作品。他们也把赞扬铺张到易卜生、梅特林克①和克林格的戏剧,瓦格

---

① 莫里斯·梅特林克(Maeterlinck,1862—1949),比利时诗人、剧作家、散文家。1911年诺贝尔文学奖获得者。

纳、李斯特、柏辽兹、理查德·施特劳斯等人的音乐。如此一来，艺术就成了对这些人的模仿。

您认为巴赫、贝多芬、米开朗琪罗的所有作品都是坏艺术?

不。我是说评论家把这些人的作品神化了。我承认他们的作品中有些好的。

就说贝多芬吧。他尽管在形式上过于雕琢，但不乏艺术性强的作品。可后来他失聪，听不见了，却仍在作曲——都是些完全不可理解的事情。于是我知道音乐家可以想象声音，并且听见他们所看到的乐谱。但想象的声音毕竟不是真实的声音。作曲家应该能够听到他写下的东西，否则他如何修改呢？贝多芬听不见，也就无法修改和完善他的作品。他就这样把呕哑嘲哳的作品拿出来了。而评论家已经认定贝多芬是伟大的作曲家，他们看到这些丑陋的音乐，却假装从中发现了大美。为了给自己的赞颂寻找理由，这些评论家于是篡改音乐艺术的意义。他们硬把音乐无法描述的东西加到音乐上。后人就开始效仿——一群庸人，模仿并师从贝多芬的那些丑陋音乐。

其他人也是如此。巴赫的作品中有好的，比如他的咏叹调。可赋格曲怎么样呢？如果人人同时开口说话，您认为这样的交谈怎么样呢?

我很高兴听您提到贝多芬最后几部四重奏。列夫·尼古拉耶维奇，我向您保证，贝多芬“听到了”这几部四重奏，说不定

比他没有失聪时听得更为真切(因为没有了干扰)。至于说“呕哑嘲哳”的音乐作品(几乎为所有音乐家和音乐爱好者所推崇的作品),我觉得就像一个完全不懂俄文的人,他若是听见我们的交谈,也会说我们的谈话“呕哑嘲哳”。

您的类比完全不恰当。人人都知道人有不同语言,必须先学习,才能听懂外国语。但音乐应该是全世界的语言。一段优美的旋律谁听都是优美的。但是作曲家在旋律上添加变奏,或复杂的和弦,以迎合他们的某种音乐惯例——某种特定“语言”。而音乐真正的功用(作为一种全世界的语言)就丧失了。

那好,再看另一个类比。一个孩子听音乐,他能听懂简单的小曲,特别是如果带有他熟悉的歌词,比如摇篮曲。但他会觉得热爱音乐的成年人所听的音乐很枯燥。您能说音乐爱好者都让评论家给“带坏了”,或者洗脑了,或者说他们虚伪吗?您会以同样的方式解读文学欣赏吗?

音乐和文学都应该让每个人,而不仅是精英理解。我给您讲讲我的一次经历吧,这次经历激发了我的思考。普希金去世50年后,他的作品被印成便宜的版本,卖给大众,同时在莫斯科树立了他的纪念碑。我收到了农民写来的几十封信,来自不同的人,问我为什么要纪念普希金。萨拉托夫有一位简单的人特别耿耿于怀,专门跑到莫斯科去指责赞颂普希金的牧师。其实我们真该站在这位简单人的角度来看这件事。

他从来没有听说过普希金，但他总听到有人在普希金死后称颂他，所以他想普希金应该是伟人，没准是一位杰出的军事领袖，就像苏沃洛夫，或者是一位教人行善的圣人。于是他买了几本普希金作品的普及本（这人识字），并且读了一些。结果他学到什么了？他知道普希金既不是伟大的战士，也不是什么拥有美德的人。他不过是个没什么道德的人，写了一些情诗，而且还很不得体。

您说的是1880年普希金纪念碑揭幕的事吧？

对。

那是他去世43年后，不是50年后。不过咱们不用纠缠这个。我知道您被邀请在仪式上演讲，而您拒绝了。是因为您不赞成普希金的道德准则吗？

不是。

因为他作为文学家还不够伟大？

我是说，普希金的抒情诗歌，他的《叶甫盖尼·奥涅金》，他的《茨冈人》，还有他的短篇小说，都是艺术创作，其价值不一，但还算得上艺术创作。接着他就写了《鲍里斯·戈都诺夫》，这是一部纯思辨的作品，是模仿莎士比亚。莎士比亚是我见过的最烂的剧作家，但人人都崇拜他，唯一的原因是评论家把他捧上了天。

一件伟大的艺术作品，不论是音乐、绘画还是文学，必须满足三个条件，才能成为艺术作品。

首先，艺术是人与人的一种交流形式。艺术作品必须发乎情，并“感染”观众、听众或读者。这种交流只有通过艺术才能实现。

其次，伟大的艺术出自高贵的情感，而不是粗鄙的、自私的或琐碎的情感。欣赏伟大的艺术须使人变得更好。

再次，好的艺术必须是人人能懂的，而不是只有靠他人劳动生活、追求另类体验和感官刺激的人独享。

您认为18世纪或19世纪的文学作品中有伟大的艺术吗？

伟大的艺术？很少。我能举出席勒的《强盗》、雨果的《悲惨世界》和狄更斯的一部分小说，特别是《双城记》，斯托夫人的《汤姆叔叔的小屋》，陀思妥耶夫斯基的《死屋手记》，艾略特的《亚当·比德》，狄更斯的《大卫·科波菲尔》和《匹克威克外传》，普希金的短篇小说，以及莫泊桑的部分短篇小说。这些是好艺术的例子，但还没达到伟大，因为这些作品所表达的情感过于狭窄，而且，若是和《出埃及记》里约瑟夫的故事或者雅各的儿子的故事比起来，就显得内容贫乏。

约瑟夫的兄弟如何出于嫉妒将他卖身为奴，波提乏之妻如何试图引诱他，他如何身居高位，如何怜悯他的兄弟，他所钟爱的便雅悯和其他人。所有这些情感都能在俄国农民、中国人或非洲人、孩童、老人、受过或者没受过教育的人身上，激发出共鸣。而且一切都表达得非常内敛，没有华而不实的细节。因此这故事放入任何情境都易懂且动人。

我们一些人在体味艺术时的感受，构成对美的欣赏。但对美的体验与对真的体验不同，有时只能与某些人分享，有时可分享的人非常少。我听帕莱斯特里那或者柴可夫斯基时，或许能跟您产生同样的美感，但听瓦格纳的《帕西法尔》或者《纽伦堡的名歌手》，或者看毕加索的《格尔尼卡》时，那种感受恐怕就无法与您分享了。

您说的这些我都不熟悉。

我之所以说到这些作品，因为我认为这些作品都能满足您坚持的标准，即艺术要表达高贵的、宗教般的情感。然而您认为一些伟大的艺术创造是丑陋的，无法理解的，这让我明白我们对艺术和美的理念其实完全不同。而且我现在就能预见到我的结论：这种不同丝毫不是坏事。我认为真的理念能够也应该为所有人接受，但美和愉悦的理念却不可能也没必要为所有人接受。

您如果说您崇拜瓦格纳的作品，我一点也不吃惊。

我在您女儿塔尼娅的记述中读到，您观看《齐格弗里德》时，怀着厌恶退场了。为什么？

好，我就讲讲我的印象。
我错过了不长的序曲，入场时大幕刚刚拉起。舞台上的布景应该是个岩洞。舞台中央有个东西，应该是一块铁砧。一位演员大约是在扮演矮人(因为他在舞台上跑动时总是弯曲着膝盖),他坐在假装的铁砧后不断锤打一把剑,这把剑和大家日常所见的完全不同,他手里的锤子也和铁匠所用的不同。再说了,锤子也从来不是这种用法。他的双手白嫩柔软,完全不像铁匠的手,就像是一辈子不干活的演员的手。您看看他的肚子也能知道这一点。与其说他在唱,不如说他在喊,喊的什么完全听不懂。看了歌词,知道他在为齐格弗里德铸剑,齐格弗里德要用这把剑杀死偷了指环的巨人,而这个矮人想得到那个指环。忽然乐声大作,宣告齐格弗里德登场。每个角色上场时都会有一串音符或者一段音乐相伴。这叫"主乐调"。角色每次上场,甚至被提到,乐队都会演奏这段旋律。不仅角色都挂着这么一段"主乐调",就连物件也有——头盔、剑、矛、苹果、水、火,所有东西。齐格弗里德上场了,和他一同上场的还有另一位演员,披着熊皮,四肢着地。齐格弗里德唆使这头熊进攻矮人。接着是一段很长的对话,从歌词里能看出一点意思。好像是说齐格弗里德是这位矮人养大的,但他恨这位矮人。

嗯,我明白您的感受。您对《唐豪塞》或《纽伦堡的名歌手》大概会有不同的感受。我马上会讲到这两部歌剧。但我想先说说您冷嘲热讽的主乐调技术。咱们见面之初我曾提到过这事,您说瓦格纳的作品丑陋而且不知所云。我说您的写作技巧中就有和瓦格纳主乐调相类似的,您还记得吗?我注意到您会不断用相同的语汇描述某个人物，如博尔孔斯卡娅公爵夫人翘起的上唇，她那迷人的缺陷，或库图佐夫的慵懒，瓦西里公爵握手时拉人胳膊的习惯。当时您没说什么。现在您能说说您怎么想的吗？

当然。我也用这些，用您的话说，“技巧”。我很反感那种文学。那不是艺术。

您反感《战争与和平》？

对。

还有《安娜·卡列尼娜》？

对。

算了算了，咱们还是说瓦格纳吧。我先讲讲《唐豪塞》的情节。他是情歌手。我想您知道情歌手吧：中世纪的游吟诗人，法国人称他们 troubadour，英国人称他们 minstrel，俄国人称他们 gusliary。唐豪塞撩起了被放逐的维纳斯的爱情。这位女神住在山里，身边环侍着小仙女、塞壬和森林之神。这些神灵主管的是万劫不复的感官之乐。颠鸾倒凤之后便是厌腻、厌倦直至厌恶。唐豪塞思念尘世，思念活生生的自然、忠贞、美，以及诸如此类。他求维纳斯放他走。维纳斯开始想用温存诱他留下，随后便怒火中烧。当唐豪塞诵念圣母之名，维纳斯和她身边的神灵忽然消失，唐豪塞发现自己身处五月的美丽森林中。他呆立着，倾听年轻牧人的歌声，看见一队朝圣者正走向罗马。后来一群猎人发现并认出了他。他们问他去了哪里,唐豪塞只是敷衍搪塞了一番。他们告诉他,他来得正是时候。当地领主的城堡里要举行一次竞赛。他们劝他去参加。获胜者将赢得领主的女儿伊丽莎白为妻,她美丽又贞洁。而伊丽莎白已经爱上了唐豪塞,正为他的神秘失踪悲伤不已。当她听说唐豪塞也要来竞赛,自然喜不自禁。

情歌手和当地绅士相聚在城堡的大厅里,比赛将在这里举行。谁先上场靠抽签决定。抽到头签的是另一位著名情歌手沃福兰·冯·艾申巴赫。现场即兴演唱的主题宣布了:爱的本质。沃福兰上前,在竖琴上弹出几个琶音,便开始讴歌毫无肉欲的纯真爱情。这个应该是您所称许的,对吧,列夫·尼古拉耶维奇?

往下讲。

沃福兰演唱时,唐豪塞似乎心不在焉。等沃福兰唱完了,唐豪塞才如梦初醒,上前回应:

假若心无所欲,我是否还会渴望爱的滋味,承受爱的魔咒?

我是否还能一往无前?

生命川流不息……

他是否在思念维纳斯?

这当然是实话。不过请注意剧本的舞台提示。“伊丽莎白面露赞许,但眼见全场一片肃静,立刻羞涩地掩饰过去。”

另一位情歌手,福格威德的瓦尔特,站起来回应唐豪塞,为毫无肉欲的纯真爱情做辩护:“向你心里——而不是肉体——去寻找它。”

众人为瓦尔特鼓掌,但唐豪塞不甘于就此沉默。

他竟然宣扬肉体之爱?

而且宣扬得明目张胆。他坦白了与维纳斯的艳遇,众人听得瞠目结舌。简直就是亵渎!当场有人拔剑出鞘。伊丽莎白挺身挡在他前面。唐豪塞回过神来,幡然悔悟。这时场外传来朝圣者的合唱。另一队朝圣者向着罗马行进。唐豪塞加入他们,希望得到教皇的宽恕。

整个故事就是这样?一个男人受荡妇诱惑,后来厌倦了她,离开了她,又忘不掉她。他受到虔诚的同行的谴责,心生悔意,期望从教皇那里得到正式的免罪牌?

您说得也过于轻巧了。不过这个故事难道不正中您下怀吗?性欲激发的爱玷污了毫无肉欲的真爱。您的杰作中,不是有一本专论性的淫贱和兽性吗?

您是说《克莱采奏鸣曲》?

当然啦。不过这个稍后再说。我还要讲讲唐豪塞。他整个夏天都没有出现。伊丽莎白思念得日渐憔悴。她为唐豪塞祈祷时,见一队朝圣者从祈祷堂门前经过,而他不在其中。

她伤心欲绝，拒绝了沃福兰的陪伴。而沃福兰对她痴情（当然纯粹是精神的）不改。我给您听一段他的大咏叹调，《唱给夜空之星的歌》。我很想知道您觉得这支咏叹调在多大程度上符合您认为艺术应承担的功能，即向读者、观众或听众传达诗人、画家、作曲家、歌者最深沉的内心情感。正当沃福兰独自歌唱时，一个衣衫褴褛的人走上来，这人正是海因里希·唐豪塞。

沃福兰急切地发问：你去过罗马了？

唐豪塞：是。

沃福兰：那么，怎样？

唐豪塞：我匍匐在教皇脚下，坦陈一切。他对我宣判道："你永远得不到宽恕，正如我这把权杖永远长不出绿叶。"

沃福兰：那你有什么打算？

唐豪塞：维纳斯！女神！让我回到你身边！

经过一番绝望的挣扎，维纳斯的幻象出现，挥手招呼唐豪塞进入她的岩洞。沃福兰奋力阻拦唐豪塞，终于唤出对亨利怀有纯贞爱情的女子的名字。一列送葬的队伍走来，抬着伊丽莎白的遗体。唐豪塞扑向遗体。和唐豪塞一同前往罗马的朝圣者回来了，带回了教皇的权杖，权杖上长出了绿叶。

我承认这个情节很令人振奋，却无法想象瓦格纳如何用音乐表现这一切。

除了《齐格弗里德》您还听过他的其他作品吗？

没印象了。

如果您听懂了，就会有印象。现在您承认《唐豪塞》的主题符合您判断“真艺术”的标准——激发高贵的情感，能反映您所谓宗教本质的情感是最高贵的。

我们再看看您评判艺术家的标准——除了艺术活动之外，他还需要参加您所谓的“有益”的工作。瓦格纳另一部大歌剧——《纽伦堡的名歌手》——的主题符合这一标准。剧中人是17世纪的游吟歌手，而且，每一位诗人—作曲家—歌者还身兼手艺人——裁缝、金匠、抄写员。其中最杰出的一位是汉斯·萨克斯（历史上确有其人），他是鞋匠，您也想当鞋匠吧，列夫·尼古拉耶维奇。

歌剧的情节与我所说的伟大的音乐又有什么关系呢？

但的确跟您所谓因模仿评论家认为伟大的作家、画家、作曲家等等而堕落的艺术有关系。

您举个例子？

您忘了吗，您刚才还把那些“模仿者”统统否定了，李斯特、柏辽兹、拉斐尔、易卜生、梅特林克、理查德·施特劳斯？您怎么忘了，刚才您还否定了那些“模仿者”的音乐中“毫无必要的复杂”，他们在优美的旋律上添加愚蠢的变奏，结果破坏了优美的旋律。刚才您不是还说巴赫的咏叹调很好但他的赋格曲完全是胡闹吗？

这和《纽伦堡的名歌手》又有什么关系？

巴赫，这就是关系。序曲开头几个凯旋性的音调，将深谙音乐的听众带入巴赫的音乐世界。巴赫是无与伦比的对位法大师——对位法即把几个相互独立的乐句编在一起，织成音乐锦缎。

歌剧就是对位法？

从某种角度来说，没错。当然这也是一个爱情故事。一位年轻歌手来到纽伦堡，爱上了金匠的女儿。和《唐豪塞》一样，诗人—歌者—作曲家要举行一场比赛，获胜者可以赢得这位姑娘。一位年轻的业余选手也想参加，但他必须先通过考试。考题就是即兴作歌一首。他败得很惨：他现场编了一支歌，歌唱春天的美丽，但那些（毕生磨砺其技艺的）大师定下的规则，他一条都没有遵守。但汉斯·萨克斯从这位年轻人身上看到了天分，让他重作一曲，这回一定要遵守规则（但不用太严格）。这支歌非常成功，人人为之欢欣，除了书呆子抄写员，他不同意让年轻的诗人—作曲家通过考试，因为他违反了书中规定的所有原则。萨克斯称颂起德意志艺术的辉煌，说德国艺术是灵感与匠心相结合的典范，并说德意志艺术的生命将比德意志帝国长久。您视为无用的零碎唾弃的东西——精巧的变奏、奇妙复杂的对位、交响乐宏大的结构——都是匠心的体现，炉火纯青但丝毫不妨害作品的鲜活。就如同运动员的技巧。您觉得鞋匠就不想做既结实又好看的鞋吗？如果生命是欢乐而不是悲惨（我想您赞同吧），难道您不该欣赏那些通过分享愉悦而增进欢乐的技巧吗？

那您说这些目的是什么呢？是想让我更加欣赏巴赫、贝多芬和瓦格纳？

是，但不全是。我们在讨论艺术和文学在人类事物中的功用。昨天我们讨论了科学。这一切都包含在人类活动和思考之中。您将这些全部归为“理性”和宗教信仰，这些是人类特有的能力。我同意您的看法，但贴标签并不能解释其存在或独特性。我试图将人类视为进化过程的特殊产物，以此来解释这些独特的能力。不过在进入这一话题之前，您是否记得我还提到过瓦格纳的另一部歌剧，《特里斯坦和伊索尔德》[1]。有人认为这是他最伟大的成就。我猜您没有听过。

没有。

这部歌剧的主题仍然是爱情。但和歌颂纯贞爱情、谴责肉体之爱的《唐豪塞》或《帕西法尔》不同，《特里斯坦和伊索尔德》颂扬了肉体之爱。这部歌剧的序曲简直就是（用声音）描绘了人类性事的全过程，从羞涩的爱抚直到高潮。所有人

---

① “特里斯坦和伊索尔德”是在欧洲流传了近1000年的古老传说，和“罗密欧与朱丽叶”并称西方两大爱情经典。瓦格纳的歌剧改革主要开始于《特里斯坦和伊索尔德》，这部歌剧1865年在慕尼黑的演出标志着西方世界音乐语言中一种新方言的开始，是调性系统开始瓦解的标志。从此以后，“瓦格纳风格”成了歌剧或一般音乐中“先进”及非传统的代名词。——校者注

都能听得出来。高潮之后沉入喜悦的松弛和沉睡。

您说这是伟大的成就?

没错啊。如果您始终如一地认为艺术的功能在于描写人的情感,如果您同意戏剧、诗歌和音乐具有描述不同情感的特殊功能,这些情感不一定相容,因为它们属于不同的人,那么您也会同意这部作品是伟大的成就。在这方面,您鄙视的莎士比亚或许是能与您相媲美的最伟大的大师。(反正高尔基是这么看。)可您又把自己在这方面出类拔萃的作品给否定了。那您倒说说看,您为什么要谴责强烈的情欲及其满足?

您若是读过我的《克莱采奏鸣曲》,就会明白。许多人对这篇作品感到愤慨,但我认为我说得很清楚。

首先,我说明节制性欲比沉溺于感官更健康,这与上流社会的流行观点相悖。但任何人都能找到数百种事实支持这种观点。

其次,在我们的社会,人们认为满足性欲不仅是保持健康所必需,而且是一种至高至大的愉悦,结果对婚姻的不忠成为常态,甚至在农民中也是如此,因为年轻的丈夫应征入伍。我为此感到悲哀,并提出为了避免这种情况,必须改变我们对于肉体之"爱"的看法。

第三,也是由于关于肉体之爱的流行看法,生育完全失去了意义。近似于谋杀的节育大行其道。医生也在其中推波助澜。为了避免这种情况,必须认识到节欲不仅在婚外必要,在婚内更必要。

第四,由于宣扬享乐,儿童接受的教养不是成为理性、道德的人,而是为其父母提供享乐。为了避免这种情况,我们再不能像养动物一样养育子女,即娇宠其身体,追求美体。

第五,对肉体之爱的宣扬使之成为我们的艺术和诗歌的最大题材。年轻人用其生命中最好的时光寻找最佳婚姻对象或私通对象。女青年把青春用于寻找最佳配偶。以至于年轻人最大的创造力都用来做毫无成果甚至有害的事情。正是这些使我们在生活中疯狂追求奢华,使不知廉耻的女子模仿妓女的衣着和举止。

我认为这很坏。婚姻内外肉体结合的目的,不论如何宣扬,都不应是人类的目标。我们不应把肉体之爱看作使人高贵的事情,而应该明白人类的目标是为其祖国、科学、艺术(上帝就不必说了)效力。这一目标绝不会在婚姻内外的肉体结合中得到实现。因为这样的结合无论在诗歌或散文中如何宣扬,都无助于人类应该追求的目标。它只会使得人类应该追求的目标更加难以实现。

我认为这样的立场是不容辩驳的,首先因为这一立场与人类的进步相一致,人类总是从淫乱走向贞洁和道德意识;其次,这一立场与我们的良知相一致,我们的良知总是谴责淫乱,褒扬贞洁;最后,因为这一不容辩驳的结论出自《福音书》的教诲:

只是我告诉你们:“凡看见妇女就动淫念的,这人心

> 里已经与她犯奸淫罪了。”(《马太福音》V:28)
>
> 他[耶稣]的门徒对他说:
>
> “人和妻子既是这样,倒不如不娶。”耶稣说,“这话不是人都能领受的,唯独赐给谁,谁才能领受。人不娶各有原因。有人生来如此,有人被人阉,有人为了天国。领会这话的人自会领会。”(《马太福音》XIX:10、11、12)

没错,您的《克莱采奏鸣曲》的确传递出这样的信息。跟我回家。我给您看一本摄影集,题为《人类家庭》。从您那个时代开始,摄影就逐渐成为一种美术。人们常常赞美绘画的逼真。传说有位雅典艺术家画的一串葡萄栩栩如生,引得鸟儿飞来啄食。但自有了摄影,绘画在这方面就失去了用武之地。不过摄影真正的艺术性不在于精确再现对象的外表,而是在于选择不同对象之间的关系,或捕捉对象转瞬即逝的美,或通过描绘幽默的、激动的、令人震惊的社会关系,微妙地揭示被摄人物之间的复杂关系。

[到家后我给他看了那本摄影集,我把它放在我的“咖啡桌图书馆”里,在丢勒和《俄国历史地图集》之间。《人类家庭》出版于1955年,正值第二次世界大战之后,人类团结的思想在政治行动和艺术创作中日益清晰。本来我想用贝多芬《第九交响曲》的结尾唬唬托尔斯泰,他把这部作品和“聋人贝多芬”的其他作品一口否定了。后来我决定等等再提第二次世

界大战,免得扰乱了当前的主题:托尔斯泰对“肉体之爱”的无条件否定。摄影集里的第一张照片是一条湍急的小河。第二张照片是一对情侣在草地上相拥,旁边有乔伊斯的一首诗。]

……于是我递个眼色叫他再向我求一回
于是他问我愿意吗……
于是我先伸出胳膊搂住她　对啦
并且把他往下拽　让他紧贴着我
这样他就能感触到我那堆香气袭人的乳房啦
对啦
他那颗心啊　如醉如狂
于是我说　好吧　我愿意　好吧①

[他默默地看了约莫有半分钟,然后抬眼望着我,铁青着脸。我吓得差点想换个话题,可随后想起来这一切不过是我臆想出来的,这老头正在极乐世界或者乌有之乡——不管什么意思吧——享福呢。这时他说:]

您为什么要给我看这个?您知道我要说什么,所以我用不着说了。可我还是要说。这张照片是彻头彻尾的色情,这首破诗,如果您非要称之为诗的话,不光是色情,还糟践了诗歌以及连贯的语言。您就想听我说这些吗?

---

① 译文采用詹姆斯·乔伊斯的《尤利西斯》,萧乾、文若洁译,译林出版社,1995 年第二版,第 1200 页。

是呀。不过您再往下看。后面几幅照片是相同的主题,但是,或许不这么直白。一位男青年在拥挤的街道上亲吻一位女青年的面颊。她笑得很开心。可咱们还是换到下一个主题吧。交媾创造了新生命。看,这是一位女子的侧影,显然她怀孕已快足月了。她的表情绝对恬静,您同意吗?

有点吧。这种表情很美。可模特把这种状况下的自己暴露给摄影师,考虑到照片的用途,也就是暴露给全世界,可真够呛。

这还有更绝的——出生。穿白大褂戴口罩以防止感染的医生手里抓着浑身是血的新生儿的双脚,看,脐带还在。而照片说明解读了新生儿宣示胜利的哭声:我来了!

这张倒还凑合。我认为交媾这种兽行还能容忍,纯因这是繁衍的必要前奏。您给我看这些图片,就为反驳我这种观点吗?既然交媾是兽性,我们难道不该以兽性待之,消除一切使之看似愉悦和高尚的因素吗?我知道交媾是繁殖的一个前提,为了诱使生物繁殖,这一行为会让生物感到愉悦。我的问题是,人类为什么必须繁殖?只有一个目的:人类生存的目标是使道德臻于完善。只要人类的道德尚未完善,就必须繁殖下一代,以便继续接近完美。但人只有绝对纯洁才可能达到完善。那时繁殖就不再成为必需,因此也就不再需要交媾这种淫贱的行为。人类存在的目的已经完成了。

您有时提到科学的积极意义,比如您说年轻人投身于科学总

强过沉溺于淫乱。您还说科学的正当用处是减轻人的劳动负担。您也谴责迷信。那您是否同意科学的另一个积极作用在于揭露迷信观念的虚假性?

同意。

如何能做到呢?

让人看到迷信观念有悖于事实。

什么是事实?

我不明白您想做什么。

人们相信打碎镜子会带来七年厄运,您认为科学家应该如何反驳这种观点呢?

他或许能举个例子,某人打碎了镜子但并未遭逢七年厄运。

那迷信的人也能举出相反的例子。这时科学家怎么办?

那他就再多举些例子吧。

最后他证明没有遭厄运的例子远远多于遭了厄运的例子,对吧?

是吧。

除了迷信外,我们还要决定事件之间是否有因果关系。早期医学的成就之一,是证明疟疾不是由湿地附近的“坏空气”,而是某种蚊子造成的。还有就是许多疾病是由微生物导致的。您也写了一些故事，试图让农民了解自然现象。您在一篇故事里解释为何一位妇人下井捡水桶，结果死了，一个男人试图救她出来，结果也死了。井底聚集了二氧化碳，使他们窒息而死。科学发现、确定或否定事件之间因果关系的方法，如今成为科学认知的一个部分。还有其他部分，与人类的性爱相关。我还要接着说下去吗？

请吧。

我说过原始宗教具有泛灵论特点，而且这种特点至今存在于关于神灵的大多数观念中。泛灵论曾经是对自然现象最主要的解释方法。您还记得奥勃洛莫夫的梦吗？

您是说他看到童年的自己？

对。他和保姆在山顶看到夕阳下半明半暗的原野，他问保姆："为什么那边亮那边黑？那边也会亮吗？"保姆答道："因为太阳走过天空，去和月亮相会。太阳见到月亮就笑了，地上就亮了。他见不到月亮就皱眉，就把黑暗带到地上。"蒙昧的人总把自然灾害归于神的恶意。他们宰杀动物以求神的欢心，希望烤肉的香味会让众神高兴。

目的论是泛灵论的延伸。中世纪哲学家解释自然现象，使用的是"在前方召唤"的目的，而不是"在后方推动"的原因。石头落在地上，因为其"本质"为土，所以它们本应待在靠近地球[1]中心的位置。烟通过烟囱上升,因其“本质”为火,因此要在群星之外,在永恒之火近旁找到自己的位置。鸟儿会飞,因其巢穴在树上。

文艺复兴晚期的物理学已经证明这些观点的错误。达尔文物竞天择的进化理论则将目的论排除出生物学。

怎么排除?就靠他的“生存竞争和适者生存”原则?这种说法也就是对抗教会权威和神授社会秩序的一种说辞吧?您没见富人和当权者都拥护他的观点吗?因为这种观点为战争、残酷的竞争和剥削穷人提供了理由。

没错,但达尔文所说的“适者”却不一定是“强者”或“勇者”或“猛者”。自然选择符合基督教的预言呀——“温顺的人将领受大地”。

愿闻其详。

过去人们认为动物对其环境的适应取决于上帝。上帝给了食肉动物以尖牙利爪,使之能捕捉和杀死猎物。他给了猎物以敏锐的嗅觉和飞毛腿,因为它们需要在猎食者离得足够远时就有所感觉并逃离。这些都是通过“以便”这样的词汇表达的目的论观点。而自然选择理论则认为生物都先天具有某些特征,这些特征会不时发生随机的细微变化。这些变化或提高其适应性,或阻碍其适应性。而这一理论的关键在于

① 英文“泥土”和“地球”是同一个词 earth。

对“适者”的界定。“适者”总是相对于某一特定环境而言，且总是指存活到生育年龄的生物体及其后代的数量。存活者越多,其后代越多,它们在种群中的相对比例越大,直到“完全控制”,亦即成为占决定性的大多数。达尔文进化机制大体如此。

那力量、残酷这些词怎么倒成了“适应”这一概念的主要内容呢?

因为有些情况的确如此。例如脊椎动物之间为争夺配偶或领地而兴起的打斗。打斗者通常是雄性。在某些物种里,最勇敢、最凶猛的在这种打斗中胜出,赢得较多的雌性或者领地,于是有较多的后代,后代继承了这些特征,就变得勇猛或者残酷。

人,至少男性,本性中有进攻性或残酷性的观念,就是这样来的。社会生物学的创始人这样解释战争的起源。

有史以来,战争是部落间的家常便饭,几乎所有酋邦和国家间都发生战争。基因[“遗传的原子”]的传播向来至关重要。摩西征服米甸人之后下达的命令,与雄性叶猴攻占成功后的做法如出一辙[即斩杀所有男性,掠走女性]。能够提高适应性的基因组合……或者产生更强大的灭绝种族的攻击性,或者提高和平宰制的能力。

基因或基因组合不仅决定欲望和本能,也决定其间的联系。因此性冲动可能与男性的攻击性相关,与女性的服从性相关，也与二者的强烈快感相关。您自己也说交媾会产生愉悦，“以便”保证繁殖。这是典型的目的论解释。只需用自然选择因素代替上帝的类比，这就变成现代观点了。但没有证据说明性事中体验的快感低贱，或者完全是兽性。

有证据啊。随便找个处女或贞女问问。结婚初夜等于强奸。随便找个童真的孩子问问。没错，男人都耽溺于性。但是您从基因的角度提出的解释，恰好说明那种耽溺正是兽性。

许多幼童或许的确不喜欢性交，强迫的性交会对他们造成伤害。只有当体内某种荷尔蒙变得活跃时，人的性欲才会得到充分发育，这是由基因决定的。性欲一旦出现，就急不可挡。

年轻人于是通过自慰满足其欲望。这难道不正好说明这种欲望的低贱吗？

怎么就低贱了？

难道您不认为自慰是一种恶习吗？

不。

您不认为自慰会导致失明、疯癫、自杀？

这样的说法毫无根据。我认为这些都是迷信。

那么您要怎样的证据呢？随便找个年轻人问问，他要么否认，有时会极力否认，他有这种习惯，要么会承认但感到羞愧难当。

还有人认为性交对于健康必不可少,您不会认为这是迷信吧?

我就是这样认为的。

您做得对。因为没有证据证明这种观点。出于同样的理由,我认为视自慰为邪恶的观点,也是一种毫无道理的偏见,近似于迷信。

那年轻人为什么羞于承认他们的自慰行为,为什么自慰总与痛苦相连?

因为有负疚感。他们早已接受了自慰邪恶或者可耻的教导,认为自己理应抵御诱惑。他们努力了,但这种努力太难了,所以大部分人都放弃了。快感过后,性欲退潮,取而代之的是绝望的罪恶感。这才是自慰的危害,这事本身其实无害。

那您自然毫不反对计划生育咯?这事相当于自慰加谋杀。

当然不是。不过我先回到您的一个观点,即性行为邪恶,或者兽性,或者可耻,通常只有男性会有性欲;女性的性欲全是受男性毒害的结果。您本人就对自己的性生活充满了负罪感,您多次坦率地承认了这一点。负罪感不仅伤害本人,也殃及他人。迁怒于人是一种自然反应。您多次迁怒于所有女性。在《克莱采奏鸣曲》中,特别是在那篇烂小说《魔鬼》中,您都把女性妖魔化了。

我没有妖魔化她们。我谴责她们,因为她们违背了贞洁的训诫,而且引诱男人违背这训诫。

这训诫怎么说的?

不可奸淫。基督将这条训诫扩大,把想象的奸淫也包含在内——“心里的”奸淫,自慰可以算作心里的奸淫。他宽恕了那些难以完全节欲的人,容忍了婚姻内的性事,但仅限于以生育为目的。也就是说,怀孕期间和绝经以后的性事是令人恶心的。因此我认为完全节欲是我们努力的方向。美国的震颤派教徒达到了这一理想。我赞美他们。

从另一方面讲,基督接受了施洗者约翰的洗礼后,便在沙漠中深居简出,思考如何帮助地上的人建立天国。《福音书》说他受到了魔鬼的诱惑。我认为这是一种比喻。实际上他是为疑虑所折磨。肉体的需求挥之不去,他一定也曾思前想后,但屈从于这种需求有悖于上帝的意志。那么人是否应该消灭自己的肉体?不。肉体是上帝赐给的,所以他必不希望看到人自杀,因为自杀便是毁掉了他的作品。我们既要活在肉体之中,又要遵从上帝的意志,两者如何兼顾呢?基督对这个难题冥思苦想了很久(《福音书》里说是40天)。然后他找到了答案。我们必须活在肉体中,但必须服从于上帝,而不是肉体。我认为,这话的意思就是我们要不断抵御肉体的需求——当然不是那种关乎生死的需求,如吃饭和睡觉,而是那些过分的需求,如贪恋口腹之欲,饮酒,最主要的是感官享乐,其中淫欲诱惑力最大,因而也最邪恶。

您在几篇探讨宗教的文章里，把基督的教诲简化为两条训诫：(1)爱上帝。(2)爱邻人如同爱自己。您说这是真宗教的“本质”。您在这里使用“本质”一次，和我用这个词的含义相同：生发出其他所有属性的那种属性。假如所有训诫都能以这两条为本，那么这两条就完全有理由成为宗教的本质。可您又说贞洁的训诫就是把禁奸淫的训诫扩大了。这样一来，您不仅抛弃了《旧约》的大部分，也把《新约》抛弃了。为何不索性把您自己的推广也抛弃了？

凭什么呀？

因为您的推论与爱邻人的训诫相矛盾呀。您肯定认为妇女也是人，因此也是“邻人”吧。贞洁的理想不过是男人要求女人贞洁的延伸，其背后隐藏的是对女性的占有要求。

那您赞同乱性和卖淫咯？

我反对卖淫。乱性则较为复杂。

您为何反对卖淫呢？

因为这是剥削。男人付钱给妓女，也就获得了对她的权力。我反对任何一方对另一方拥有权力的关系。

那么乱性呢？

那要看这事本着什么精神。在我们的社会里，性行为依然和权力关系相关，我相信您那个时代也是如此。一夜情式的性关系依然被解读为某种“征服”。大部分男性，有时甚至某些女性，是这种竞争关系中的胜出者。我反对这种语境下的乱性。但也有其他情况。一些人类学家——咱们讨论价值的相对性时我曾经提到过几位人类学家，您还记得吧——描述过某些人群的性习俗，对这些人您会冠以“初民”或“野蛮人”之称。年轻人婚前有许多性接触，然后结婚，进入一夫一妻制。他们的婚姻普遍稳定。

那子女呢？

从人类学家的报告看，婚前不生育子女。或许他们有某种节育手段，也许乱交本身就阻止了受孕。

您是赞同这种习俗咯？

是啊，人们认为这很正常，因而没有破坏性的犯罪感，这样有利于稳定的婚姻。

那您怎么看呢？

我认为一夫一妻制是两性之间最理想的关系。

为什么？

因为这最能体现分享——分享喜悦。

您认为这很重要？

非常重要。分享在我的字典里就如同爱或者“宗教的本质”在您的字典里。我认为爱是真实经历的某种独特的精神状态，而不能仅仅被“界定”为或被视为不言而喻的。因此我认为从这个意思上讲，爱所有人是不可能的，只能爱少数人。但我的确认为每个人都有可能成为潜在的合作者，而不是敌人、竞争对手、主子或下属。对于他者的这种（合作者）理解，或可成为宗教中所谓“天下皆兄弟”和“天国”的基础，这些理念全都暗示着人类的联合。“爱”是一种内心状态。当人说爱的时候，我们永远不清楚他是什么意思，也不清楚各人所说的含义是否相同。“合作”却可以直接看到。实际展开合作的群体界限分明。我和许多人一样，认为进步就是合作范围不断扩大，直至涵盖全人类。从这个意义上说，我关于合作的理念完全不同于技术官僚，也不同于您，因为您认为进步的主要特征是放弃感官享受。

那和分享又有什么关系？

您的地上的天国的理念同样重视分享啊。您认为我们这个时代最大的恶是贫富之间可耻的差距。还记得您怎么解释鱼和面包的奇迹吧。还记得耶稣生动的警句吧：“富人进入天堂比骆驼穿过针眼还难。”您知道技术官僚会怎么解决这个问题吗？“造大针眼，养小骆驼！”可笑吧？但这句玩笑话里却含有实际的建议。分配与财富之间存在巨大的鸿沟，好心的资本家就是用这样的思路解决问题。他提出的口号是“把蛋糕做大！”也就是提高生产力，让人人分一杯羹。在这个过程中富人会更富，那又有什么关系？穷人得到的也会多一点。他们的痛苦在于匮乏，而不是富人的富裕。

您怎么看这个办法?

公平地说,还是有些道理。今天工业化国家穷人的物质条件与两个世纪,甚至一个世纪之前相比,那是不可同日而语。这些进步完全是在资本主义旗帜下取得的。穷人比从前富足了,尽管富人富得更多,不仅在绝对意义上,也在相对意义上。在资本主义自由发展的地方,痛苦的确大大减少了。

您认为这样就能解决不平等、不公正?

这只是一方面。我再给您讲讲"把蛋糕做大"无效而且不可能生效的一面。以权力分配为例,特别是军事权力,尤其是毁灭"敌人"的能力。统治者里有一派认为,如果军事力量平均分布,就能避免战争(以"力量均衡"预防战争)。您还记得您在文章里如何评价这种观点吗?

我问道,倘若以此为导向,会出现什么情况。相对弱于潜在对手的国家肯定会据此扩大军备,而那些较强的国家多数不会裁减军备。

太对了。关键问题是,在权力分配这件事上,导致不满进而上升为敌意的是权力大小的不对等,而不是权力大小本身。就说军备竞赛吧。一国比另一国强大,后者就感到威胁。"把蛋糕做大"在这种情况下意味着两国都拥有更大的毁灭力量。假若差距不变,弱国不会感到威胁减小。以这种方法不仅不能解决问题,还会使问题更加严重。

这一切与您给性事贴上的“分享愉悦”的标签，又有什么关系呢？

回想一下咱们上次的交谈。我提到分享有限资源和无限资源的区别。假如我给您一块钱，或者一些小麦，您手里的资源就增加了，而我手里的则少了很多。钱和小麦都是有限商品。假如我给您一条信息，您的知识增加了，而我的知识并不减少。就愉悦来说，当我把愉悦与您分享，我们各自都多了一些愉悦。宗教里所谓“祝福”，多数具有无限的属性。给予得愈多，拥有得愈多。肉体之爱就是这样。

我无法接受这种说法。

我知道，列夫·尼古拉耶维奇。但我的解释值得一听。我们关于艺术以及关于性的观点有天壤之别。但在其他最重要的方面，我们看法一致。请让我说下去。我认为包含着合作的分享概念为人文主义者人类大同的理想提供了基础；“爱”的概念则为信徒的“天国”理想提供了基础。这两个概念有相似之处，即人类大同。但细分起来，两个概念的分享又有差异。我说“合作”，而人文主义者更愿意用“爱”来形容人类大同时代的行为和情感。原则上说，在开明人的眼里，人人都有可能成为合作者。但爱（情感的，而非抽象的）却只能给予少数人。假若爱意味着分享愉悦，那么人类最强烈的愉悦只能与一人分享。

您就这样解释肉体之爱？

当然啦。您也同意啊，只不过您说那种愉悦是兽性、低贱、罪恶，而我认为那是“灵魂相交”，您很不以为然，说我用陈词滥调给兽性贴金。

那您再说说看还有其他什么“愉悦”？

俄文里愉悦这个词的内涵非常不幸。наслаждение 源自 сладкий，它的本意是“甜”。这个词常常与庸俗的大吃大喝、暴饮暴食相联系。“愉悦”却没有这样的含义。愉悦可以指精神也可以指肉体。对美的欣赏也可称作某种“愉悦”。我看咱们还是在这种较宽的语境下讨论比较好。您曾经指出俄文中“美”（красота）这个词实际上仅指视觉感受。因此俄国人不会说一种香水很美，或一阵微风很美。我也认为应该注意这种差异。然而我同时认为“美”的感受也作用于听觉。可以说音乐很美。
我想对于美的欣赏可以作为愉悦的“高级”形式。我就是在人类中心主义的意义上具有价值判断地使用“高级”这个词，没什么不对。人之外的生物大约不会欣赏美，虽然它们也和我们一样，通过视觉和听觉之外的感官体验愉悦，例如触觉、嗅觉、味觉、温度，身体的抚慰，当然也包括性冲动的激发和满足。

看来您到底还是在人与动物的感官之间做了区分，也承认性欲是动物的特征。那您为什么不接受基督教的努力摆脱淫欲的理想呢？

因为我觉得仅仅因为其他生物也有某种欲望就要压抑这种欲望，这毫无意义。不过这不是我要讨论这个话题的本意。我想说的是对美的欣赏（我想这是人类特有的）。让我回到今天谈话的最开始。我们在什么是“美”这个问题上取得了部分一致。现在只看我们的分歧。对一切在您看来因为复杂而显得虚假的艺术（作用于视觉和听觉，因而是对美的礼赞），您一概否定。您认为这种复杂纯属画家、诗人、音乐家等人的虚荣，并且说对这些作品的普遍称赞，不过是被自封为权威的人洗脑的结果，正如汉斯·克里斯蒂安·安徒生在《皇帝的新衣》里所描述的景象。我不同意您的看法。我认为欣赏美远比感官愉悦更为复杂，因此很可能是人类特有的能力，因为其中包含对结构的欣赏。

结构？

构成一个系统的各部分之间的关系，及其与整体的关系。在绘画或雕塑作品里，部分及其关系是肉眼能看到的；音乐中则是耳朵能听到的。但欣赏诗歌的结构则不仅要在纸上看到或者听到。欣赏者还需要懂得那种语言，甚至懂得那种语言还不够。欣赏诗歌或者小说还需要懂得词语（事件、人物、感情）相互间的关联。我知道这样解释很笨拙，但我已经尽最大努力了。不管怎么说吧，列夫·尼古拉耶维奇，我相信您懂得结构是什么，也希望您懂得感知结构在审美经验中的作用。

例如有时我们看到对称的东西就觉得悦目，在音乐中，声音的某些组合令我们感到悦耳。人类在进化的初级阶段就学会了制造物件用以观看，组合声音用以聆听，这些就是原始艺术和原始音乐。这些艺术和音乐不断发展（如同其他一切不断进化），简单对称和简单的和弦组合无法提供足够的刺激了。绘画表现中悄然出现了不对称，音乐里有了不协和音，与对称及和声交替出现。这时结构就开始成为图形艺术和音乐艺术中的最重要因素。渐渐地两者都具有了情感内容——表现主义的绘画和调动情绪的音乐。这一切因素，特别是其间的关系，形成了结构。思考这种结构而产生的特殊愉悦，我们称之为对美的欣赏。其他由嗅觉、味觉或触觉器官引发的愉悦，通常不列入此类。这就是较原始的、感官（您会说肉体）的愉悦与知性（您会说精神）的愉悦的区别。

我相信，正因为您没有充分领会结构是美的基本因素，所以您才拒斥一切复杂精妙的艺术和文学翘楚。我相信这就是为什么贝多芬的交响乐、瓦格纳的歌剧、拉斐尔的绘画、莎士比亚的戏剧您都看不上眼。不知您是否也以同样的眼光看俄国文学黄金时代的第一位巨匠普希金。不知您是否懂得抑扬格四音步在《叶甫盖尼·奥涅金》中的作用。如果您懂，那您听到贝多芬《第三交响曲》中的变调，或者巴赫未完成的《赋格的艺术》中错综复杂的严密组织，或者看到米开朗琪罗《圣殇》中玛利亚和耶稣的肢体语言，您就会产生同样的感情。

现在我们回头谈肉体的愉悦，这种愉悦没有结构，也不是出自对美的沉思。我用性高潮作为一个极端的例子——这种愉悦只能与一人共同感受和分享。其他愉悦可以与数人分享，有些可与多人分享，但很少有能与所有人分享的。但这种限制并不会阻碍人类大同。“价值相对性”在这里比在美术中表现得更为突出。“萝卜白菜，各有所爱”。接受这一点是同“多样性中的统一性”原则一致的，而这条原则是人类理想的首要准则，现代生态伦理的首要准则。我觉得吃白蚁无法接受，但在某些文化中白蚁被视为美食，我接受这一事实。这种不同不一定让我与从那种文化中成长的人疏远。这种态度在艺术及艺术活动中应不是难事。

这和我们关于艺术，特别是关于瓦格纳、贝多芬，以及关于文学和纯科学的讨论有关系吗？

当然有啊。

有什么关系？

以文学为例。您崇拜雨果和狄更斯，瞧不起左拉和阿纳托尔·法郎士。您瞧不起莫泊桑玩世不恭地描写性乱的作品，但认为他晚年的作品非常好，他在这些作品中表达了对肉体之爱的厌恶。再说音乐。您尊崇贝多芬相对简单的作品，却认为他晚期的四重奏和第 101 号钢琴奏鸣曲是胡闹。您只看过瓦格纳的一部歌剧，就不由分说地反对他。您还反对“纯科学”，说那是无所事事的雕虫小技。您当然也不接受美学领域的“价值相对性”，因为您的伦理标准和审美标准是相同的。

那么您呢？您把伦理和审美价值放在什么样的基础上？

我接受审美价值的相对性，但伦理价值不能搞相对，巧得很，真的概念也不能搞相对，我在前面的谈话中已经说到过。

干吗要分得这么细？

因为接受相对的审美价值不会妨害人类大同，但是把真搞得相对了，就会妨害，把伦理价值搞相对了，当然也会。再说，分享美学体验（愉悦）的范围可通过启蒙加以扩展，这也是启蒙的动力之一。

您接下来就要对我启蒙了吧，什么瓦格纳歌剧、贝多芬晚期四重奏，说不定还有莎士比亚和毕加索，莫泊桑的玩世不恭，詹姆斯·乔伊斯一塌糊涂的诗歌？

列夫·尼古拉耶维奇，我可不敢不停地对您聒噪。

您总是忘了我是您臆想出来的，召之即来挥之即去，随您心意。

是啊，我总是忘了，但我也还是不能那样待您。除了我父亲，您是我的第一位导师，我至今仍然对您敬畏。我只是惊诧于您毫无道理地反对肉体之爱，这或许是因为……算了不说了。好吧，如果您想听，我就从瓦格纳讲起，特别是他的《名歌手》和《特里斯坦和伊索尔德》。

请讲。

人类各领域的活动都是通过启蒙而获得进步。人类活动和偏好的一切进化过程,最终都将手段变成了目的本身。其原因部分是生理的,部分是文化的。就说偏好。对两性物种来说,交媾是繁殖的前提。因此必须有些刺激,引发交媾的冲动。我们必须承认,一切两性繁殖的动物身上都存在这种冲动;而植物几乎都是固定不动的,这种冲动就毫无用处。它们以另一种方式交配。例如花是开花植物的性器官,它会吸引昆虫,昆虫是移动的,于是"雄性"花朵的精子被带到雌性花朵的接受器官中。

既然这样,您怎么能否认一切造物都有其目的?

我已经用达尔文自然选择的原理解释过自然表面上的目的性。在进化过程中未获得这种必要先决条件的动物和植物,就不能繁殖,也就不会存在下去。达尔文谈到目的论原则时,或许只是以另一种方式重复了拉普拉斯对拿破仑说的话:"我不需要那种假说。"

好吧,就算性冲动是自然选择的结果,那又怎样?

从这里到目的本身,只有一步之遥。动物具有交配的冲动。但它并不会停下来观察这种行为是否达到了"自然的预期"。

而人当然明白交配的后果。那么具有理性的人为何也把交配当作了目的本身?

据说南太平洋有一个部落，其成员认为交媾与生育之间没有任何关系。他们认为女性只要吃某种东西就能受孕。这种观点或许是萨满灌输给他们的，不过这不是我要说的。我要说的是，达到目的的手段变成了目的本身。文化进化的过程中这种事比比皆是。图形艺术最初是某种魔法仪式。穴居人画的鹿和野牛，或许是为了狩猎成功。图形艺术最终演化为这样一种活动，灵秀杰出者获得其他许多人的关注和崇拜。于是图形艺术偏离了它自身的“进化发展”：其专业标准和审美理想。音乐也是这样，最初是宗教，以及战争的附属品，后来也发展成独立的一支，衡量优劣自有其尺度，而且随文化而不同。我熟悉欧洲音乐，也能听懂其中的杰作，对中国音乐则完全茫然。我曾经试着读一篇翻译过来的中国音乐论文。西方音乐的常识是从音阶和音高关系开始讲，但中国的音乐开篇却讨论声音的品质，木质、玻璃、丝弦、金属的音质，这些是配器的问题，而不是旋律、和声或节奏的问题，后者才是西方音乐理论中的基础问题。

那么您是想从音乐发展的角度讨论瓦格纳的歌剧？

是，当然不可能做系统的探讨。我只是粗浅地讲一条发展脉络，使您明白《名歌手》的音乐有什么意义。从欧洲早期音乐的作用讲起吧——音乐在礼拜吟诵中的作用。吟诵是一种单旋律音乐。后来人们注意到女声比男声高五分之一个音阶，而那时候人们认为高一点的声音更好听。于是男声部的旋律和女声部的旋律开始分离,就产生了对位法。对位法越来越复杂,于是有了对位法作曲规则。再后来,遵守这些规则成为作曲的第一要义,以至于完全忽略了歌词的意义。在特伦托会议上,教会颁布了一些改革措施,目的是为了让人能听懂礼拜仪式上的吟诵。后来苛求对位法的学究式形式主义搞出来的那一套复杂系统毫无节制地蔓延,正是肇始于此。形式主义是为了达到清晰。文艺复兴时期的教堂音乐比中世纪作曲家所谓的新艺术(ars nova)——复杂得令人眼花缭乱的形式主义——好听。

这些和《名歌手》的音乐有什么关系?

对位法没有失传,而是渗入了文艺复兴晚期典型的审美观之中。巴赫就是这种风格的代表。它融合了炉火纯青的技巧和在陌生中发现熟悉的审美喜悦。这也是《名歌手》艺术表现的精髓。瓦格纳抓住了那种融合的精神。剧中的那些"大师歌手"本身就带有技巧的创造性和美术的审美敏感。只有具备音乐"修养"(会听)的人才能领会这种结合的妙处,正如您的作品之伟大需要高于仅仅识字的文学修养才能领略得到。我相信您具备音乐素养,列夫·尼古拉耶维奇,您第一次听《克莱采奏鸣曲》时称之为杰作。您还记得吗?您儿子还演奏过钢琴的部分。

我倒宁愿您别提这事。

抱歉。但我还是要回到肉体之爱的话题,这样您才能明白相爱的人没有被“原罪”的神话迷住心窍时是怎样的感受。我给您讲讲《特里斯坦和伊索尔德》的序曲，我在15岁那年第一次听这支曲子。我向您保证，我听这支曲子完全不是被批评家洗脑的结果，《特里斯坦》是西方音乐长期发展的结果，而这种发展所体现的原则是“调性”。我相信您懂这个词的意思。通常，我们称之为“旋律”的小段音乐是7个音调（有时是5个，如苏格兰民谣）的不同排列，这些音调称为“音阶”。通常三个音调组成三和弦。音阶中的第一、第四和第五音构成主音三和弦。旋律会“趋向”主音三和弦中的第一音，这个音就称作“主音”。而这种趋势则称作“调性”。旋律在扩展过程中会偏离一种“主调”（调性的核心），趋向于另一“主调”，然后再回归。这一过程就是“变调”。变调会让人产生审美愉悦，原因很简单：偏离一个主调而趋于另一主调产生了张力，而回归则释放了张力。（张力及其释放也是感官愉悦的主要因素，例如，强烈的饥渴感通过吃喝得到释放。性事中的相似则显而易见。）在18世纪大师（巴赫、海顿、莫扎特）的音乐中，变调仅限于相邻主调之间（只差一两个调，或是升调和降调），贝多芬把变调用于相隔较远的调式，而且使用频率也更高。这就是为什么您觉得晚期贝多芬复杂得令人眼花缭乱。但对于那些能够看懂复杂之中的组织原则的人，这些提供了更为强烈的审美愉悦。

在瓦格纳的《特里斯坦》中，变调持续不断。也就是说，在任何一个特定瞬间，主调既固定又不固定。您看出来没有，这和数学的发展颇为相似。

我完全听不懂您在说什么。

最初,数学的基本单元是分隔的——一、二、三……后来数字的概念延伸成了一个连续体。微分学的因素不是不连续的整数,而是连续的函数。数学家的认知能力以及与数学相关的审美愉悦都得到了长足的进步。

这又关肉体之爱什么事?

我说过,《特里斯坦》序曲中采用连续变调,使其力度不断加强。和旋从不在任何一种调性上“停留”,直到力度强大得无以复加,导致爆发性的高潮,随后是喜悦的沉睡。

您认为这样的音乐就是伟大的艺术了?

当然呀。我同意您对艺术的定义,描绘人类情感是艺术的一种功能。但我对值得描绘的情感不做限定。

也包括恶情感吗——仇恨、堕落、贪婪?

为什么不可以?人类大同不是就包含着进入他人意识的能力吗?难道这不是同情(若非上帝眷顾,我也会如此)的基础吗?据说古希腊和中世纪欧洲的戏剧最初都是为了服务于宗教。亚里士多德认为戏剧的功能是使观者感到怜悯和恐惧。您逐场挑剔过的莎士比亚的《李尔王》和不遗余力地嘲讽过的瓦格纳的《齐格弗里德》,难道不都具有同样的功用吗?您认为“对我们来说完全不知所云”的索福克勒斯,在

《俄狄浦斯王》中难道没有描写乱伦的恐怖因而完成上述功用吗？您称赞莫泊桑的《海港》（您据此改编成《弗朗索瓦兹》）是具有上述成就的杰作。那您有没有读过他的《苍蝇》？

这还用问吗？

我猜您没读过。您排除了艺术对肉体的作用：通过分享美的感受，以及感官和精神愉悦的感受，催化联结。这种联结的特征就是不求完全。因此它不同于真的概念（通过科学认知得以促进）的联结，或者对基本价值观的忠诚，我认为这是人类生存的必要条件。审美体验的分享使人懂得“多样性中的统一性”，我会向您证明这种价值对于将大同从人类社会推广到生物界——一切生命——不可或缺。现在甚至有一个新术语——生物多样性。在人类社会，这种原则体现为特别爱自家的亲人、景观、传统，同时宽容并进而欣赏他人的语言、习俗等等。我认为这就是进步。

那您认为这种进步的最终目标是什么？

您这一问就显出咱俩的天壤之别。您总是想着终极宇宙目标，认为找到这个目标人生才有意义。我不是，尽管我也相信人类的存在的确“有意义”。我认为这意义不是由终极目标决定。

那依您看是由什么决定？

既定方向。

这个难道不是由终极目标决定吗？

反正我确定方向时不是。

那您靠什么？

对恶的感知和认识。

难道恶不是善的反面吗？

您也可以这么说，但我更愿意先对恶做个界定。

为什么？

这样比较容易取得广泛的共识。我设想了一种广义界定，即不对恶做笼统的定义，而是列举各种恶。这和医疗很相似，界定疾病（通过列举）比界定健康容易很多。这种方法使医学有了明确的“前进”方向——控制或消除已经发现和理解的疾病。因此，进步就是消除认识到的具体的恶——首先是暴力、对权力的迷恋、贫富的巨大差距、对多样性的不宽容，以及对受害者的妖魔化。

您认为懒惰、欲望和贪婪都不算在内？

我认为对身体缺陷的强烈痛恨是更大的恶。

就如同您在我身上看到的那种痛恨？

很不幸。您对性欲的一概否定首当其冲。

为什么?

因为性欲是一种正常、普遍的欲望,如同饥渴的需求、睡眠的需求、对一定温度的需求、身体自如行动的需求、满足好奇心的需求,等等。

但是性欲望激发出强烈的恶情感,不是吗?

性欲望本身不会。竭力压制他人和自己的性欲望才激发嫉妒、粗暴和自我仇恨,特别是将对自己的仇恨投射到他人身上。

您怎么知道?

对人的本性我们都是怎么知道的?通过观察嘛。如果阅读伟大的文学作品,观察领域则大大拓宽了。一切伟大的文学作品都展现了人的状况,从中可以看到人性的复杂和内在矛盾。我们举几个例子看看。

R. 邓肯·卢斯和霍华德·莱法(R. Duncan Luce and Howard Raiffa)在那本颇具启发性的关于博弈和决策的著作中指出,关于争斗的论著在数量上多于关于上帝和爱的论著。对这两个方面我们关切最深。您远比我更关心上帝,但我们两人都关心爱。那就让我们来看看伟大的文学作品中如何描述爱,特别是肉体之爱。咱们还是从普希金开始?

随您便。

在《茨冈人》中,普希金描写了一位对文明失望的青年,他认为文明虚假、琐碎、虚伪，于是决定加入吉普赛人。他认为吉普赛人的生活方式能满足他对简单、真诚和自由的追求。经一位年轻女郎的介绍，他加入了她的那伙人，并且成为她的情人。后来她厌倦了他，唱起愚弄“年老丈夫”的歌，以此捉弄他。他越是嫉妒，她越是挑衅。于是青年向女子的父亲——一位吉普赛老人——抱怨道：

阿列哥：爸爸呀，现在她不爱我了。
老人：宽心吧，朋友，她是个孩子。
你的忧伤真是没有道理，
你拼死拼活地爱恋着，
而女人的心却当作儿戏。

最后，阿列哥突然出现在妻子及其年轻恋人面前，并且将二人杀死。老人把他赶走了：

老人：离开我们吧，你这高傲的人，
我们粗野；我们没有法律，
我们也不惩罚，也不处刑。
我们不需要流血和呻吟，
但不愿和凶手活在一起……①

对此您有什么看法，列夫·尼古拉耶维奇？您不喜欢《鲍里

① 译文采自余振、谷羽译，《普希金全集3·长诗 童话诗》，杭州：浙江文艺出版社，1997年。

斯·戈都诺夫》,说这部作品受莎士比亚的影响,而您看不上莎士比亚。但您认为《茨冈人》是普希金的好作品。您有没有把拒绝以暴易暴放在天平的一侧,把自由恋爱放在另一侧?前者是否比后者更为重要?您难道没有想过,普希金把这首美丽的诗歌作为对自由的颂歌,既是免于暴力的自由,也是爱的自由(免于负罪感的自由),由此把二者放在了天平的同一侧?

[托尔斯泰沉吟良久,随后说,]

您叫什么?

阿纳托尔。

您的父姓?

波里索维奇。

听我说,阿纳托尔·波里索维奇,请让我走吧。

我又忘记自己了吗?您是真正的基督徒,应该宽恕我。我只是因为太崇拜您了,才会如此不假思索地对您的困惑发表意见。我只想说两点。您从性欲中看到的恶有两个源头。其一可能是历史的遗留;另一个,对您适用的一个,是文化扭曲。这源头深深植根于基督教之中。

以您对法国文学的评论为例。您推崇雨果,推崇莫泊桑描写欲望引发恶的作品。但不知您怎么看阿纳托尔·法郎士。您读过他的《苔依丝》吗?

没有。

我认为那是他最好的作品，而且与咱们对肉体之爱的不同看法直接相关。

他赞美这事了？

没有，但他批评了对这事的批评。故事发生在4世纪的埃及。男主人公巴福尼斯原来是有钱的贵族，后来做了隐士，跟您笔下的谢尔盖神父有几分相似，只不过巴福尼斯并不是独居，而是和一群隐士住在一起。他梦见亚历山大城的一位美丽的高级艺妓，于是决定拯救她，而且成功了。苔依丝厌恶自己的生活，被他的雄辩折服，答应随他进入修道院，在那里度过余生。在处理个人物品时，她求巴福尼斯让她保留一尊艾洛斯[①]的小像，这是她的心爱之物。巴福尼斯不同意，而且很生气。他把她交给修道院院长，自己也进入斗室修行。这时他遭受了可怕的审判。苔依丝出现在他的春梦里，无论他怎么折磨自己都不能把她赶走。一个声音对他说，他必须走出斗室，出去云游。他颤巍巍地爬到塔尖，打算坐在那里等死。这时他的崇拜者聚在塔下。一位罗马百夫长高声问他，是否觉得高塔象征着男根。这时天使显身，宣布巴福尼斯已经为自己的春梦赎了罪，可以安全地从塔上跳下去，向人们揭露一个曾使他害怕的极端教派。他在往下跳的那一

① Eros，希腊神话中的爱神。

刹那，想起基督受到魔鬼的诱惑。最后他放弃了，返回修道院，希望把苔依丝接出来，娶她为妻。但为时已晚，苔依丝已不在人世。他热烈地拥抱苔依丝的遗体，把修道院的嬷嬷们吓了一跳，以为他是吸血鬼。

法郎士想说什么呢？

他要揭示过度强调罪孽的毁灭性后果，特别是把自然欲望视作魔鬼的诱惑。追求救赎的人抗拒最自然的欲望，怨恨诱惑者。有些人用鞭子抽打自己，有些人自残，如同您笔下的谢尔盖神父。他们都认为人生不过是暂时的，不如意的一种存在状态，因为有了“激情”而变得无法忍受。

您呢？您从不担心生命的意义吗？

我不会“担心”。没错，我很想知道生命的意义何在。但我通过提问厘清思路，而不是通过追求“终极答案”。您若是问我某件事的“意义”何在，我先要问您“意义”是什么意思。我不是吹毛求疵，而是认真的。我要问那些追求终极答案的人，他们怎么知道自己得到了呢？您认为他们会知道。您的伊万·伊里奇从生命向死亡过渡时，便“看到了一切”。您甚至认为您8岁的儿子临死前在病榻上喊出“看到了！看到了！”也是“看到了一切”。

总之，我不相信任何“神启”，不论是“终极答案”还是“终极的善”还是“理想之美”。我认为消除恶（公认的恶）的努力胜过对终极的善的渴望，改正错误胜过追求终极的真，认识到情趣的多样胜过追求普天相同的美的理想。我特别拥护喜悦的快乐,特别是分享喜悦而不是痛苦地抵抗诱惑。看,我把咱们两人生命观的不同都列出来了。因为我爱您,所以特别想了解这些分歧的原因。我认为您对于您所谓科学的痛恨,源自您对科学的无知。您反对伟大的文学和伟大的艺术,因为您对富人抱有偏见。您把俄国农民理想化了,认为他们的无知(出于他们那种境况很难避免)是未受“文明”的污染,您也反对文明,因为您认为文明使农民贫困、受到奴役。如果您活在今天,我想这些偏见很容易克服。您对肉体之爱的恐惧和仇恨却是无可救药的。我敢肯定这是因为您早年生活放荡,因而有深重的负罪感。您说上帝在人心中,实际上是把上帝与良知混为一谈(您自己说得很明白),而良知是负罪感的主要来源。

第五章　战争与和平

在我看来,我俩对生命意义的理解似乎相去不远。人生不就是涤除恶的一面而追求至善至美么?而至善至美,我理解就是与上帝同在。

不。您的至善至美的观点是固定的。但是,或如基督徒相信承受皮肉之苦,或如佛教徒相信要从激情和欲望中解脱,他们所要达到的最终目的都不明确。起码这些目的对我来讲很含混,我猜想,大多数人也不会明白。几乎每个人坏的一面都显而易见,是因为去掉一些,另一些又会马上出现,并占据上风。这个过程能一直进行。

但要是去掉一些坏的东西,取而代之的是另一些更坏的呢?

这绝对有可能。事实上,这是理所当然。但正因为预期会是这样,更多的处理办法就会发展出来。为达到这一目的设定进路的好处在于它能提供从经验吸取教训的机会。然而,这动态进路的最大好处在于合作必然会发生。您追求至善至美的理念跟您自己个人力求扩大自己影响的努力是一致的,就是说,力求被每个人在他或她自己的生活中采纳。在我看来,似乎您相信要达到这一点的唯一办法就是吸纳人们遵循您的榜样。这也正是基督使用的方法。他不仅传道,还以身作则(自我牺牲)。他这样做感化了多少人?一千?一万?当基督教成为罗马帝国的国教之后,却又怎样了呢?

您读过我的故事《教子》么?

当然。故事有两个道理。一个是揭示了深刻的真理,另一个则是不结果实的花朵。

我猜想第一个道理跟母熊和它的熊仔们的遭遇有关。

完全正确。一个沉沉的木桩上吊着一支装满蜂蜜的枯枝,母熊为了吃到蜜,把枯枝推开,不料枯枝又反弹回来,打在母熊头上。母熊将枯枝推开得更远些,枯枝却更重地弹打在母熊头上。被激怒的母熊索性将枯枝一把拍飞,便跟两只小熊一起舔舐起洒出的蜜。这次枯枝以惊人的速度弹了回来,将母熊打死了。失去了母亲的两只小熊落荒而逃。

那么您所谓"不结果实的花朵"的道理又是什么?

在很多情况下都不是没有结果,但在您叙述的情况下却没有结果,因为这跟用传道的方式传播美德有关。女人用脏抹布擦桌子是徒劳的。教子在停留下来过夜的那天晚上,建议她先把抹布洗干净。这里表现的道理是,若要束人,请先束己。我并不相信传道就可以使人们道德回升,返回善良本性。即使牧师本人再善良,品德再高尚。

那最后一个道理呢?当教子试图扮演上帝的时候?

这个得看怎么解释了。教子阻止可能成为罪犯的人是为了防止犯罪。在一个情节中,为了阻止一件杀人案,他将可能成为凶手的人杀死了。他通常手段残忍,对他们施以火刑。道理是:不要为了防止更大的犯罪,去做你认为是小的坏事。这个道理听着挺在理。但我觉得它不是您想表达的。我觉得您是想说:“切勿自作聪明,上帝才能明鉴。”在《登山训众》[1]所有的道理中,您只挑选了一条,觉得是最重要的:不要抗恶。注意:不是“不要用恶的手段抗恶”或者是“不要用暴力反抗暴力”,而是“勿抗恶”——不接果实的花朵。您以前真是那么想的吗,列夫·尼古拉耶维奇?

那是基督所教的。他没有说“不要用恶的方式反抗恶”。他说“勿抗恶”。并且他言行一致。他知道犹大将要背叛他,但没有阻止背叛的发生。他身背受刑的十字架,并原谅了所有折磨他想杀害他的人。他的自我牺牲是基督教的教义基石。

那么您故事中的傻子伊万和他王国里的傻子臣民们就是学习了基督的例子?当受到邻国侵略,他们采取了不抵抗政策。他们唯一祈求的是让敌人随便拿走想要的,但请他们不

---

① 《登山训众》(Sermon on the Mount)参阅《圣经·新约·马太福音》5—7章;《圣经·新约·路加福音》6:20—49。

要纵火烧村，屠杀牲畜，破坏农地。

没错。

您跟圣雄甘地通信那会儿，他还在南非。您离世后他便回了印度。他阻止了多次抗英运动，最终使印度获得独立。作为一个杰出并富有人格魅力的领导人，他的核心观点就是非暴力反抗。最终他的政策获胜了。

发生了什么？

那是另一件事了。我同意，铲除一个恶就意味着随后涌出的其他恶，通常是更坏的。但我的观点是我们应该获得教训，并用长远的眼光处理之后的问题。

那些“非暴力反抗”是怎么实施的？

有很多种方法。抵制英国货物的运动就组织得非常好。“向大海进军”(March to the Sea)事件引起了全世界的注意。英国增收高盐税引起了民众极度憎恨。当时提取海水盐是违法的。“向大海进军”的制盐活动是明目张胆挑衅英国所制定的法律。

甘地怎么样了？

他的非暴力抵抗运动成功了。印度获得了独立。然后穆斯林和印度教教徒之间发生了些小冲突。国家分裂了：穆斯林建立了他们自己的国家巴基斯坦。甘地不允许在阻止分裂活动中发生任何暴力行为。1948 年他被一名印度教狂热教徒刺杀了。当他倒下的时候，做了一个祈祷的手势，为杀他的刺客祈祷。可以说，他也用了基督的例子。但他用了不同的手段。不是不反抗恶，而是用了非暴力反抗。

还有其他例子么？

当然有。在俄国农奴制废除了两年之后，美国的奴隶制度也被废除了。南方种植园主的力量被南北战争瓦解了。在整个南方，一些年来，黑人有了政治权利。但是不久白人恢复了力量，用恐怖主义的方式压制了曾经的奴隶。接下来的80年中，南方的黑人（Blacks，用现在他们坚持的叫法）一直受压迫。他们被排挤出社交、政治和学术领域。在公共场所被公开地区分对待，被房东、雇主和官员等等悲惨剥削。

在20世纪50年代，一位黑人领袖出现了——马丁·路德·金，他是个牧师，倡导用非暴力抵抗那些区分对待的法律。年轻的黑人走进餐厅，坐在那里。当然没有人给他们点单，但他们也不离开，直到警察把他们赶走。1955年，一位黑人妇女拒绝在公车上坐到黑人应该坐的角落位置上，她被警方拘留了。但是，由此一场轰轰烈烈抵制公交车的运动开始了，直到在公交车上的区分对待被废除才结束。最终黑人有了投票的权利。1954年美国最高法院宣判在学校中区分对待是违反宪法的。有时候，黑人孩子会被武装士兵护送去学校，以防他们被抢。黑人在美国的地位还远远不能让人满意。年轻人的失业问题一直很严重，年轻黑人暴力、犯罪行为发生率在大城市中也居高不下，他们的前途依旧未卜。但取得的成绩也是显著的，这都归功于马丁·路德·金的领导，一位非暴力反抗压迫的使徒。

他怎么样了？

他被暗杀了。

您提到这些为了维护非暴力而殉职的人们是想说些什么道理么？

可以这么说。这样的例子很多。反对自己国家参加一战的，法国有让·饶勒斯(Jean Jaures)，德国有卡尔·李卜克内西(Karl Liebknecht)；诺贝尔和平奖得主、埃及人安瓦尔·萨达特(Anwar Sada)和以色列人伊扎克·拉宾(Yitzhak Rabin)；瑞典总理奥拉夫·帕尔默(Olaf Palmer)，瑞典国际学家、联合国驻巴勒斯坦的仲裁人福尔克·贝纳多特(Folke Bernadotte)；联合国第二任秘书长达格·哈马舍尔德(Dag Hammereskjold)。他们都是杰出的和平维护者，都被刺杀了。

您想要表达的观点更加吸引我了。

这些和平倡导者大多数都是被狂热教徒，而非统治阶层的代表所杀。这就表明，对于暴力的热衷不仅在权势精英中存在，在广大民众中也很普遍。

所以？

所以，如果战争是一种纯然的罪恶——这点我俩应该都同意——那么对世人传播和平也就不是一种消灭战争的有效办法了。世上大多数人对战争要么痛恨,要么恐惧;因此就没有必要去改变他们。对于那些钟爱暴力的人,传道是感染不了他们的。

要是教导人们让他们拒绝参军呢?如果拒绝参军的人数够多,战争也就发动不起来了。

我记得我们第一次见面时提到过杜霍波尔派。没错,那个时候如果够多的人拒绝参军,是可以制止战争的。但恐怕现在情况不一样了。

为什么?

要解释这个问题,我先得给您介绍最近在科学领域的一些发展。恐怕这些东西您并不感兴趣。

请继续解释。我会认真听,如果我没有兴趣,我会告诉您。

好吧,那我们就先讲下达尔文,您不介意吧?

如果你是想说服我,由于人类是由低等生物进化而来,所以他是动物,而且必须要长期生活在暴力的环境下,这个暴力环境是无法避免,普遍及永恒的,那么我确实介意。

我之前解释过,这种对达尔文思想的解释是不准确的,它是为了解释适者生存的生物链而出现的。它与我们讨论的自然选择进化论的核心想法完全没有关系。

那么,什么是核心的想法?

生命是由基因物质发生连续不断的细小变化而形成的,“基因”指的是“遗传的最小单位”。这些变化要么增加要么减少生命适应周围环境的能力(周围环境包括无生命的自然环境和其他有生命的环境两种形式)。适应程度就是再生的优势,别无其他。生命可以繁衍更多的后代,后代又可以繁衍更多的后代。结果就是在无数代(好几百万年)的时间中,生命形式在持续不断地发生变化。

您是在暗示对于战胜的痴迷可以增加人类的再生优势?

完全不是。虽然这模糊的达尔文主义的解释暗示了在这所谓的“拼命存活”的世界里适者生存的道理,但观察结果并不支持这错误的结论。

怎么说?

试想最明显的“为了生存而拼命”的斗争存在于动物(主要指雄性)之间的都是为了雌性和领地。观察他们在进化过程中身上“战斗武器”的发展——某些山羊有后卷的角,雄鹿也有角——这些武器远不够致命的程度。实际上这些战斗也没有多少是致命的。如果是生死决斗,就凭这身装备,也很难存活。肉食动物倒是装备了很危险的武器——尖牙利爪——可以帮助他们抓住并杀死猎物。他们的猎物同样也有着非常发达的嗅觉器官,便于察觉周围靠近的敌人,并拥有逃跑的灵活腿脚。单纯的目的论解释将这种安排归功于“上帝的保佑”。但要从自然选择的角度讲,这个解释就是多余的了。

但战争却如同野兽般致命的搏斗啊。

的确。于是,我们就不能不把自然选择看成进化的驱动力了。

我不是一直坚持说战争是世界性的教唆,是与基督的教导相违背的吗?

也不是,在您《战争与和平》的收场白中就不是这么说的。当您否认这部杰作的时候,是不是连您对战争本质的透彻认识也否认了呢? 这个本质在1812年才被人们认识。

被更加透彻的认识代替了。

只是您这样觉得。两个观点是一样的,只是用了不同的角度阐述而已。两个都可以从自然选择而产生的一代一代进化的角度派生出来。请您继续把自己置身于1869年的思想状态中,那时您刚刚完成您的杰作,就在阿尔扎马斯的恐惧[①]之前。

我做不到。

---

① 阿尔扎马斯恐惧(Crisis in Arzamas):1869年托尔斯泰深夜途经阿尔扎马斯,产生了一种从未有过的担忧和恐惧。阿尔扎马斯恐惧是托尔斯泰思想变化的重要节点。

将您置身于当时写收场白的情境。请努力回忆。

我们说:拿破仑选择了侵略俄国,他也做了。现实中我们从来没有找到拿破仑所做的任何事情是计划好的:我们发现的只是一些他所发出的命令和讲出的话,这些话语却有各种不确定性。相对于那些拿破仑发出的并没有被执行的不计其数的命令,1812 年的战役的命令却被执行了;这些被执行和没有被执行的命令并没有什么本质区别,只是因为被执行的这个命令直接导致了法国士兵进入俄国……

非常好,再回想一下您写的关于军队的那段。

每一支军队都由很多低等兵力组成——也叫大兵,他们在整个军队中所占比例最大,上等兵和没有薪水的军官的数量比这些大兵数量少很多;高级长官的数量更少;军队的最高指挥官也就是一个人。

太棒了!您把军队视为组织的典范。让我们深入一步,将一个组织视为系统的典范。

系统是什么?

系统有许多不同的定义。就我们讨论的目的来讲,这样一个定义就够了。系统是尽管内部不断变化而它自己能稳定保持还是"它自己"的实在的部分。生命机体是系统的良好范例。在新陈代谢过程中,构成生命机体的物质粒子在不断被替换。尽管有这种变化,但我总能认出来那个生命机体还是

“它自己”。同理可以应用到城市、组织、公司等等。生活在古罗马凯撒时期的居民没有人活到现在。当时的建筑也只有一点留存。但罗马还是罗马。一个多世纪前建造的天主教堂里,没有一位教皇、红衣主教或者是牧师活到了今天,但天主教堂无论过了多少个世纪,还是“它自己”,同样道理,大英银行和许多军团还是他们自己。他们全部都是我们所定义的“系统”。

在《战争与和平》的收场白中,我提出了一个看待拿破仑侵略俄国的观点,您的“系统”观点跟我的那个观点有关系么?

当然有。您的观点还包含一个负面的处方。我们不应该把战争视为由强势之人的个人意志发起的。在您最后的一些文字中,您的观点转变成这种更为原始的对战争的解释了。您认为战争在更大程度上是帝王之间的争吵所引起的。“沙皇之间的争吵,”您写道,“却造成双方人民互相残杀,其实他们本来无意加害于对方。”我也同意这样的事情很可怕,但是这个理解无益于解释战争的理论,更不能对人类消弭战争提供任何有力的帮助。

那您的系统论就可以了么?

是的。

怎么说?

我们可以把战争看成一种系统,而不是一个有始有终的事件。在任何一个系统中,都能辨别出三个方面:结构、对环境应急反应的本领、进化。举个例子,动物的结构就是它的身体构造;行为方式是由外界环境及体内刺激所决定的;个体的进化是从胚胎发展到成熟再到死亡;进化之“放大”是指它这个物种,以至更大的,涵盖这个物种的界—门—纲—目—科的进化。

纵观历史,建构也在发展着,也是在不断地适应着环境——适应它孕育其中的社会。在适应过程中,它不是在追寻一个“目标”。不要忘记这正是我们的分歧所在。我不关心那些用目的论的方法对大事件做出的解释。现代进化理论用不着那种解释。相反,在它自己的发展过程中系统必须适应环境才能存在,反之则会消亡。历史上消亡的体制横尸遍野:奴隶制、活人献祭、世袭制的绝对君主政体。其残余时隐时现,却再也无法回复到鼎盛。

有适应了环境而存活下来的例子么?

环顾四周,到处可见。就以君主政体为例吧。1914 年,当时几乎所有欧洲国家都是世袭君主政体,一些是君主专制,一些是半君主专制,其他的是君主立宪制。1918 年,一战结束的时候,四个最大的君主政体政权——俄罗斯帝国、德意志帝国、奥匈帝国和奥斯曼帝国都解体了。在英国、斯堪的纳维亚的国家、比利时和荷兰,君主政体则存活了下来。

它们这些适应的实际情形是什么呢?

君主的政治权力减少为零。君主变成了一个有名无实的代表。

那么战争呢？您将战争也视为一个体制，不是么？

是的，它是一个非常成功的适应环境的例子。

怎么适应的？

让我们来看看它各个方面是怎样进化的。在古代，种族灭绝的战争很普遍。《圣经·旧约》中，上帝自己告诉以色列人，不仅要杀掉所征服领土上的人们，连动物也不能放过。

> ……这些城市……主与上帝赐予汝继承之权，汝当不留任何喘息之物，将之灭尽。赫人（Hittites）、亚摩利人（Amorites）、迦南人（Cannanites）、比利洗人（Perizities）、希未人（Hivites）以及耶布斯人（Jebus-ites），只因上帝命令汝而为之。（《申命记》20：16—17）

这个怎么能说是适应呢？

古代以色列人是一个游牧民族，他们希望定居在肥沃的土地上以耕种为生。但肥沃土壤早已被人占据，他们只能将他人清理掉，就像要先砍掉树木才能化森林为耕地一样。

那么为什么要把这说成是上帝的旨意呢？

问得好。我们先回到之前观察得出的结论：为了争夺雌性和领地,非人类的争斗通常不是致命的,它们使用的“武器”像是特意设计成无严重伤害力的,这点很奇怪。在肉食动物中,“杀手本能”只存在并应用于它们的猎物,而非同类身上。这种类似的本领非常可能在人类身上也存在。但是,不像动物,人类是通过机制而非基因进化的。

怎么讲?

确信我们是地球上唯一的“理性的”存在,这种说法显得像是天然的自我夸耀,但是,如果我们能正确定位人类这独一无二特征之源,也许能找到某种替代的说法。

推理能力? 预见?

这些跟“理性”大同小异。我们要找到某些确切的因素,可以直接跟人体能观察到的器官相关联的,最好是跟人脑相关的因素。

语言?

是的。一种特殊的语言——建立在符号而非信号基础上的语言。信号沟通限制于“当下”。符号则独立于它所代表的任何情况而存在。举个例子,乌云是要下雨的信号。这两件事情有着必然联系。没有乌云就不会下雨。但是“下雨”(rain)这个词跟下落没有任何联系。德国人管它叫“Regen”,法国人叫“plui”, 俄国人叫“дождь”。这些词的发音、形状(拼写)与它们代表的含义完全没有关系。

这有什么重要的?

许多非人类也有信号语言。一些鸟儿有数以百计的“词汇”。但这些信号只能反映当下发生的情况。鸟儿可能会叫“食物”或者“危险,有猎人!”或者“我现在要交配”或者“这是我的领域”。但是人类可以表达一些过去的或者想象中未来的事情,还可以表达一些根本不可能发生、不存在的事情。超乎一切的是,他可以把荒诞无稽的观念打造得深奥无比,就像您戳穿神学所做的精彩分析告诉我们的那样。

这些跟种族灭绝战争有什么关系?

符号而非信号沟通的能力,使人类形成的组织团体,要远远强大于那些因血统关系形成的组织——那些非人类组织,类似于蜂巢或者蚁穴。人类组织是通过符号语言形成的,同时产生了信仰。特别要强调的是,对一位全能的上帝的信仰,是让原始希伯来人成为强大的侵略性的主人的关键原因。我相信,多亏了上帝“汝当不留任何喘息之物”的指令,当时的人们战胜了要屠杀同类时本能的心理障碍。这就造成了使种族灭绝顺利进行的一种社会环境(普遍狂热的极端情绪),在当时这被认为是维护安全的措施,跟今天所认为的一样。

种族灭绝在20世纪还存在着?

哦,是的。您还记得在我们第一次对话的时候我提到过“民族社会主义”，休斯敦·张伯伦暗示过，他是瓦格纳的女婿，还记得么？在民族社会主义者的统治下，德国人屠杀了几百万犹太人。我指的屠杀就像宰牲畜一样，并非是在战场上的杀戮或者是出于狂怒下的杀人。男女老少都被驱赶到密封严锁的牢笼中，被命令脱下衣服，被毒气窒息而死。他们的衣服被分类回收。嘴里的金牙也会被撬走，放入战利品中。他们的尸体被扔进专门用来焚尸的大熔炉里。这个做法被称为“最终解决犹太人的方式”。

这事是什么时候发生的？

在20世纪40年代，二战的时候。

我们刚见面时，您告诉我的头一件事就是20世纪已经接近尾声了。这种屠杀还在继续么？

德国人使用精密技术高效率杀人的方法已经不存在了。现在的屠杀更像是耶和华命令希伯来人去征服迦南地(Promised Land)一样。这种行动是由狂怒所驱使的。整个村子都被屠杀了，几乎都是砍头。在这种屠杀中，婴儿也难逃厄运，通常是在他们的母亲眼前，被揪起双脚，将脸往墙上甩。

这是什么时候，在哪里发生的事情？

就在不久前。非洲到处都还在采用砍头的方式；在巴尔干则是射杀。这里或那里屠杀还在进行着。

这个跟战争适应社会有关系?

从某种程度上来讲,是的。先让我讲完战争进化的故事。当原始部落进化成大型的世袭制的聚集组织时,种族屠杀转变成奴役制,奴役制又转变成课税制。这种进化的重要性在于战争的完全专业化。它的发展顶峰是17世纪后期和18世纪的欧洲,也就是在30年战争结束和法国大革命之间的那段时间。

这是怎么体现的?

当时跟战争相关的因素确实消失了。之后又出现在革命和拿破仑战争开始到一战结束的那段时间。列夫·尼古拉耶维奇,这后面的一段时间您应该最为了解,也最为关心。这一段时间的战争您最清楚,您还全神贯注地热心关注。在您的作品中有描述,第一个是克里米亚战争(Crimean War),您也参加了这次战争,当然在您的著作《1812年战争》中也有讲述。

您说的是什么影响?为什么说它们消失了呢?

对敌人的痛恨、对祖国的热爱、勇敢、英雄事迹、胜利凯旋的庆祝,为什么这些影响仍旧被认为是跟战争相依相存的重要部分……

但您为什么说这些影响在18世纪的欧洲消失了呢?

考虑所谓的"内阁战争"中的一些重要问题吧。其中典型的都是继承权战争：西班牙战争、奥地利战争、波兰战争、巴伐利亚战争。“战争的起因”可能仅仅是因为谁的侄子应该当选为下任西班牙国王这样的纠纷。我们所熟知的爱国主义荡然无存。将军可以自由地离开一个统治区域，到另外一个区域去服务，就像今天律师频繁跳槽一样。实际上在战场上打仗的都是职业军人，而不是临时招募的新兵。因为他们需要进行实战格斗技术的全面训练，这些专业军队成本很高。于是就要减少战争伤亡人数，参加的战役就要随之减少。战役的时间地点通常是经过双方协商同意的。投降并不丢人，通常通过降半旗、交出武器等方式实现。平民一般不介入战役。

那个时候，认为君主之间的争吵引发战争，是很正常的。康德在他关于永远和平的文章中也写道，废除君主政权是消灭战争的重要且有效的条件。具有讽刺意味的是，他的那篇文章 1795 年才发表，当时法兰西共和国跟各君主国的血腥战斗已经开始了。

您的意思是，也就是那个时候战争的本质改变了。怎么改变的？

“国民军”在革命战争中出现了。内阁战争中的士兵就像会自行运动的装置一样，被训练得听到命令就能做出标准的行动。他们并不知道去攻打的敌人是谁，更别说原因了。在革命战争和拿破仑战争中，法国士兵们是为了“自由、平等、博爱”，为了祖国的荣耀，为了推翻帝制去战斗。内阁战争中的士兵不被信任，他们不能采取主动行动，也不能根据具体战势而采取相应的战术，因为他们只能按部就班地出击。法国人采取的战术只能应用于受到信任并能采取主动行动的人，比如说，在大范围相连区域内作战，而不是像内阁战役那样选在空旷场地上作战。

这就是您说的战争“适应”社会环境么？

是的。民族主义和它罪恶的衍生品沙文主义，成了19世纪欧洲的社会主流情绪。1914年一战爆发，在柏林、巴黎、圣彼得堡都举行了庞大的庆祝仪式。俄国的首都名称改为彼得格勒，让它听起来像是俄国的而不是德国的城市。街上的陌生人相互拥抱祝贺，欢送士兵队伍走向火车站，向战场进发。

但还是君主发动的战争。

列夫·尼古拉耶维奇，您要是保持《战争与和平》收场白的哲学思想，您就不会这么说了。跟君主政权下达的命令无关，就像拿破仑的命令跟1812年战争无关一样。虽然这种无关性是您判断出来的，但启发这种判断的洞察力是深刻的。正是那个晚上发生的偶然事件支持了您的判断。

是什么偶然事件？

尼古拉，一定程度上还有他的堂弟威廉，也许早就对即将爆发的战争有预感——他们二人转让了权力。尼古拉给威廉发了封电报,提出他俩终止各自的武装动员令,那动员令其实就隐含开战,虽然还不是正式发动战争。威廉找到了德国军队的元帅小毛奇。小毛奇回复说,要解除武装动员没有可能。他指出,每隔 10 分钟就有一辆载满士兵的火车通过斯达斯博尔格(Starsbourg)横跨莱茵河的大桥。任何干扰这一行动的命令都会造成混乱,从而将造成德国皇权的动摇。到这里,您有十足的证据来支撑您的观点,战争有独立于任何个人的野心、欲望、恐惧或妄想的动力学,不管它们显得多么令人狂喜。我对战争的观点,是把它看成一种建构,一种具有组织机构特征的系统建构,防御机制和进化潜力只不过是那种理念的发展。

那么您所说的战争系统的这种适应性,即适应它的环境,还会继续下去么?

是的。沙文主义用他们的英雄浪漫主义的观点包装了战争。19 世纪末,著名的德国历史学家海涅·冯·特雷施卡(Heinrich von Treischke)写道:

> 是战争培育出唯物主义者反对的政治理想主义。如果人类将来从记忆中抹去自己英雄的名字,那将是人类文明的一个多大的灾难啊。一个国家的英雄是激励年轻人的勇士,其铿锵文字如响笛般环绕人们耳边迟迟不散的那些作家,是人们童年及青年

时期的偶像。

他的英译本《特雷施卡政治学》出版于1916年，一战期间，巴尔佛（Balfour）阁下为之作序写道：

> 政治理论，从亚里士多德以来，始终没有同当时的政治实践相关联——不管是一致的还是对比的关联，也没有理论像这本书里讲的那样闪耀着真理的光芒。这些理论在1870年以前是不可能写出来的。可与之媲美的理论1917年之后也不可能写出来。

文中提到的1870年，指的是德国的军国主义与德意志帝国结合达到最高潮。1917年映射的是巴尔佛预测的同盟国战胜德国的时间（真正的时间是在1918年）。在1914—1918年的大流血之后，特雷施卡对国家的作用和战争本性的观点并没有马上被人们所抛弃。之后的25年中，他的观点依然在为德国军国主义残余推波助澜。但它们再也没有进入过学术界的大雅之堂。当时犬儒主义和仇恨战争的思想颇为盛行。

这种情绪是怎么表达的？

一方面是前线士兵和海军的叛变。雷马克（Remarque）的小说《西线无战事》，被上百万人读过，他把战争描写成不折不扣的无情的杀人狂和愚狂的爆发。俄国君主政权的灭亡正是战争造成的破坏的直接结果。

所以您会说战争就不再适应它的社会环境了?

没错。

但是,您告诉过我,另外一场战争在20多年之后又爆发了?

是的。为适应新环境,战争体制的新调整显而易见。

我在听。

这个变化肯定要归于战争技术的巨大发展。事实上,这发展是战争调整以适应"人性"的主要动因。

怎么讲?

回想上帝给希伯来部落的强硬命令,让他们杀死一切挡在路上的人。我认为这是让人战胜要屠杀同类时本能的心理障碍,这种心理障碍根植于许多动物的心理,大概也包括人类。除了人类没有哪种动物使用,而猿猴只是偶尔使用工具。人类不仅使用工具,还会发明工具。战争进化的一个重要因素就是武器进化为远距离杀伤工具。相对于直接用刀捅,这使在杀人的时候生理及心理上都变得容易了许多。随着飞机大炮的到来,死伤者都不会被杀人者看到。不仅如此,制造战争的人,及参与战争的人越来越少赤身相搏了。我参加了四年的二战。我从未见过一个敌人,除了训练,从未开过一次枪。

二战以所谓彻底毁灭性武器的出现为标志。工业潜力被确认为“打赢”战争的头号因素,迫使敌人孤立无援。欧洲战场上的战争,很多都是从空中打击。鹿特丹接近于被德军完全摧毁,汉堡和德累斯顿也差不多被英美夷为平地。原来的目标是摧毁敌人的工业潜力,但最终变成了摧毁敌方战斗士气。拿德累斯顿来说,无论是军事方面还是工业方面,都没有任何战略层面应该受攻击的意义。在战争最后的几周里,原子弹首次投入使用了。其原理是原子核裂变爆发出来的巨大能量在一瞬间释放出来。这个新技术的受害者是日本广岛和长崎两座城市。没有一个有任何战略意义。一颗原子弹投下,广岛将近 10 万民众丧命;三天过后,长崎 8 万人丧命。几天后日本就投降了。

胜利的结果是什么呢?

当时人们一般认为取得了许多成就。两次大战之间的时期,明显的标志是德、意、日三国明目张胆的侵略行动。德国是一战的战败国,而意、日作为胜利国却没有尝到胜利果实的滋味。三国都有专制政权,都靠侵略起家。日本侵华,倒行逆施,滥杀无辜,残忍程度难以想象。意大利宣布要重振罗马帝国之威,将埃塞俄比亚(当时是一个独立国家)霸占为自己的殖民地。日本宣称要建立“大东亚共荣圈”,本质是想扩张其在整个太平洋的统治地位。1939 年,二战因德国入侵波兰而爆发,英、法要保卫其领土完整而参战。法国被决定性地打败，并被德国占据了半壁江山。德军甚至侵入到了丹麦、挪威、巴尔干和希腊。接着他们开始攻打苏联。

侵略俄国？

在拿破仑 1812 年侵略战争后的第 129 年。

他们侵略到哪儿？

在北部，他们包围了列宁格勒（列宁 1924 年去世后，彼得格勒改名为列宁格勒）。这次围攻持续了将近三年。三分之一的人口死于饥饿和饥饿引发的疾病。

列宁是谁？

弗拉基米尔·伊里奇·乌里扬诺夫。跟您一样，他也在喀山大学念书，因参加革命活动被开除。1891 年大饥荒的时候，在萨马拉你们俩差点碰上。同弗拉基米尔·伊里奇见面时，我一定要跟他说说这件事……

您打算见他？

是的……但是，我不能跑题……我谈话的坏毛病是，有点诱惑，我就跑题。我继续说。在中部，德军停在了莫斯科。在南部，他们最远到了高加索的格罗兹尼。但却在伏尔加河的斯大林格勒被决定性地打败了。斯大林格勒在之前叫察里津，后来用约瑟夫·维萨里奥诺维奇·斯大林这个名字重新命名为斯大林格勒。自从列宁走后，斯大林就是“全俄罗斯的统治者”，直到 1953 年去世……我又跑题了，我不会了。

这么说，侵略者重蹈拿破仑的覆辙，也被打败了？

是的。红军进入了德国，占领了柏林。英、美从西边攻入。德国的独裁者希特勒自杀了。他手下的人，要么跟随自杀了（有机会的话），要么就被以“反人类罪”处死了。三个月后，太平洋战场在广岛和长崎被原子弹炸过之后几天也结束了。日本天皇没有获罪，但日军实际的独裁者东条英机被处以绞刑。意大利在德国之前就战败了。独裁者、前社会主义者贝尼多·墨索里尼，连同他的情妇，被游击队员处以绞刑。

您说这导致战争的系统又一次适应环境？

我是这样认为的。这次的适应，对于美国是尤其显而易见的，那就是它成了资本主义系统坚不可摧的堡垒。

您将战争系统的持续存在归因于资本主义国家为了争夺市场，就像我那时候马克思主义者们做的那样？

还不太一样。您那时候是殖民帝国趾高气扬之时。之后它们就解体了。举个例子，非洲如今是由 40 多个独立国家聚集而成。由于其他一些情况，战争依然存在，而资本主义系统也依然保持着活力，二者始终联系在一起。如今，美国是富有国家中最好战的国家。一个世纪以前，美国是军事化最薄弱的国家。不像欧洲大多数国家，美国从未用他们自己的传统，用他们对荣誉的独特理解，用他们对旧的观念的轻视和对做平民的雄心，建立过明显的军人社会等级。19 世纪，除了英国以外的所有欧洲主要国家，人们每天都会身穿军装。在美国，这种举动简直无法想象。美国加入一战的时候，还有挥动旗子、鼓号齐鸣的庆祝仪式；二战的时候就没有了。因为到了二战的时候，美国人意识到了战争已经不是单纯地靠勇敢，靠勇于为国捐躯之类的精神就能取得胜利的了，而是通过高端的武器设备。

列夫·尼古拉耶维奇，在您那些说教性的文字中，您经常提到"基督教国家"，无疑是指那些要么以某种形式的基督教为国教的国家，要么基督教是占统治地位的崇拜形式的国家。但是，如果您把或者从礼仪上或者从伦理上强制其居民将相当多的心思都放在宗教上的国家也算在内的话，那么我认为除了您那个时代巨大压力下的俄国农村，没有一个符合您所说的"基督教国家"。20 世纪的美国就显然不是。但是非常多的美国人，可能占绝大多数（我虽然不是很确定），可以说是有真正的宗教信仰的。

怎么讲？有对神的崇拜、宗教仪式，以及诸如此类的？

那要看您怎么理解神了。他们的确声称并实际崇拜一个十分明确的精神性的神明。这是一个能被明确当作力量源泉的神明。

这个神明是什么？

技术。对技术的崇拜可以被称为技术崇拜（technolatry）。

有什么证据这么说?

您想要什么样的证据? 也许 19 世纪最伟大的俄国文学成就——您是其中最伟大的作者——就展现了最接近人类"心灵"深处的某些内容。美国能与您、陀思妥耶夫斯基和屠格涅夫相提并论的也就是塞缪尔·克莱门斯,即人们所熟知的马克·吐温。您读过他的作品么?《哈克贝利·费恩历险记》?《康涅狄克州的美国佬》?《傻瓜威尔逊》?

没有,我以为那些书是给孩子们写的。

只有《堂吉诃德》《鲁滨逊历险记》和《赤道环游记》是为孩子们写的。

您说马克·吐温的那些书是对美国人心灵的展现?

是的。

怎么讲呢?

在《康涅狄克州的美国佬》一开始主人公自述中说:

> 我是个美国人。我父亲是个铁匠。我叔叔是一个兽医。我可以制造任何东西……

这是主人公对自己的介绍——全能手艺人杰克,但并非如此,正如格言说道:样样精通,样样稀松。不知怎么搞的,他发现自己身处英国亚瑟王传奇时代,就像您发现自己身处下一个世纪一样。但跟您不同,他身边没有人给他解释周围这个奇怪的世界。他只能自己去看、去领会，并得出结论。他讨厌他看到的一切。他对骑士阶层，对迷信巫术（被驱逐的梅林，宫廷里行骗的魔法师）和建立教堂深恶痛绝，其中最令他厌恶的是社会阶层的划分。他想带领英格兰进入 19 世纪。其实他成了 19 世纪美国的传教士。他的信仰的支柱是什么？平等和技术。

从这里您看到了美国人灵魂的精粹？

美国人自己观念中的心灵。就像您一样，也许您没有意识到这点，在您的文章《我的信仰》中表现出来的想法就是俄国人的灵魂。有时您说得很明确，如《战争与和平》中的普拉东·卡拉塔耶夫，那是您对俄国农民形象的完美刻画。

那么这个《康涅狄克州的美国佬》如何将亚瑟王的英格兰美国化呢？

通过引进技术，并教会人们使用它们。我相信马克·吐温并非情愿地也看到了美国军事化的前景，也就是我所说的，战争系统适应具有美国特点的环境。所有人都知道德军在一战中战败，并非因为缺乏高级将领，也非军威不振（这点您认为是俄国战胜拿破仑的原因），而是因为美国物资源源不断。美国在二战中取得胜利的自信心，也是源于他们有无限供应的军需储备，此外，当然还有美国人心中“无所不能”的无畏精神，加之每个美国男子汉熟练掌握技术的能力。

那么“平等”怎么纳入这套解释呢?

它给战争增添了意识形态特质。两次世界大战中,美国人感觉他们是在为民主对抗专制或独裁的凯旋而战。但是,战争系统适应美国的主要因素是排除了浪漫主义、英雄主义、典礼仪式,它们都外在于美国的精神特质。美国将军的制服跟大兵们的没有什么两样。挥舞旗帜、鼓号齐鸣的庆祝也少之又少。不是英雄主义,而是成本效益分析——生意精明的精髓——成了战争制造者最关注的东西。

要想知道更多美国人在 20 世纪的下半叶是怎么接受战争的,就要参考一下和战争直接相关的专业人士的评论。他们多数不是职业军人。我敢于冒险说他们大多数都是平民。他们其中一个人指出:

> ……只有在美国,轻松拥有“多职业”才是可能的。这些职业可能涵盖在临战时期参军、大学执教(或者相关职员)、智囊团研究人员、私人顾问,或者做军工企业雇员。

另一个人说,跟同事们讨论,俄国威胁将用原子弹袭击美国城市,如果双方没有就某些条件达成共识,到时候会有多少美国人成为牺牲品。在被核武器摧毁的城市中,死亡数量并不只包括战场上的士兵,还有平民。这是一个“无法接受”的数字,大概在 6000 万人左右,也就是当时三分之一的美国人口。

或者参考下面对战争未来的一个预测。这是一位将军说的：

> 在未来的战场上，敌军的位置，将因为数据系统、电脑程序控制的情报评估和自动火控装置的投入使用而被即刻定位和瞄准。第一轮的袭击可以是非常准确的，通过监测仪器可以不断定位敌军，以前需要大量军力去干这件事情，现在就不需要了。用了几百年终于拥有了机动性强的装甲部队。又过了二十几年，有了空降兵部队。通过通力合作，用不了十年，我们就应当能置身完全自动化的战场之外。

我跟不上您了。什么是智囊团？什么是"数据系统"？什么是"电脑程序控制的自动火控装置"？

列夫·尼古拉耶维奇，我发现我一想到战争的变化就特别容易跑题。当您谈到您最关心的——世俗教义与基督教义的不能共存的话题时——您也容易跑题。让我从最基础的地方说起。战争体制适应基本上是非军事化的文化有两个条件：一个是技术崇拜在美国人精神中的主导地位；另一个是战争意识适应商业意识，适应被高度关注的竞争性活动。参考下面关于以原子弹为主导的毁灭性武器方面的资金配置的评论。作者提出了有关这些炸弹和载运装备，如洲际导弹和飞机的"效率"标准。

> 根据预测，可以算出能够消灭的敌军数量及其价

> 值。这个衡量标准……不仅考虑到了敌方用以还击的炸弹和导弹的数量,还有他们的操作效率……当然,这还是个含混的衡量标准,还有待更加精确的定义。比如说,对方的系统是什么——人口、工业还是军事基地——这些应该是用以保证己方稳操胜券。

您又让我不解了。什么是洲际导弹?

那是现代版的炮弹,不同的是它装填的是核炸弹,而不是炸药。我会努力不跑题,列夫·尼古拉耶维奇,但是我不得不解释一下,炸药是阿尔弗莱德·诺贝尔发明的,就是那位诺贝尔和平奖的创设者。诺贝尔认为他的发明是为和平做出了贡献,因为炸药爆炸的力量之巨大,当时的人们无法想象可以应用到军事战争中。如今我们的核弹,也就是原子弹之后的武器,同样是被认为用来维护全球军事平衡的。这些核弹能释放出的最大能量等同于一百万吨的TNT,超过炸药很多倍。至于说洲际导弹,它是个弹壳,要是从美国发射,可以在30分钟左右到达莫斯科。我正好来解释一下,为什么俄国经常被跟下一次世界大战相关联,如果它真爆发的话。苏维埃社会主义共和国联盟,也就是共产主义统治下的俄罗斯帝国,在二战的时候是美国的战友。打败德、意、日军队后,美俄两国开始了世界争霸。这个时期也叫冷战时期。两国开展了一系列军备竞赛,其中核武器包揽了重头戏。1991

年苏联解体,迫在眉睫的危险才减退。

回到成本最优分析,也就是现代版军事战争的“兵法”,它暗示用原子弹互相攻击时要“保证得分”。这个暗示最初是被用在竞技比赛上面的,然后被沿用到商业上,现在成了美国人对求生本能冲动的主要诉求。

最后还有一个重要因素,让战争对美国人有吸引力。

您真的认为美国人像我那个时代那些欧洲军事世袭贵族一样热衷于战争?

不,我并不这么认为。欧洲军事世袭贵族投身于真枪实战。比如说,卡尔·克劳塞维茨(Carl Clausewitz),一位杰出的战争倡导者,在耶拿(Jena)战役前夜给他的未婚妻写信说:

> 我的国家需要这场战争——让我们敞开心扉承认吧——只有战争才能实现我心仪的目标。无论我将在余年走向世界何方,我一定会跨越战场,否则永远的幸福将不会降临于我。明天之后……将会有场伟大的战役,整军严阵待发。我当视此日之欣喜如大婚之礼,翘首以待。

美国人不会祈愿这样的画面。相反,大多数美国人认为军队是用来阻止战争的,而战争,在美国人眼里,永远是“侵略者”向爱好和平的美国发起的进攻。培养出美国人对打仗的事持与众不同立场的另外一个因素是,军事化跟经济繁荣是联系在一起的。

有这么一种联系么?

对美国人来说是有的。20世纪30年代的整个美国,以及整个工业化的世界都处在经济萧条的极度痛苦中。失业人口激增,农民和小商贩几乎都没有了立足之地。为了缓解痛苦,政府采取了些措施,通过增加就业、保证工人某些权利,等等。但都帮助不大。十年之后,二战始于欧洲,美国开始为加入英方一边进行战前准备工作。非常之迅速,经济形势急剧好转。不断扩张的战争军备行业带来了高收入的工作。失业问题消失了。美国经历了四年的战时经济繁荣期。美国本土并未发生任何战争。最先开始在太平洋战场的战役都连连告捷。欧洲大陆一开始几乎被德军全部占领,在1944年,英美联军才登陆。一年之后,德军战败。“民族社会主义”的独裁体制解体了。中欧和西欧遂处在美国的影响下。通过美国的援助,欧洲经济重建,并形成了一个与昔日的盟友苏联为敌的军事联盟。军事经济继续繁荣并保持着军事化。如此发展致使军事化与经济繁荣相互关联。

我还是不明白这是怎么关联的。军事工业并不生产人们的日用品,它偏向于生产武器,怎么能促成繁荣呢?

即使偏向生产武器,仍有足够的生产力来生产人们所需的日用品。最重要的经济问题发生在工业化国家,特别是美国。不是生产力不足,而是产品销售可能性的问题,只有发生交易才能给投资者产生利润。战争时期,军备工业的产品就没有销售瓶颈问题。一方面,政府总会是购买常客。还有很多可以卖到海外去,特别是第三世界国家。另一方面,武器自身保质期很短,几年后就会被淘汰(或被更精密的所取代),因此它们被更大、更“聪慧”的军事产品所取代是必然的,所以武器装备市场有长期的保障。这是二战后经济繁荣最显而易见的原因。

您说的“更聪慧”是什么意思?

让我来给您解释。一战是化学战。它所使用的主要技术是有毒的气体和更具有杀伤力的爆炸。二战是物理战。飞机、导弹都装配上了感应装置,以避免被敌军发现。由于原子弹的到来,彻底性毁灭战争的时代开启了。首先是核裂变炸弹,由重金属元素的原子核分裂释放出巨大力量;随后是核聚变炸弹,由最轻的元素——氢的同位素氘和氚聚合为氦,释放出比核裂变大千倍的能量。所有这些魔鬼技术都是理论物理学发展的结果。第三次世界大战,被认为可能即将来临,它应该是数学家的战争。所有装置都装配着人造“大脑”,使它们可以达到既定的目标,躲避并拦截敌方的导弹。这些人造大脑每秒可以处理并运行几百万的数学公式。几年前,一个由计算机控制的大脑,在六局定胜负的比赛中,击败了国际象棋世界冠军。发射到太阳系的探索宇宙飞船也装载着这种人造大脑。到目前为止,十名宇航员——全部都是美国人——已经登陆过月球了。

您又跑题了。

没有哦。我说这些是想告诉您,您那个时代普通百姓对战争的看法与态度已经完全被取代了。如今,士兵直接或间接的搏斗只占少之又少的一小部分,而且他们不会像您那时一样,被训练如何将匕首刺入敌人躯体里。他们要学习如何理解并掌握复杂的科学技术,这些东西在日常生活中也是有用的。他们也不会被强迫去服兵役。当下美国军队完全是由职业军官和志愿兵组成。您最后十多年提倡和训练的那套方法,相对于现代战争已经落伍了。这也是战争如何成为了美国立国发展的先入为主的思想。这个思想传染开来,成为世界持续和平的一个重要阻力。这就是我说的战争"适应"它的社会环境表达的意思。

那么您相信社会环境会不会发展到战争无法适应的阶段?

这个可不好说,列夫·尼古拉耶维奇。"相信"有两个意思,您知道的,一个是相信事物是否存在,比如说,鬼怪和上帝是否存在;另一个是,是否相信某事物,比如说,罚款是否应该实行。这两种意思经常被混淆。情况极为复杂,有些相信对相信的(或者不相信的)事物是否会发生可以产生影响。这就会影响到是否相信持久和平这件事。如果我是个局外人,比如是预言家马尔蒂安(Martian),我就不相信世界会存在持久和平。但我现在不是个局外人。我是人类当中的一员,我相信的和我不相信的观念会对持续和平能够持续多久这个问题产生影响。所以我觉得我有责任去相信它。

这难道不是跟相信上帝的原因一样么？

您可以这么说。您读过高尔基的《底层》？1902 年莫斯科艺术剧院上演过。

没有。

非常好的一场演出。小偷瓦斯卡（Васька）问苦行僧卢卡（Лука）："上帝存在么？"卢卡笑而不答。瓦斯卡又问："快点，存不存在，回答我！"卢卡说："如果你相信他存在，他就存在。不相信，他就不存在。"

所以说，如果您相信持久和平，那么您就会帮助它成为现实，是这样么？

差不多。

那您觉得未来会怎么样？

历史的总趋势是相互合作的群体合并成更大的群体，以此推断：家族进化成宗族，宗族进化成部落，部落进化成国家，国家进化成成联邦。每一次合并的实现，或者说，至少是得以造成，都是靠取得内部和解。

但是同时对外敌的仇恨也更加激烈。我们—他们的界限也会更加分明。

马上,我会深入去谈对“他们”的恐惧和憎恶通常正是形成更大合作单位的鼓动因素。

那么,您怎么证明您相信人类最终会实现全球整合呢?

某种程度上是整合与极化的竞赛。在冷战的50年中,一方面是美国和它所保护的国家,另一方面是苏联和它的卫星国家,看起来好像是极化会赢得比赛,并且发泄出最终爆发的摧毁力。现在我不确定了。还有一个因素在支撑着我的希望。社会控制朝正确方向转变。

请解释。①

我有一个老朋友,几年前去世了,我很想念他。他的名字叫肯尼斯·保尔丁。他是个经济学家,但他最重要的理念都属于系统哲学。我曾经触及到这个主题,当我们讨论体制进化的时候,我曾经把它看成是一个系统,一个类似生命机体的整体。保尔丁碰巧也是一名虔诚的基督教徒——一个教友派,一个热心的和平主义者。他提出了社会结构的三个关键:威胁、交换和爱。在威胁的系统中,人们被强迫或者被阻止去做一些事情,因为有惩罚的威胁。在交换的系统中,人

① 肯尼思·保尔丁(Kenneth Ewart Boulding,1910—1993),美国经济学家,曾任美国经济学家联合会主席。1954年跟贝塔朗菲、拉波波特和魏斯共同创建“一般系统研究会”,标志着系统论的诞生。保尔丁独自开辟了经济学和社会科学中诸多研究领域。他认为,经济学和社会学并非独立的社会科学学科,而只是致力于研究人及人际关系(组织)的社会科学分支。保尔丁强调,人的经济行为和其他行为都嵌入更大的彼此关联的系统之中。为了理解人的行为,必须先研究和发展出一般系统的动力学。——校者注

们被利诱去做一些事情，因为有互惠的利益和佣金的承诺。在爱的系统中，既没有强迫也没有利益。取而代之的是一种归属感。

您所熟悉的社会系统，列夫·尼古拉耶维奇，是威胁系统。沙皇俄国就是一个典型。资本主义系统是典型的交换系统。工人不是被迫去干活，他们去为别人工作是因为可以拿到工钱，只有拿到了钱，他们才能维持自己的衣食住行。一个有凝聚力的家就是爱的系统。我们养孩子、保护孩子，不是因为如果不这样做就会有惩罚的威胁，也不是因为他们付钱让我们养他们，而是因为我们是在这样一个爱的系统中。共产主义理念就被构思为这样一个系统。回想那句口号："各尽所能，各取所需。"保尔丁最终把"爱"换成了"整合"以避免"爱"这个字在感情上的另外含义，因为"爱"不能涵盖大多数人互相并不认识的大社会里人与人之间的关系。

注意，这三种控制模式实际上现今所有社会都在采用。罪犯通常会因畏惧刑罚而缩手。金钱是对生产与服务的报答。救济粮是面向所有人的，即使你没钱支付。当然，社会主义的核心观念是对公共产品的最大限度的支配。有些社会已经接近这个类型，那是左翼政治势力称之为"先进的"社会。教育、医保、危害保护、灾难保护这些都是公共产品。所有人都能享受到，不是因为要是没有这些，人们可以威胁索要赔偿，也不是因为他们特别为这些福利付了钱，只是因为他们是社会的一分子,也就是说他们共同整合成一个社会。旧时的基督团体就是类似这样社会。您的一篇故事也描述过他们,“只要有光明,就在光下走”。这种小团体还存在着,比如说和尚、尼姑们,或者如阿米什人(Amish)①那样的基督教某个分支的农耕公社。巴勒斯坦的集体庄园(Kibbutzim),现在归属以色列,它们曾是这类团体中较有名声的。但我知道它们的重要性在降低,为资本主义思想所扼杀,为城市生活所引诱,被除了耕种以外的其他职业吸引。

在“左派”看来,进步取决于整合因素的相对分量的增加。特别是,作为一种体制的战争的消除被想象成整合扩展达到人类一体的结果。在我看来,这个理想跟您所认为的基督教的理想是吻合的,但有一个非常之大的不同之处。基督教的理想,正如在您所有说教性文字中特别呈现的那样,都割不断同“爱”这个观念连带的感情意味。我认为这律令也包含在对上帝的信仰中,您想象中的“他”。因此您强调基督传下来的两个律令,第一个是爱上帝,他被想象为是一个慈祥的父亲;第二个是爱邻人,指所有人——上帝所有的众生。

人文主义——如果您愿意,可以认为那是我的宗教——无须信仰上帝,并非因为上帝跟人文主义的理想不协调,而是因

---

① 阿米什人是基督新教再洗礼派门诺会中的一个信徒分支(又称亚米胥派),以拒绝汽车及电力等现代设施、过着简朴的生活而闻名。亚米胥派起自于1693年由Jakob Ammann所领导的瑞士与阿尔萨斯之重洗派的分裂运动;追随Ammann的教徒便被称为阿米什人。目前在北美大约有25万人。——校者注

为没有必要。进一步讲,带有感情色彩"爱"的概念已经被"文明"取代。就是说,每一个人都是一个优先的存在(a priori),不是主子也不是下人:在威胁性系统中,他既不被看作是潜在的对手也不被看作是要对付的家伙,但在交换系统中,他被看作潜在的合作者。这就消除了所有"我们—他们"的两分。由爱组成的团体(如家庭)或者学术(分享兴趣、技巧,如专业小组)或者语言(祖国认同感)或者宗教信仰(如各种教派)。但这只意味着这些小组的成员互相之间的关系要比跟其他人亲近。但也有可能做到对很多人——其中不乏陌生人——信任,并文明相处;如果在理想状态下,可以对所有人施以善举。

那么这样一个世界怎么能实现呢?

这个问题太难了。但要是回答为什么实现不了就容易多了。

这种问题的答案有什么用?

它可以先一步阻止无用的努力,阻止失败带来的失望乃至绝望。

我认为这暗合我后几十年的苦心投入。

说谁呢?与其让我在您的努力跟拿撒勒的耶稣的努力之间做出裁决,不如让我解释一下,在我看来,什么是更有希望的方式。我认为跟一开始通过外在的努力宣扬上帝相比,一开始先努力减少或者消除恶是更有希望的做法。

为什么？

因为让人们认同恶，比让他们认同善容易得多。

为什么？

因为人们对恶的体会更加深刻，并能轻松用例子来证明恶。想想是不是证实疾病要比证实健康容易得多。在过去150年中，控制、治疗和治愈疾病的方法有了飞速发展。这用死亡和寿命可以证明。在发达国家，婴儿和儿童的死亡率已经降低为零。人均寿命增长了20至30年，女人要比男人活得更长，因为在分娩过程中死亡的妇女减少了。

那么，这必定是善吗？

根据定义来讲是的。如果我们认为疾病是坏的，消除它们就是好的。如果您同意死亡是坏的，那么延长寿命就是好的。

我没说过死亡是坏的，只说过死亡是不存在的。

您教导说对上帝的信仰引向最终的神启，那里没有死亡。这是您的《伊万·伊里奇之死》的结尾。这也是您亲眼见证的——您8岁的儿子瓦尼卡（Ване）临走之前喊出“我看到了，看到了！”但是您对暴力的痛恨与您对死亡的看法却有不同。如果您相信——如我和所有人都相信的一样——杀人是犯罪，那么您必然会认为死亡是坏的。如果死亡是不好的，延迟它到来的努力就必然是好。这是关于“善”的一个观念，绝大多数人共同的观念。它是正在走向整合的因素。

那么您相信用推进消灭疾病的类似方式也能推进消灭战争?

是的。

那么,朝这个方向已经取得进展了吗?

难说。考察导致医药进步的条件,我们能看出点眉目。一个是对疾病的本质和形成的原因有逐步的、稳定的知识增长。另一个是某些机构成立并被授权实际运用这些知识。比如,培养合格的医务人员,组建医院、诊所,还有受到监控的医药工业。如果我们对战争本质有更深入的认识,并且有机构致力于并且得到授权让这些认识发挥作用,那么或许我们就能在消除战争方面取得类似的进步。

关于第一个条件,以医药为例,从实用角度来看,发现生病而能存活下来的条件,要比发现足够多的生病原因重要得多。后者通常很复杂,而前者一般简单。结核病菌的传染是肺痨产生的必要因素,虽然还需要其他条件。只有找到摆脱这种细菌的方式才能治愈和阻止肺痨的发生。以战争为例,一定要有足够的条件,而且从历史来看,这些条件一直在发生着变化。可以足够引发18世纪欧洲国家间战争的条件,比如说激烈的争吵或者挑衅的外交信函,如今就不足以引发战争了。另一方面,亘古以来,战争的一个必要条件就是武器。消灭武器就可以消灭战争,起码是现在威胁到人们短期生存的那种战争。由此,一个有效消灭战争的方法就显而易见了——全部彻底地解除武装。困难的,并有很多人认为不可能的，是这种“治疗”战争的适用性。原因很明显，没有任何机构被授权实施全面彻底解除武装的方法。

现在像消灭疾病一样消灭战争的阻碍因素已经明了了。试想，如果有一种可怕的疾病已经找到了治疗方法，比如白血病或者艾滋病，那么几周之后医护人员、一些诊所和医院就可以用这种方法进行治疗了。但是这种能“治疗”战争的机构并没有。更糟的是，却存在着那些专门设计和力图发展可怕生化武器的机构。

但仍有希望。早在一战结束之时，一个国家间的联盟就成立了，为的是可以提供平台，以简单的方式解决国家之间的冲突。这个联盟在二战爆发之后解体了。二战结束后，这个意图又被大多数人提出。不像之前的国际联盟，新的联合国包含了所有得到承认的国家（现将近 200 个），而且《联合国宪章》开宗明义把消除战争作为自己的目标：

> 我联合国人民同兹决心欲免后世再遭今代人类两度身历惨不堪言之战祸，重申基本人权……男女与大小各国平等权利……力行容恕，彼此以善邻之道，和睦相处……用是发愤立志，务当同心协力，以竟厥功。

那么，自从联合国致力于消除战争以来，取得了什么进步？

实际上没有。

这是否证明任何改善人类生活条件的努力，如果没有顺从上帝的旨意都是徒劳的呢？

在您看来也许是这样，列夫·尼古拉耶维奇，对于相信上帝的慈爱和对众生无限之爱的人来说，这是不容争辩的公理，但对我来讲不是，我想，对大多数人都不是。我们依然还抱有希望，希望人类在毁灭自己之前可能变得成熟。

成熟？

是的，将人类想象成跟人类个体相像的生命系统，那么人类个体的发展就恰好跟胚胎发育相似。

什么地方相似？

都有一系列相似的革命式的发展过程。人类胚胎的发育类似脊椎类动物进化的各个发展阶段。比如说，在早期阶段，某些鱼的特点“试图发展”但最终没有成功。人类在婴儿时期，不能直立行走之前是用四肢爬行的，不会说话之前是牙牙学语的。如此看来，也可以把人类想象成经历几个类似于人类个体发展所经历的阶段——儿童期、青春期、成熟期。

人类成熟的一个方面就是自己认同不断扩大的集体，首先是家庭，然后是朋友圈、社区、社会、国家。当“我们—他们”这最后的两分消失时，战争将再也没有任何有说服力的功能，战争就会消失。

您之前引用的《联合国宪章》序言显然是对全人类讲的。但是,您又承认,如今战火还是在到处燃烧。您怎么解释呢?

战争也一样是个进化着的系统。正如我指出的,战争已经“适应”它的环境了。《联合国宪章》并没有公开宣称战争是违法的。

让我们先来读一下第 51 条:

> “目前这份宪章没有任何内容会损害与生俱来的自我保护的权利……
>
> “从今以后,战争的所有部门无一例外都成为‘防御’部门。”

为了保证“国家安全”,军费预算大量增加。世界两大“超级力量”美国和苏联的军库,装配了充足的毁灭性武器,足以在几个小时内,消灭整个地球 50 次而不止。在这场疯狂的军备竞赛中最具理性的却是成堆摆放的核弹头,它们确保了和平,因为两方强权都担心对方的还击,都不敢轻易开火。这个“和平政策”被起了个名字叫“相互确保摧毁”(mutual assured destruction)。将这个词组缩写成 MAD(疯狂)来称谓这项政策正合适,荒谬的是,防务界不以为耻而反以为荣。这场疯狂的自杀竞赛终于随着苏维埃帝国在 1989 年分崩离析和苏联自身在 1991 年解体而停止。为了应对越来越强烈的舆论压力,裁减核武库的方案出台了,也被多多少少执行了一些。“废除主义”在世界舆论中开始抬头,成为在联合国大会上反复讨论的主题,成为所谓非政府组织(NGO)的日常活动。总之，废除战争（类似于美国150年前废除奴隶制）的努力在进行中。

您相信会成功？

我不知道。但我肯定这比您想要通过爱所有人，而建立一个天国世界的机会大得多。

您怎么知道？

无关知不知道，相不相信才是重要的。

我竟然从一个事事都要看到证据才信以为真的人口中听到这样的话。要不您就是在“必然规律”层面，而不是认知层面相信这一点？

要是在人类生存的问题上，这两个意涵就能融合了。我会列举出一些证据。您对那些热衷思考一个问题的人们呼吁，而恰好这个问题您也坚持认为是每一个人生命中最重要的一个问题，就是“我应该怎么活？”您整个90卷的文字都证明从童年起这就是您用全部身心和创作要解答的问题，真不只是您那些宗教专文，您所有的煌煌大作都得算上。想想聂赫留朵夫（Нехлюдова，您早期作品《撞球游戏裁判的笔记》和《土地主生命中的一个清晨》还有您晚期的名著《复活》中的角色），我百思不得其解，为什么您要用这么一个特别的名字称呼自己。但是在《安娜·卡列尼娜》中，列文（Левин）这个名字就太容易被识破了，因为您自己的名字是列夫（Лев.）。

在您另外一部杰作中，一个重要角色皮埃尔（Пьер），也发生了同样的问题。您把您自己的想法安置给了这些人（注意，是男人而非女人）。然后您确信您找到了问题的答案，然后您告诉了他们。并且您坚持认为如果人们努力做到爱他人，人类的生存条件会得到改善。外界条件的干预，比如说社会结构、经济关系、政治机构之类的，您认为它们全起不了多大作用。您说，我们的生存条件很差，原因不在别人，而在我们自己。在我们继续讨论之前，请告诉我两件事。（1）我是否正确无误地讲述了您一生中一直醉心而又一直热情关注的问题？（2）您有没有想过，所有人，任何人，都如此思考过这个问题呢？

第一个问题，我的答案是肯定的。第二个问题答案是否定的。大多数人不会去想：我应该怎么生活？但他们本应该去想，我想表达的就是这个意思。我有些重要的主人公，虽然他们像是知道自己应该怎么活，但一旦开始思考这个问题时就会觉得为时已晚。比如说，伊万·伊里奇，当他发现死亡将至，他自问："我想要什么？"他的回答是："活下去！"

那么接下来不可避免的就是"怎么活下去？"这时候要回答："死亡？什么死亡？没有死亡。"而改变一个人的人生道路已经太晚了。同样，最终真理展现给了将要死去的安德烈（Анбрею）王子。

我在编排我们的对话的时候，我本打算告诉您，在我一生中

（我活得比您长一些），我从未遇到过任何人严肃并坚持考虑“我该怎么活？”我也没有见过一个孩子能简单明了地问这个问题的。所有美国的孩子都会接受八年的小学教育，这是免费并强制的。大部分孩子会继续升入四年的中学，也是免费的。这就是该想想“未来”的时候了。他们关心他们将来会做或者能做的工作，能力较强的孩子会考虑自己的“事业”，构想着一系列挣钱又有责任感的工作，然后变成职场人。最终的目标是“成功”，也就是一个责任大、收入高的职业经理人。有些人梦想着成为“明星”，男孩子大多数想搞体育，女孩子一般想当电影明星、时装模特什么的。直到几十年之前，大多数女孩子开始向往婚姻生活，尤其是向往嫁个“成功”的老公。

当我编排我们的对话时，我跟我的长子讨论过，在俄国文学中，还有谁对人类生存条件这一主题特别热衷呢？我问他有没有碰到什么人执着的问他/她自己：“我要怎么活着？”他说他遇到过。但是问题却成了“我应该怎样做？”而非“我活着的意义是什么？”

有什么区别么？难道一个人的价值观不能决定一个人的行为么？

就是这点。大多数情况下，是行动决定价值。更经常的是，我们开始爱一个人，是因为我们为他或她做了某些好事，而不是相反。反过来说，我们恨一个人，也多半是因为我们对他或她造成了伤害，而不是反过来。美国人经常说“改变内心”（我比较了解美国人），意思是改变生活方式，而非改变生活态度。这也是我问我儿子是否认识如您一样的人时，他跟我讲的。他还提到人们现在很厌恶“老鼠赛跑”（美国人对流行的比赛和对“成功”的崇拜的称呼）和“落下”。他们被“主流”落下了，所谓主流，就是正规的人生之路，一个人应该走的路。对大多数人来说“落下了”意味着停止了对事业、成功之类的东西的思考。通常，在他们的意识中，感觉体验是最重要的。不是很多人有毒瘾。有些是轻微毒瘾。这些人都没有什么生存能力，不久就玩儿完了。以上就基本上是所有人心中“价值”的表现了。这些没有任何一种能与您在宗教说教中寻求造成的那种转变相契合。但是，这不是我认为您的呼吁不能消除战争的主要原因。

主要原因是什么？

主要原因是，叫作“战争”的体制继续富于活力不是出自对敌人的痛恨。我在前面提到过，战争技术决胜千里之外而胜利者根本用不着上战场亲手杀敌。您可以回想一下威斯特摩兰（Westmoreland）将军对未来全自动化军事的判断。士兵正在消失的过程中，正如工业机械化条件下工人在逐渐消失，农业机械化条件下农民正在被机器取代，全都是一个道理。我可以想象核战争是一个不需要战场的战争。人们只需坐在地下，盯着屏幕，看着那些信号闪烁，他们只要学会理解这些信号就行了。按这些信号操作遥控杆发射导弹，每一枚导弹都有彻底毁灭一座有几百万居民的城市的能力。导弹只需几分钟就到达目标，而目标是在这之前制定的作战计划中确定下来的几个目标之中的一个，按战场具体情况锁定。这些具体情况要么发生了，要么我们觉得发生了(可能是错误地觉得，也可能是根据多功能的人造大脑解读信号做出的评估而觉得)。这种情况跟仇恨有什么关系？坦白说，在我们的年代，你不需要为了杀人而先去恨他。

那么，既然您认为诉诸良知是徒劳的，您肯定相信战争是不可避免的了？

不，我不这么想。起初被认为可以永恒的体制，许多已成历史的僵尸：世袭帝制、奴隶制、活人牺牲、中国古代女人的裹脚、决斗……有些体制消失了，因为它们不再适应社会生活，不再适应按它自己的动力学进化的社会生活。有些依然存在，尽管它们贬低生命，或威胁毁灭生命，如战争就是这样。这些必然会消亡。但让它们消亡并不简单。必须要找到一种有效的方法，然后努力去做，从而消灭它们。这些努力需要上百万人的共同合作，这些人不仅是奉献，还应该全面了解情况。这不是靠一家之言大声疾呼就能造成的改变，无论这家言论显得多么动听。

在您所有的见解中，列夫·尼古拉耶维奇，最真实也最重要的见解是，用暴力抗争暴力只会适得其反。用现代科技语言来说，上述的过程就是用“正反馈”管控，也就是自我强化。也可以说成是成功的行动。以某种方式行动取得的成功使接下来的行动更容易成功。战争不会因任何一个行动而废止——无论是法律废止它，还是让人们“虔诚信仰基督”，像在咱们的呼吁中您试图做的那样。对战争系统，我们只能一点一点地砍削。当然，成功地砍削下来一点点几乎没有多大影响，但每一次成功都会让下一次成功变得容易；更大的一块就会被砍削下来。一个最近的例子是发生在加拿大的一个运动——我也为此高兴——就是销毁所有现存的地雷，并禁止地雷的生产。

什么是地雷？

您一定熟悉鱼雷。他们不是用它打的克里米亚战争么？炸弹在海中潜伏，用来保护港口以防敌方军舰入侵。一只船开到鱼雷附近，鱼雷爆炸了，船遭到了重创。我想，地雷是在一战的时候开始有的。整片土地都“缝进”了地雷，为了在敌军士兵走过这片土地的时候，将他们炸死或炸残。两次世界大战虽然结束了，但埋起来的地雷还在。在全世界估计有2000万个。每年有26,000人丧命于此。这是两次大战留给人们的“纪念品”。死去和被致残的人大多都是平民——在田地里耕种的男女，在田野玩耍的孩子……到目前为止，有些国家已经致力于在他们国家领土和仓库中，销毁那些埋藏的和存储的地雷。按照这个速度，要好几百年才能全部清除干净。但是这一举动激发了其他的行动。从苏联解体、冷战结束以来，一些倡议销毁生化武器的运动崭露头角。大多数国家都签署了停止生产并销毁存贮的化学武器（毒气）和生物武器（带有准备向敌方释放的病毒或细菌）的条约。旨在销毁所有核武器的运动也在有力地推进，现存核武库已经有相当规模被销毁了。

所取得的这些成功，没有一个能保证一定会战胜人类的敌人——战争体制。但是，它们培育希望，希望培育出顽强的努力，让下一步更容易，而下一步又会带来新希望。这就是正反馈。

您谈论“胜利”和“敌人”。您把这种行动看成差不多是向战争宣战。如果目的是让人类摆脱战争，那么“以战争制止战争”不就是“自卫”么？这样做难道不会引起敌意吗？敌意是爱的反义词，唯有爱才与和平息息相关。

不对，旨在反抗战争的战争不能称之为战争；仇恨仇恨也不能称之为仇恨；不宽容不宽容也不能称之为不宽容。您说得对：为反对战争，我欢迎的是一种类似于好战精神的精神。但是，敌人不是由人组成的一个敌人。我欢迎的则是任何在人类当中依然存在的侵略性的军事行动转变成某种没有生命因而无权活下去的东西。回想一下，人类群体的内部和平通常都是同武力对抗外敌相伴。正是这种“整合”一直使全人类的最终整合不可能实现。我指出的敌人是不能被爱，也不应当是"被爱的"。

基督教教义的格言也有类似的教导,仇恨罪恶而不是罪人。这条原则与用战争反对战争的区别在于,罪恶是特定意识形态独特的主观概念,而战争则是一个"外在的"在真实世界存在的系统,我们可以用由经验积累不断改进的专门行动攻击它。

但是,您说"发动反对战争的战争",您可曾料想会遇到保卫战争体制那部分人的抵抗?

当然遇到过,那样的抵抗者决不能被定义成勇士。列夫·尼古拉耶维奇,为提醒工人、农民,您自己指出,仅仅几千政府官员、地主们、资本家们不可能吓倒和剥削几百万劳动者,除非劳动人民自己帮助他们实行压迫行动,如果劳动人民服从压迫者的命令的话。您援助众多的人去祈求停止服从命令。在现在的情况下举一个非常实在的例子。冷战结束后,我说过,有一些要"铲除"恶魔战争机器的运动。在美国关闭了一些空军基地。很多这些基地都建在中小城镇附近,从而增加了很大比例的就业。关闭这些基地意味着人们失去工作。失业,失去了少得可怜的工资,或强制劳动,成了资本主义系统最近阶段最大的祸害。并且,无论富人还是穷人,都看到了战争经济能确保长期繁荣:它既提供了利润又提供了就业机会。提倡用战争反对战争,即为销毁战争武器而奋斗,但这必须在确保资金和劳动力有其他相应的用处时才可行。

以赛亚宣传的不是简单的解除武装;他想到的是要有所转换:“然后他们将把剑打造成犁,把矛打造成镰刀。”当然他觉得——您也一样——这会是人们改变信仰和态度的结果。我提出您二位把事情弄颠倒了。如果发生了这种情况,它将是用许多世纪经验积累成的知识指导的有组织的集体行动的结果。经验告诉我们,无可辩解的是行动形成态度和结果,反过来是行不通的。

第六章　话　别

这是我们最后的一场对话了，列夫·尼古拉耶维奇。

您现在准备做些什么呢？

我打算“变”出另外两位俄罗斯人，他们两位同样对人类状况特别关心，但是从不同的角度去阐述这状况，并想出了不同的“治疗”方法。您是这三位中的第一位。

另外两位将会是？

一位与您同时代，也是作家，费奥多尔·陀思妥耶夫斯基。您从未见过他，对吧？

没有，那另一位呢？

他可能是唯一一位比您知名度还高的俄罗斯人。

那一定是我的后辈了。

他生于 1870 年，卒于 1924 年。其实，您有一次差点儿遇见他，只不过要是您见了他，他的观点会让您失望的。

您又在说谜语了，快解释一下。

1891 年您在萨马拉(Самары)一带的时候本可能遇上他的。那一年伏尔加河流域饥荒泛滥。您带着您的家人一同到处走，救济贫苦，分发鸡汤等等。一些被放逐的革命者们正在那里。他们当中只有两人没有搭理您的救济行动，其中一个名叫乌里扬诺夫，如果他没有拒绝，您俩就会见面了。

他为什么拒绝?

因为这违反了他持有的改善穷人状况的方法原则。布尔什维克是他后来领导的一个革命党，他们的口号是“越坏越好”，意思是，激烈的痛苦可以刺激工人的积极性，从而更踊跃地投入到革命活动中，这样革命将会更快到来。

乌里扬诺夫就为此成名了?

是的。全世界都管他叫列宁，他的革命化名。布尔什维克党推翻君主政体后建立的专政政权延续了 70 年。列宁死后，他的尸体被做了防腐处理，并展放在莫斯科红场的陵园内。

请给我多讲讲他。

如果有时间，我一定会的。但让我们先做完没有完成的事情吧。看着我的笔记，我发现有些时候，我为了不跑题，跟您保证有些事情我会以后解释。我觉得在我们分开之前，一定要先把那些事情解释清楚。

有些问题很快就能说清。您还记得您问过“编程”是什么意思吗？它指的是机器的一种类似于思维的运作。简单的思维主要是计算出可能的条件、步骤或者事件，推导它们可能发生的结果，然后根据每一结果决定要采取什么行动。这个过程可以在计算机（一种“思维机器”）里面建立，给出“处理方法”而不是“决定”，比如说“如果 E 情况发生了，而不是 F，那么就用 A 方法处理；如果 F 情况发生了，而不是 E，就用 B 方法处理；如果 E 和 F 情况都发生了，就用 X 方法处理；如果 E 和 F 情况都没有发生，就用 Y 方法处理”。如果我们观察到动物可以用这种恒定的方式行事，而且哪是未受过训练的，比如说天生的，那么我们就可以猜测，它们的行动是由“本能”驱动的，也就是说，它们继承的基因中已经有做好了的“编程”，并且它们按照已编的程序做出行为。关于人类天性能不能被改变的争论，已经被“本能”以及理性与经验二者能在多大程度上控制人类行为的考量取代了。回答这个问题的取向也反映了人们的社会哲学思想。

您提到过第二世界，但是您只讨论第一和第三世界，这是为什么？

人们从来就没怎么说过第二世界。在德国纳粹被粉碎后，共产党政权在东欧所有国家和中国建立起来了。中国在打败日本之后，共产党也取得内战胜利。

在二战中崛起的美国，毫发无伤，并认为在全球范围内形成了由它自己领导的“自由社会”与苏联和它的卫星国——美国人认为还包括中国在内——的“共产主义社会”的对峙。在十年之后中国和苏联互相变成了敌人，并几度走到了战争的边缘。现在的关注点是在殖民地区，主要在非洲，那里曾经被英国、法国、比利时和葡萄牙殖民的地区一个个都独立了。那些特别贫穷的国家（还包括印度、大部分中南美国家、东南亚和太平洋群岛国家）被称为第三世界国家。第一世界国家是被美国称之为“自由社会”的国家（更合理的说法，应该被称为“富裕”社会）。这样就把第二世界国家（就像“拿破仑二世”这个称呼永远没有被用过一样）留给“共产主义”了。

您之前还打算谈谈震荡派（Shakers）的某些事情。①

我说过吗？想不起来了，除非我可能指出过，他们的消亡跟性别主义（sexism）有关，而这又是另外一个题目了。

性别主义是怎么回事？

类似于种族主义确信有优等种族和劣等种族。性别主义是借口女人比男人低劣而嫌弃女人的偏见。这个态度跟您那个年代的俄国农村格言所说的一样：“鸡不是鸟，女人不是人。”

---

① 震荡派是二百年前从英国清教共谊会分出的美国基督教新教的一个派别，因为要求教友在宗教仪式过程中浑身不停地颤抖以便把原罪像灰尘一样抖掉而得名。震荡派提倡清心寡欲的生活，男女分居，严守独身主义，即便是在同一教堂做礼拜，男女也要分站，中间扯白布带隔开。目前该派仅剩 20 名年迈教徒。——校者注

您把这偏见怪在我身上?

没错。这观点从万众称赞的《战争与和平》到发行量最大的《克莱采奏鸣曲》中无不涉及。其中女人的角色,由母亲到圣女,都掩盖在您对女人明显的憎恶中。这个态度跟纳粹对女人的态度只是说法上不一样而已。纳粹给女人们设限在三个 K 里:教会(Kirche)、育儿(Kinder)和厨房(Kuche)。您对性别歧视最高雅的描述是在娜塔莎·罗斯托娃[1]结婚之后的转变中。回想她青年时期(那时您称她为异教徒),见猎狗追赶野兔,她那受虐般的喜悦尖叫声;在跳玛祖卡舞时,她无意识地进入到了性愉悦的感受中;找到了一块唱歌时声音共鸣效果最好地场地。但当她成为母亲之后,又变得怎样了呢?

> 所有认识结婚之前的娜塔莎的人,无一不为她婚后的变化所震惊……娜塔莎没有遵循那些精明的人尤其是那些法国人制定的金科玉律,那些人建议结婚之后的女孩子也不应忽视自我,不应放弃自己的成就,而更应该考虑到自己的外表,应努力去像以前一样吸引老公的注意力。娜塔莎正好相反,她放弃了她所有的成就,她最擅长的演唱……娜塔莎完全被她的家庭占据了,她何止尽心尽力,简直将自己的灵魂也献给了这个家庭,她投入的心血越多,

① 托尔斯泰《战争与和平》中的人物。

> 她自己的力量就越显得不够多……
>
> 跟现在一样，那个时候也在讨论女权问题……但是娜塔莎并不关心这些讨论，其实她根本就不懂讨论的是什么……
>
> 娜塔莎并不在乎社会怎样，但她却赞赏社会上有这么一批人，当她披头散发、衣冠不整地跑出护理院撞上他们，也不会招来他们的非议；她可以无所顾忌地、高兴地给他们看自己孩子的手绢上的脏物是黄色而非绿色，而他们还能安慰她说这代表着孩子的病在渐渐变好。

在这段描述中，以您通常的敏锐和雄辩，您表达了您对这位女孩子向女人转变的高度敬佩，以及您对有任何渴望的女孩的鄙视之情。这就是性别主义。

您真是一个严厉的批评家啊，阿纳托尔·拉波波特。

我只是在向您看齐，列夫·尼古拉耶维奇。

有一件事情需要说明。您还记得我提到过休斯敦·张伯伦吗？《十九世纪的基础》那本厚重的书的作者，书中阐述了民族社会主义的哲学基础。

记得。

我在谈到张伯伦的时候，也谈到了他娶了瓦格纳的女儿。然后我们开始讨论瓦格纳的音乐。您觉得他的音乐是一种变态艺术。我却把他的音乐跟巴赫与贝多芬的相媲美，认为是非常伟大的音乐。我相信您完全不知道瓦格纳对犹太人的看法。我却非常了解。那简直可以跟俄国的黑帮们相比，他们煽动大屠杀。

张伯伦是瓦格纳忠实的崇拜者。我不知道他是否喜欢他的音乐，但他一定很敬畏瓦格纳反犹太人的思想。他从英国移民到德国并加入德国国籍，有可能正因为这一点，并且他还用德语写下了自己的代表作。现在已经有 25 个版本了。

这本书讲的是什么？

是关于种族的。不仅是外表的特征，连个人的性格都是由“血统”决定，这就是种族主义的教理。一个“种族”是由某一种血统决定的。种族主义的教理还讲到，历史是由种族之间争夺统治权的斗争堆砌起来的。这样，大量的社会不平等、殖民主义、奴隶制等等这些事情，就都可以得到合理解释了。您指责那些给社会不平等提供合理解决办法的社会科学。您盲目的指责毫无根据。但种族歧视发源于欧洲，用科学当掩饰，您的指责在这儿正好能切中要害了。

1933 年阿道夫·希特勒领导的纳粹党被选举为德国执政党。在他们当政的 12 年中，大约 5000 万民众在希特勒发动的二战（1939—1945）中被杀死，其中大概有一半都是平民。这里面还包含着 600 万犹太人，他们没有死在战场上，而是被当成畜生屠杀的。在德国占领的欧洲众多国家中（包括波兰、法国、比利时、荷兰、丹麦、挪威、捷克斯洛伐克、南斯拉夫、希腊和俄国的一半欧洲领土)，犹太人们被圈起来，像牛马一样被驱赶上牲畜车，送往波兰的集中营，在那里他们将像奴隶一样工作。最终他们被关进密不透风的牢笼中，被要求洗澡，并脱下身上的衣物，最后身亡于毒气之中。他们的衣物财产被分类后当二手货卖掉。连嘴里的金牙也会被敲下来，放进被没收的财产里。在一名集中营负责人家里发现了一个用人皮做的灯罩。那些犹太人的尸体会被放到特别制作的烤箱里烤，大概就是为了这个目的吧。

这么做是为了保护优越的“印欧语族”(德国人认为他们属于此族)免于被低下的“犹太人种”污染。吉普赛人也因此遭到了同样的待遇。

有趣的是，张伯伦的“论述”并没有将犹太人说成“下等”的人种，而是将他们描述成一个完全与“条顿”民族不同的“异型”民族。比如说他们是个巨大的威胁，因为他们决心要“征服”世界，将其他种族奴役，更可怕的是他们清楚地知道如何做到这点，也就是说要让犹太人“血统”达到完全的纯正。要做到这点，就要绝对禁止种族间通婚，主要针对男性犹太人。女性犹太人倒是可以嫁给非犹太人，她们结婚之后一般都会离开犹太人社区；但男性要是娶了非犹太人，就会被认为是玷污了犹太人。最终统治整个人类的秘密就是保证犹太血统的绝对纯正。

他引述了赫尔德[①]对一个世纪以前欧洲主要国家沦为放高利贷的犹太人的奴隶所造成的影响的看法:“对于钱本身的占有,是最不重要的;我们的政府、法律,我们的科学,我们的商业、文学……也会或多或少地沦为犹太人的奴隶。”张伯伦的评论是:

> 我们要为这个原因去辱骂犹太人吗?那样做极不值得也没意义,还要失去我们的尊严。犹太人值得我们崇敬,因为他们做事绝对持之以恒……想想他们为了扩张自己的力量,对于血统的严格规定这一点的作法:保证了他们主干未染,没有一点异族血统进入,就像《摩西五经》[②]中讲:“混账之人将永不能踏进主的圣会;即使是他的第十代子女。”

张伯伦想要传达的意思是:我们不要将犹太人归为低下种族,而是要超越他们——保持我们自己血统的纯洁以抵制维持纯正血统的犹太人强大力量的干扰。是纳粹(希特勒的追随者)宣扬犹太人(以及吉普赛人、所有“有色”民族、斯拉夫人等)是“低劣的”种族。这个“理论”,简而言之,不仅对群氓(希特勒想象的普通民众)来讲更简单易懂,而且对那些“优越种族”的“群体”来说也更容易接受,又为之后的屠杀

① 约翰·哥特弗雷德·赫尔德(Johann Gottfried Herder,1744—1803),德国哲学家、路德派神学家及诗人。著有《语言的起源》一书。

② 《摩西五经》,《旧约》前五卷。

制造了有用的依据。

我认为的在伪科学中携带的邪恶,不是正被您这些例子证明了么?

并不是。张伯伦的著作是一个优秀的伪科学的例子,至于您的观点,列夫·尼古拉耶维奇,就不是啦。您说的伪科学研究是那些制造“无用知识”或者被邪恶误用的知识。种族歧视理论确实怂恿了邪恶行为,但并不是因为这个原因被称为“伪科学”的。发明了原子弹的科学,也不能被称为伪科学。它只是误用了科学。但是被误用的科学仍是庄严的。

怎么讲?您所说的“庄严”的标准是什么?

记得我们谈到拉普拉斯和他建立在牛顿的太阳系模型上的天体力学。拉普拉斯发明的理论成为一大重要功绩:在经过任何观察之前发现新的星球。这是强大的数学运算力量与观察检验的结合成果。在张伯伦的“理论”中没有关于种族的任何痕迹。他的文字可以被称为一种古怪的模仿,跟占星学、命理学和手相术的语言差不多一样。原子弹的制造暗含着相对论的理论,最初是由阿尔伯特·爱因斯坦(犹太人)发明的。这个理论引发了在宇宙范围内的预测,同时也得出了这个物质可以转化为能量及反之也可行的结论。就是这个发现促生了这个想法:一个原子的分裂可以释放出巨大能量,这个原理最初被应用在原子弹上,更多原子的融合能释放更强大的能量——这个原理后来就被应用在了氢弹上。

这些成功激励着未来对这个理论的应用(或者是错误的应用),比如说,所谓的中子弹,它可以杀人,但不会毁坏财物,也就使在消灭一个国家的人口之后占领这个富裕国家的财产成为可能了。这些是误用科学造成的令人发指的后果,不能怪罪体现在相对论中的对时间和空间本性的基础性的发现。

我要把我们的对话概括成四个方面。其中的两个方面我们一直是完全一致的,而不一致的只是取得它们的手段。第三个方面是,我们相左的意见如鸿沟,但有些分歧起码可以通过我们知识的分享、交流达到部分互通的程度。不幸的是,因为我们见面的性质,这种交流只能通过一方进行。最后一方面我将指出我们相左的意见的来源,因为它涉及到一些无法共存的基础价值观。

我觉得我能猜到前两个方面的相同意见包括些什么。一个是无条件的拒绝暴力,另一个是无条件的拒绝社会不平等,特别是贫富之间的不平等。

相当正确。我脑子中一开始就有个问题,这到底是您所说的拒绝所有暴力(基督的教诲),还是拒绝用暴力反抗暴力呢。最后我觉得应该是后者,因为只有是后者,您才会有可能赞同甘地在印度和马丁·路德·金在美国的行动。

我们对怎样设法减少暴力发生的频率和强度没有本质分歧,而您的方法(诉诸百姓的良心及宗教的律令)和我的方法

（科学定向的教育及有组织的政治行为）并不是不可共存的。然而，您的方式中唯有一个元素，可能在某种环境下产生相反的效果。

是什么？

您坚持将精力集中在内心的腐败而不是导致社会病态的客观条件（比如泛滥的暴力），可能把人们的注意力从到处明摆着的暴力源头转移到一些特例的源头上。

比如说？

拿谋杀——最常见、最邪恶的暴力产物——来说。在您对待谋杀的态度上，杀人犯要么是痛恨受害者，要么是被愤怒冲昏了头脑，要么是被洗了脑，譬如决斗的绅士，或者是被抓去服兵役的农民，或者在某种情况下，施虐狂的表现——一种伴随着残酷的性欲冲动而引发的疾病，就像您的杰作《假票》中的那样。这些例子都能从一些精神病上找到根源——完全是无意识的精神杀人犯，通常是个例，更普遍的还是那些有目的和有系统的对士兵的洗脑。两个最明显的“原因”您也许不知道，其实在您的时代也无人知晓，那就是，容易搞到的手枪和到处存在的电视。

我又跟不上您了。

我用个例子，解释一下所说的“原因”。如果事件 B 在事件 A 之后发生的可能性更大，那么事件 A 可能是 B 发生的原因。

但也不一定。

不能肯定，但是有可能。譬如，比起那些水源清洁的地方，一个地方的水源被污染更容易引起当地人患伤寒，于是人们断定如果保持水源清洁，那么就会减少伤寒的发生，对么？

是的。

有一段时间人们相信疟疾是由沼泽地区不好的空气“引发”的。当然，抽干湿地是减少了疟疾的发生。但这之后发现，并不是“坏空气”引发疟疾，而是一种蚊子传播的。因此可以通过消灭蚊子或者使用蚊帐（蚊子一般只在晚上叮咬）来预防疟疾，这种措施比抽干湿地省钱多了。

这个跟谋杀有什么关系？

想想或许能减少谋杀的方法。可以用经济惩罚的方法，在嫌疑犯畏惧这种惩罚的前提下，就可以阻止他们犯罪。在所有第一世界国家（那些高度工业化的有影响力的国家）中只有美国还在处决杀人犯，虽然不是所有州都有这种制度。美国一度取消了死刑，但之后又恢复了。没有证据证明谋杀率因恢复死刑下降了，或者保留死刑的州比其他没有死刑的州谋杀率低。也没有证据证明美国的谋杀率比其他国家（那些国家一直没有死刑）的低。在谋杀率方面，美国要比日本高 40 倍。所以我们在这些证据的基础上推测，死刑对阻止谋杀是不管用的。

另一方面,引发频繁谋杀的可能还有另外一个“原因”——手枪泛滥(普通手枪、连发手枪)。在美国,有2亿支私人枪支,算起来几乎是人手一支了。大多数都能轻易地落到孩子手中。不止一次,这个国家笼罩在被射杀的恐惧阴影中(我指的是滥杀无辜,而不是谋杀个案),这些射杀通常是那些年轻人对他们的同龄人或者是学校的同学、老师下手。正因为美国大众(不只是军队)对武器的崇拜如此根深蒂固,所以通过立法限制私人拥有枪支一直遭到一些政治集团的强烈反对。反对的理由总结起来就是那句“杀人的不是枪,而是人”。其实这个理由倒是可以支撑您认为的降低谋杀率的方法——让人们良心发现,让心中的上帝觉醒,而不是强迫他们,或者是对他们购买致命性武器的行为进行管制和威胁。现在还没有确凿的证据支持或者反驳这个方法。但是,我相信,如果通过系统观察增加这方面的证据,那么死刑的相对无效性就会被大家接受了。犯人内心对上帝的信仰也不会成为一个重要因素。另一方面,加拿大、欧洲、日本对购买军火严格限制,会对谋杀率产生有效的扼制作用。这些数据和推测是我们对如何最好地在当今社会减少暴力问题上的分歧来源。

您还提到了电视。电视跟这个有什么关系?

实际上,每一个美国家庭都至少配备一台电视接收器。广播电视是一个为了盈利的行业,就像美国存在的其他行业一样。但是,娱乐节目的供应者并不是依靠观众付费而盈利,而是通过公司在电视上做的广告赚钱。一般的电视节目（比如说，一部舞台剧、一场音乐会或者是一场比赛）会被几分钟的“广告”或者是“微电影”打断，最常见的是某种香皂、汽车、通便剂或者早餐食物的广告。

要想得到广告商的注意，很自然电视节目的制片人就需要让自己节目的观众达到最大数量。观看一个节目的人群数量可以用一些非常可靠的方法预估。这决定了节目的内容、风格、说话的声调都受制于市场的力量。此外，顺从市场的支配，还可以貌似合理地表述成播音员们常说的“给大众想要的”。

列夫·尼古拉耶维奇，我想起来您批评您当年那些作曲家及剧作家的创作，说他们屈服于大众需要而贬低了艺术应有的气质。这个指控是否合理还有待商榷。但是，客气地说，就现在电视广播的情况，我毫不怀疑地说这个指控是合理的。虽然，“给大众想要的”是电视娱乐制片人自鸣得意的。
接下来，我们来看看电视娱乐的“消费者”和娱乐内容受制于市场力量的结果。看电视最大的一个人群，不管是在数量上还是在时间上，是由孩子们组成的。造成这个情况的原因很复杂，我们现在没有时间去深入讨论。合理地说，上学的孩子们每周花在电视机前的平均时间是20到30个小时。另外一个需要考虑的很重要的因素，就是电视节目数量太多了。如果按照观看人数多少来统计，被观看最多的电视节目都是有关暴力内容的。有统计估计平均每一个美国人在他(她)的童年时期和青少年时期看过45,000个谋杀犯。

不难想象,每天浸泡在这种暴力环境下,即使在人类灵魂中(您会这么说)存在反抗暴力的因素也会麻木了吧。也许,这是暴力普遍发生的一个因素,特别是美国社会中。所以在大众娱乐节目中以暴力为主导的内容一定要减少。更严重的是,因为沉迷于暴力体验和对暴力的麻木,“人类灵魂”中存在的任何潜在的同情心甚或都被全部摧毁了,在这种情况下,求助于良知或者信仰的力量基本是没用的。

更加严重的是那些刻在光盘上、用电脑就能放出来的色情内容对孩子们的影响。那些难以启齿的性虐行为(强奸、折磨),让孩子们成了受害者。有些人认为生产这些内容的人应该受到法律的制裁。但是反对色情传播的法律条文在社会上不容易实施,因为自由盈利的权利更加神圣。

尽管如此,基于有组织的、不懈的努力,政府用行政手段使制止通过传播暴力盈利的法律得以实施,看来要比尝试把人由恨转到爱更有希望取得成功。

我们两人在关于社会不平等问题上的对峙,跟这个问题很像。我们都坚决反对社会不平等,然而,为消灭富人和穷人、权势者和无助者的鸿沟,您希望通过唤起富人和有权之人的良心,我却寄希望于有组织的政治行动:通过旨在捍卫工人在同雇主打交道过程中的某些权利(比如说,组织工会维护福利基金等)而树立起政治权威。确实,从您那时候起,工人生活条件有了非常明显的改善,特别是在富裕国家,这证明这个方法是有效的。

第三个方面是什么?

科学和艺术。尽管您经常是两样都不关心,认为只有占有他人劳动果实的人才会去追求这两样东西,但您在某些场合也确实声称,这两样是人类最重要的活动。我同意您,因为这是唯有人类才有的活动。有一次您说数学这门学科并不枯燥,因为它激发了人们的好奇心,由此暗含它满足了人们需求。当然所有科学学科都可以做到这点。让我们仔细研究一下。

人类的有些欲望是成瘾的,有些不成瘾。那些不成瘾的,比如说饥饿、渴或性欲。吃完、喝完或性交完,那欲望就消退了。渐渐地那欲望回到原点,可是那欲望的强烈程度并没有任何增长,那些上瘾的欲望——烟、酒和毒品——也是一样。不过这些东西长时间过量消费却是致命的。虽然“上瘾”这个词通常有贬义,但是,有些瘾不但不会有危险,还会让人充满活力并获得更多的满足,使生活更加有意义。从事艺术或者科学的人有时就会有这种瘾。数学就是再简单不过的例子。在数学领域,好奇心更多地得到满足,好奇心就更强。不像食物,一个人积累的知识越多,想知道更多的欲望就会更强烈。在艺术领域,对艺术上瘾使艺术家的美感更趋灵敏,创造力更加活跃。

您把艺术看作人类交流的一种形式，我完全同意这种理解。你认定所交流的东西是艺术家的感情状态，从而演绎出评判一件艺术品质量的三条标准。第一，按所交流的情感状态的质量：情感越崇高，艺术作品越好。最崇高的情感状态产生于宗教感情。第二，按所交流的情感能被多少人理解：读一个故事或一首诗，欣赏一幅画或者听一首乐曲，对作家、画家或作曲家表达的情感产生共鸣的人越多，这创作的价值就越高。最后，按艺术家的独创性，我认定您把这看作艺术家真诚性的明证。我对您的这几条准则理解对了么？我需要您给我举个例子来证明我的理解是正确的。

乐于从命。我生活的时期有个著名画家叫瓦斯涅佐夫[①]。他画过基辅大教堂（киевских соборов），所有人都称赞他是基督教艺术的新高尚派的创始人。有人花上万卢布请他画画。所有临摹者毫无生机地临摹着瓦斯涅佐夫的画作。瓦斯涅佐夫为屠格涅夫的故事《小鹌鹑》画了一幅插画（画的是父亲跟儿子一起打猎，在儿子面前打死了一只小鹌鹑）。画中孩子在熟睡，在他上方，小鹌鹑如同在梦境般回旋着。这一小幅画作足以证明什么是真正好的艺术。

另一个例子。在一本名叫《学院》的英语画册中，在一个跨页上印刷了两张画作。一幅是由达尔马斯（J. C. Dalmas）创作

① 维克多·瓦斯涅佐夫（Васнецов，1848—1926年），是一位专攻神话和历史题材绘画的俄罗斯艺术家。

的《圣安东尼的诱惑》。这位圣人在跪地祈祷,他身后是一位裸体的女人和某种野兽。很明显,这位画家很喜欢这个女人,却一点都不在意安东尼。至于说诱惑,这位画家一点都不恐惧,相反他却很享受。所以,出于这个原因,无论这幅画用了什么艺术手法,它也是坏的、假的艺术。另外一幅是兰立(Walter Langley)的画。在画中我们能看到一个乞丐男孩,被一个女人怜悯且同情地注视着。男孩在长凳下面双腿交叉,可怜地坐着,吃着东西;女人目不转睛地看着他,心里想着他是否能吃饱;同时,画面中还有个七岁大的小女孩,用手拖着下颚,专注地望着这饥饿的男孩,显然她在有生之年第一次深刻地了解到社会的不公平和贫穷的含义,并问着自己为什么自己有一切而他什么都没有。她爱男孩,爱品德……旁观者感到画家同时也爱这个小女孩和她的爱。所以这张画——如你能感受到的——尽管出自一位名气不大的画家之手,但却是一件真正的艺术品。

音乐领域的情况也是如此。因为内容的贫乏,现代音乐的调子也变得极度的空虚。要想让自己的作品引人注目,作曲家就要在一个最平常的调子上添加各种转调(modulations),不仅再现民间曲调的转调,还再现仅为狭小圈子或作曲"学校"所熟悉的转调。一首乐曲——没有乱七八糟的累赘修饰——是可以被人们理解的。一旦被加上了那些华丽的辞藻,就无形地将大众听众推出了门外。音乐跟诗一样在同一个圈子里打转。音乐并未大众化，而成为了在那些狭小圈子中的鉴赏家们的玩物。

我在文学中也看到同样的问题。在写我的书《艺术是什么》的时候，我花大力气阅读左拉（Zola）、布尔乔瓦（Bourgeais）、霍斯曼（Housman）和吉卜林（Kipling）的著作。

同时，我在一本儿童杂志中发现一篇佚名作者写的故事。那是一个拮据的家庭为复活节做准备的故事。主妇一波三折才搞到一些白面粉。她把面粉摊在桌子上，让孩子看着，自己出去拿酵母。邻居家的孩子敲门叫她的孩子出去玩。孩子们完全忘记了母亲的嘱咐，跑了出去。母亲回来发现母鸡把面粉从桌子上扇下去了，而地板上的小鸡们还在等着呢。绝望的母亲严厉训斥了孩子们，孩子们哭嚎着。母亲又觉得孩子们很可怜，但面粉是不会再有了。母亲决定用黑麦粉做复活节蛋糕而用白色鸡蛋清包在表面。她说了句俄国谚语："黑面包是蛋糕的爷爷。"孩子们一下转悲为喜。他们不断重复这句谚语，比原先更幸福地期待着那蛋糕。

您知道么，左拉、吉卜林和其他的作家让我感到枯燥无味。他们对自己写的东西没有任何感情。那位佚名作者的故事让我无法自拔。我被这位作者流露的感情打动了。他在自己的童年时代有过类似的经历。

太棒了！我们终于在用心交流了。通过您给出的这些有力的例证，您让我更加了解了您深刻的感情。请告诉我，用您

的准则,您会赞赏哪一位美国艺术家呢?比如说诺曼·洛克威尔(Norman Rockwell),他不像兰立那样有名。

您听说过他么?

没有。

他是一位美国画家。对美国公众来说他大概是最有名的画家了。在200多年里,他的画作被印刷在美国发行量最大的报纸杂志上。《周六晚报》一份5美分,每周一期。它的创办人是本杰明·富兰克林,美国"文艺复兴式人物"、科学家、哲学家和国务活动家。洛克威尔还画过一些插图和广告海报。

有好几本关于他的书,探讨和展示他的画作——插图和海报画,以例证他非凡的天才。

不是评论家们的齐声赞誉造就洛克威尔的名气,再说美国大众一般不阅读艺术评论。人们喜欢他的作品跟您喜欢瓦斯涅佐夫的插图、屠格涅夫的故事和兰立对同情心的描述一样。这样的作品把所描述场景的"意义"直接而精准地传达出来,无论这意义是高贵的、引人落泪的,还是幽默的。

洛克威尔为马克·吐温的《汤姆·索亚历险记》作的插图就是绝好的例子。您读过马克·吐温的作品么?

没有。

太可惜了。我决不能为歌颂这位伟大的美国作家而跑题。洛克威尔画了一幅校长鞭打小汤姆的场景。

读者看得见一位老师的背影，其优美非语言所能形容，还看得见校长得意地履行着他的职责。（汤姆的罪过被定格在上学的路上跟他最好的朋友，一个被镇上所有人嫌弃的酒鬼的儿子交谈。）汤姆在画中张着大嘴，那是在尖叫，画中其他的孩子们被当作背景，表现他们对小汤姆被鞭打的反应，男生们恶笑着，女生们露出同情脸色。如果您愿意，我可以给您看看洛克威尔在书中作的这幅插画，但您可能已经可以想象出这幅画的场景并对它做出评判了吧。

我想我能。我会因为表达寓意清晰而给它高分，但画中表达的情感的质量不能得很高的分数，除了女孩子们表露的同情心。

好的。我来讲讲洛克威尔描述《四大自由》的四幅油画。

《四大自由》?

是的。在二战期间，美国总统罗斯福（另外一个罗斯福，不是您认识的那位）①和英国首相丘吉尔发表了他们的战争宣言——维护每个人都应当享有的四大自由：言论自由、信仰自由、免于贫困的自由、免于恐惧的自由。我认为您也会跟我一样同意这些是高尚的目标，尽管我们不会赞成那达到目

① 此处指的是富兰克林·德拉诺·罗斯福（Franklin D. Roosevelt），第32任美国总统，是20世纪美国二三十年代经济危机和第二次世界大战时期的中心人物，从1933年至1945年间，连续出任四届美国总统，且是唯一连任超过两届的美国总统。托尔斯泰所知道的是西奥多·罗斯福，美国军事家、政治家，第26任总统。

标的方式——以5000万人的生命为代价，其中一半还是老百姓。您同意么？

同意。

那么，这四幅画作所引发的感情应该是达到高尚的标准了。我向您保证，就所表达的观念的直观性和清晰性而言，这四幅画同洛克威尔为《汤姆·索亚》一书所作插图不相上下。

《言论自由》这幅画描绘一个“市镇会议”。这种会议在新英格兰地区——美国东北部的六个州——都是习俗。就像是俄国村镇的集会，您应该很熟悉，并且我肯定您会觉得那是“真正的民主”。在市镇会议上，镇上的问题会被讨论并得出解决办法。画中的一个男人正要站起来发言，从他的穿着上看无疑是个工人。表情诚恳、坚定，能看出来他对自己所拥护的事情非常忠诚。会场上其他人把目光都落在他身上，但他们的面部表情却有微妙的差异，有些明显抱有同情，还有些略显忧虑，但能看出他们对发言人都很尊敬，尊重他发言的权利。

《信仰自由》描绘几个男女在祈祷。同样，他们每个人的面部表情也略微不同，尽显他们每个人不同程度的虔诚和不同意义的祈祷。

《免于恐惧的自由》描绘一对年轻的夫妇在哄他们的两个小孩子上床睡觉。稍微大一点的孩子半睡半醒，小个儿的已经睡熟了。爱怜和安详结合成的极度福乐,从人物的面部表情和父母的身姿反射出来。

在您的心目中,列夫·尼古拉耶维奇,这些画作描绘的情感足够崇高,堪称“伟大”吗?

您还想要什么呀?

我特别想知道您对《免于贫困的自由》这幅画的反应会是什么。这幅画描绘的是传统的感恩节晚餐。这个节日在美国是十一月底(在加拿大是九月)。这个节日是为了纪念清教徒们(基督教的一个分支)在北美建立第一处定居地之后的第一次收割。这天,离开家的成年孩子们,和他们的妻子儿女一起,都聚集在父母或者祖父母家中。这顿晚饭的主菜是一只巨大的烤火鸡,是专门为了这个节日养肥的。画作描绘围坐餐桌的一大家子人在那一瞬间,当母亲从厨房把那只敬奉之物火鸡端出来,父亲站立,拿着一把大刀准备开切,按照传统履行他的职责。绘画技巧高超,画面中所有人都表现出愉悦之情,流露出对火鸡垂涎欲滴的样子。没有任何人,像看汤姆挨打时候的那帮小女孩一样,对火鸡表露出同情。
我另外加一句,这个节日还有个传统,就是每个人都应该吃到自己再也吃不下为止。结果这个传统惹出来了一大箩筐的笑话,都同吃撑了有关。单就这幅画的内容,我能猜到您会有什么样的反应。但是我很好奇,您对内容的判断是否会影响到您对绘画风格的评价。

不会，我认为画风是一种最有效的手段，用于交流一个人对真实，特别是对人类真实感情的视觉感知。画作内容的质量是另一件事。通过您刚刚讲的，就洛克威尔的画作打动普通人情感的技巧这一点，我会给出很高的分数。我会对他选择的内容和表达的感情的质量分别评分。

有点意思。我来告诉您谁觉得洛克威尔的画风伟大，谁觉得不怎么样。诺曼·洛克威尔得到过苏联艺术批评家的最高赞美。想知道为什么，您一定要先了解一下布尔什维克党的社会哲学，在一战的时候布党把自己视为革命的带头人，后来俄国惨遭败绩，导致尼古拉二世退位。布尔什维克是由弗拉基米尔·列宁领导的，并隶属社会民主工党。我之前提到过，您差点在萨马拉遇上他。他把自己视为卡尔·马克思的弟子，认为自己命中注定要把马克思的历史与社会理论付诸实施，指导建设基于共产主义原则的社会。

马克思写道，“无产阶级专政”是资本主义和无阶级社会的过渡阶段。他从未明确地说明这个专政将如何建立或者是如何实行。然而，列宁却对此有相当明确的想法。随后他把自己的想法体现到苏联的构建过程中：由工人阶级“最先进”的成员组成共产党。在俄国沙皇退位之后接下来的几个月中，立宪会议在等待召集，布尔什维克的口号是“所有权力归苏维埃”。在1905年革命期间，所有的苏维埃都是农民和工人组建的，随着革命失败，这些苏维埃就解散了，到1917年它们又重新恢复起来。苏维埃最初包容所有革命的派系。但是,在武装起义推翻临时政府之后不久,布尔什维克将苏维埃中其他派系都排挤出去,又将除共产党之外的其他所有政党定为非法。结果,只有那些自封是工人阶级"最先进"成员的人才有资格掌权。据推测,我敢说事实上是党内的执行委员会在行使权力。1924 年列宁去世之后,约瑟夫·维萨里奥诺维奇·朱加什维利,也就是斯大林,巧妙地操纵党内新吸收进来的那些成员,作为党的秘书长掌握实际控制权。在这个位置上,他得以将执行委员会成员换成他自己的政治力量,从而控制整个政党,最终操控整个权力机器。为了稳固他的政权,他开始了血腥的清洗,借叛国和暗中破坏罪名陷害列宁的忠实跟随者。以这种方式,党内的精英(几乎没人是出身于工人阶级)被这样"清洗"("被枪毙"的意思,在这过程中创造的新词汇)。

您告诉我这些是为了什么?

为了向您解释,为什么洛克威尔是苏联艺术批评家夸奖的唯一一个外国画家。

我没看出来有联系。

马上您就会看出来了。斯大林的权力之手可比沙皇伸得更远更长。沙皇可以任意关押、处罚或者做判决;可以在某一特定的城市、区域或者行业对人进行封杀;可以加强富人对穷人的统治;可以规定学校课程设置。但是在文化上,只有极端的政治异议和非传统的宗教观点才会遭到镇压。对文学有审查制度，但在音乐和艺术领域却未见到。斯大林的统治不但禁绝受到怀疑的，它还禁绝尚可接受的。合乎体统的哲学叫“辩证唯物主义”。大学强制规定讲授相关课程，简直跟天主教和东正教推行教义手册没有区别。在绘画和音乐领域的合乎体统的“主义”叫“社会主义现实主义”。每一幅画作都要从无产阶级的意识形态（本质上是国家宗教）出发描绘当前的活动和现状，并且要求所表达的中心思想要能被每个人直接领悟。每一首乐曲都必须相当悦耳动听，最好是基于某种民间曲调。洛克威尔的作品之所以受到高度赞扬，是因为他极其符合这些规定。当然，他的作品被说成是代表“小资产阶级”的而不是无产阶级的意识形态，但还是被默许了，因为毕竟属于小资产阶级而不是资产阶级。

那您对洛克威尔的作品是怎么看的呢？

我喜欢他的作品。我钦佩所有领域中为达到精湛技艺而做出的努力，除了那些我认为是邪恶的，比如说为了权力在战场上、商场上、政坛上拼死拼活地竞争。跟您一样，我也欣赏那些精湛地表达了画面情景、人物态度和感情的画作。在这点上我的品味与您相似。

但是，我也理解大多数画家对“现实主义”的蔑视，这类画家的代表是洛克威尔或法国“学院派”画家。您将整个所谓的印象派、表现派、象征派和立体派称为“颓废艺术”并把它们统一归为悠闲派。您错了。这些作品的大多数作家都来自巴黎的小阁楼房,过着极其拮据的生活。不同派别的拥护者必然会发生争论。但那是因为他们热情地献身于他们观察周围世界的方式。当有了相机来记录整个世界的时候,一时间照相机抹杀了所有通过人眼反映而画出的人物、风景和静物,抹杀了精湛的绘画技巧。相机代替了视网膜,并淘汰了以精确模仿为支撑的绘画手法。那些摆脱"学院"派风格的画家另寻出路,去再现您可能会说是"抽象存在"或者是"灵魂"的东西,那就是说,画人物肖像、雨天、森林、日晕、梦境或梦魇,还有用基本几何线条构成的奇形怪状的结构的"抽象存在"或者"灵魂"。列夫·尼古拉耶维奇,您自己,不也对日本艺术家用毛笔只消几笔就勾出鱼的"抽象存在"激动不已吗?

在您的《生活之路》(Путь жизни)中,您引用了很多中国圣人的格言。我知道一个中国寓言您可能会感兴趣。一个很富有的地主,生来爱马,有一天他把他的马夫叫进来并问道:"你已经80高龄了,也该退休了。有没有能接替你工作的合适人选呢?"

"有的。"老人说。

"那我们应该怎么考验一下他,看他是否合格呢?"

"现在镇上正好有个集市。把他派过去,让他挑出最好的一匹马,并给咱们说说这匹马。我们第二天可以亲自去看看他挑选的那匹马,看看他的眼光怎么样。”

“非常好,就这么做吧。”

年轻人去了趟集市,回来汇报有一只马值得购买。那是匹杂色的公马。第二天年轻人带着他们来到了那匹马的马厩,但却是匹黑色的母马。主人把老马夫拉到一旁问,年轻人为什么会犯如此低级的错误。很显然年轻人没有足够的知识去辨别马的性别,记忆力还不好,连颜色都记不住。老人欣喜地喊道:“啊,看来他比我想象得还好!他一点也没有注意马的外表。他直接看马的灵魂。”

所以您认为各种“学院派”的画家们看到的是他们周围世界的深层实在?

不是我,是他们自己这么认为。他们将自己的主观体验画上画板。他们认为艺术本来就是并且本就应该是自我表现的工具。

您同意?

是的,但有个限制性的条件。他们还要学着去理解——如果可能——去欣赏每个他者的内心世界。

这是人类大同的理想重新进入未来愿景的切入点,然而,不

是基于认同那个真理，而是基于维特根斯坦[1]意义上的真理：事实是什么。那是科学的任务。艺术的任务则是致力于多样性中的统一性，致力于理解我们感知、体验和接受的世界的多面性。

这让我想到巴别塔的神话。起初，人类有统一的语言，并要共同去完成一个庞大的建筑项目。上帝并不喜欢这种情况发生，所以他用不同的语言把人类分开了。您认同这个故事清楚表达的吗，就是说，上帝害怕人类利用共同建造的高塔进犯天堂并挑战他的权威？

您知道我对《旧约》没什么好感，都是些无知的迷信，大部分都是该受到谴责的道德观。

那您觉得用语言把人类分开，对人类是有利还是有害呢？

由于我不相信这个神话，所以就没有这样或那样的感觉。

然而，您为音乐出现不同的、相互不能理解的风格而感到悲哀。

那是因为音乐是世界的通用语言。作为整个世界沟通感情的工具，产生了“派别”自然会破坏音乐本身的作用。

现在，让我们回到人类统一的问题上来。您觉得人类应该而

---

① 路德维希·约瑟夫·约翰·维特根斯坦(Ludwig Josef Johann Wittgenstein)，出生于奥地利，后加入英国籍。语言哲学的奠基人，20世纪最有影响的哲学家之一。他有句名言：“世界是事实的总和，而非事物的总和。”

且能够因为对真理的认识而统一？对美的认识而统一？对美德的认识而统一？

当然是这样。

就所有这三方面？

是的。当然，如果世界的统一是通过认识到上帝在每个人心中，那么就是从所有这三方面统一。这三方面，如果您坚持给它们不同的称谓，的的确确是一，并且是同一。

那么人类**能就**这三点达成统一？

我不声称知道。我不提出这样的问题。做这种事徒劳无益。

我做。我看到人类处境的不同方面，以及应对这不同方面的不同方式，而您只看到一个方面和应对的一种方式。更重要的是，我试图有根有据地得出答案，对某些问题答案是周全和清晰的，对其他的问题是欠缺的和含混的。

您说的是什么证据？

拿科学来说。您得承认，科学，不管它还能是什么，它是达到真理的**一种**方法。我解释过，如果每个人都用这种方法，那么每个人就都能同意在什么程度上把什么视为是真，什么视为是伪。我进一步指明这个方法已经被称为“科学家”的人们采用，而不再考虑将人类分为“我们”和“他们”的种族、国籍、宗教或者任何其他特征。

如果您同意这点，那么您一定要重新审视您对科学的旧观念，在您原来的心目中科学是一帮靠他人劳动养活的懒散闲人堆积起来的一堆没用的知识废料。事实上，当您竭力声言凡是理性的就是宗教的，您可能非情愿地含有这样的意思：科学肯定的知识为理性做出了贡献。您说过一位理性的人耕地时会问自己，这种行为会不会将土地的肥力耗尽并因此剥夺了他人的营养。科学可以对这类问题给出答案。您读过或者看过契诃夫的话剧《万尼亚舅舅》么？

看过。

回想谢列布利雅可夫博士在俄罗斯乡村生活那广袤无垠的知识荒漠中浪费着生命。他唯一热衷的就是交谈。有一次他试图用他思考的问题去感动一位年轻姑娘，他给她看了他准备好的地图，上面展示了附近被开垦耗尽的森林，因为木材是当时唯一的燃料。正是从专业中获得的科学视野演绎出谢列布利雅可夫博士的担忧。还有您的“理性的人”，除非他过去已经接受过科学启蒙，否则他不会考虑将土地的肥力耗尽并因此剥夺了他人的营养。谢列布利雅可夫博士感到绝望，是因为他看到农民在破坏他们后代可持续生存的环境，不是因为农民的自私而是因为他们的无知。

我又想起了易卜生《人民公敌》（*The Enemy of the People*）中

的医生斯多克芒。我知道您对梅特林克、霍普特曼[①]都没什么好感,甚至是契诃夫,您虽然喜欢他的作品,但还是请求他别再写剧本了,因为他的剧本在内容上没有任何意义。斯多克芒医生知道镇上流行伤寒病是公共浴池被污染的水造成的,但镇政府不希望吓跑游客,就不同意采取任何措施。斯多克芒医生能保持理性,不是因为他由上帝的意愿指引着,而是因为他知道这样做就能阻止遭受苦难和非正常死亡。但想转变镇长(斯多克芒医生的哥哥)接受基督教的方式简直就是白费力气。碰巧,斯多克芒医生关于伤寒病因的医疗知识正来自于他几十年来对于"对症下药"的学习,也就是您所说的——"纯科学"领域,您认为是富人的悠闲职业。

我觉得科学作为一种被普遍接受的认知模式而成为人类走向统一的基础,是因为科学确实在不断推进。

让我们来考虑把包括文学在内的艺术作为走向统一的基础。这个基础包含形成对什么是美的东西的共同理解,而这更多的是对身外**其他人**主观体验的普遍赞赏。这条路看来对您似乎就是死胡同,列夫·尼古拉耶维奇。您一次又一次把艺术和文学作品描述成是永远难以完全理解的,只能独自欣赏。下面是您对象征主义作品的一些评论,可能是您在巴黎看到的作品……

---

① 格哈特·霍普特曼(Hauptmann,1862—1946),德国剧作家和诗人,德国自然主义文学的重要代表人物,1912年诺贝尔文学奖获得者。

……一位赤裸的女人从她的乳头中挤出冒着热气的鲜血,这鲜血流淌着并变成了紫色的花朵。她半梳半散的头发变成了树木。整个雕像呈黄色,头发呈棕色。

另外还有一则:

一幅黄色的大海,像是有个船浮在其中,或者是颗心游于其中……有些画颜料堆积得太厚,看起来简直就像是浮雕。还有一个特别奇怪的作品:一个男人的画像,面朝着火焰,黝黑的头发,之后有人告诉我并不是头发,而是水蛭。

我问过一位绅士这些作品想表现的是什么,他说,那具雕塑是"大地"(La terre)的象征,浮游在黄海上的心是"幻想"(L'illusion),长满水蛭的男人是"邪恶"(Le mal)。

您整部书中都充满了对"什么是艺术"的质问情绪。您也是用这种方式描述瓦格纳的歌剧,莎士比亚的剧本和贝多芬最后的乐章的。您的情绪表现出的并不是您对他们艺术"语言"的不理解,而是拒绝去理解。

这正是古代人评价陌生人发言的方式。"野蛮人"(Barbarian)是希腊人模仿来自北部和东部的人们说话(bar-bar-bar)而产生的词汇。"鞑靼"(Tartar)也有同样的来源,是中世纪俄国人对入侵的蒙古人说话腔调的拟音。更明显的是俄国人对“德国人”的称呼 niemetz,“哑巴”的意思。他们当中说话部分清楚的人被称为 slaviane——“善于言辞的人”(slovo)。

艺术对促进人类走向统一的潜力在于接受多样性中的统一性。这不仅仅在于宽容多样性,还在于欣赏多样性。如果统一是精神食粮,那么多样性则是佐料。

似非而是地,我看到过一个欣赏多样性中的统一的例子,它预示释放憎恨会造成血腥后果。那是 1938 年的夏天,我在欧洲骑车度假。从巴黎启程,先抵达东南部的巴塞尔,穿过瑞士。我并没有计划去奥地利,因为从三月开始德国就占领了奥地利。但我还是没有抵住好奇心的诱惑,我穿过了莱茵河,到达列支敦士登,然后又进入了福拉尔贝格州,前奥地利的最西部的一个省,此时奥地利被命名为 Ostmark[①](Österreich, 是不能被接受的,因为“-reich”暗含国家地位)。我读到报纸头条标题《青年希特勒——Ostmark 的流浪者》。自从独裁者陶尔斐斯[②]在纳粹制造的不成功的喧嚣中被暗杀之后,德奥边界关闭了将近四年。现在,奥地利终于被纳入第三帝国的版图。

---

① Ostmark(英文译为向东进军)是纳粹在 1938 年到 1942 年间,为政治宣传而给奥地利取的新名。在奥地利出生的希特勒,终于把他出生的国家和德国联合了起来,奥地利(德语: Österreich)意思是东部的帝国,故纳粹政府将之重命名为 Ostmark。名字的更换也意味着奥地利完全成为“德意志帝国”之中的“东部帝国”。

② 1934 年 7 月 25 日,受希特勒操纵的奥地利纳粹分子举行武装暴乱,陶尔斐斯在联邦总理办公室遇刺身亡。

确实,当时到处都是德国孩子,有些在搭便车旅行,有些骑车旅行,9 到 10 岁的孩子们三两结伴出游。我曾在报纸上读过一篇关于一个德国男孩和一个奥地利男孩相遇的故事。据说德国男孩后来说(或可能是杜撰的):"你知道么,他的头发是黑色的!"这是为了说明,尽管纯正的"雅利安人"的标志是金发,但因为奥地利现在回归它原来从属于的德意志帝国,**一定**会有一些黑色头发的雅利安变种出现。"他的帽子底下有一把刮胡子用的小刷子!"这是奥地利男孩讲他对德国男孩的印象,还有德国男孩对番茄(tomatoes)的发音。"一想就觉得好笑!"奥地利男孩说,"Domaten"。(德国男孩说"Tomaten",但奥地利人一般把在元音前出现的"t"发成"d"的音,读"Domaden"。)

当然这些都可能是一场精心策划的运动,好让人们觉得奥地利人像兄弟一样被德国人接受。如果是这样,那么那些宣传家无疑对如何造成多样性中的统一性被接受颇有办法——让多样性变得有趣且有吸引力而不是让人感到丑恶且充满威胁。

这就是我在回答人类有没有可能统一于共同的审美或某几样乐事的时候闪烁其词的原因。我可能会学会欣赏中非或波利尼西亚人的雕塑,但我不会觉得白蚁好吃,也不会在看同性恋性爱录像时有感同身受的快感。

求求您,阿纳托尔·波里索维奇!您非要说这个么?

对不起，列夫·尼古拉耶维奇！但我一定要说。您成功地跟我交流了您对颓废艺术的厌恶。我也在试图用实在的例子让您明白我内心深处的成见。我们的不同在于，您认为您对“身体愉悦”的厌恶，也是所有还没被悠闲生活腐蚀的人的厌恶。我认为这种厌恶来自罪恶感，阿纳托尔·法朗士在《苔依丝》中描述的那种罪恶感。

多样性中的统一性这条原理用于促进人类统一，不仅在于通过同情性的宽容在对美的认知或者对肉体愉悦的确认方面达到统一，还在于对人类跟整个生物圈的统一性的确认。已经有科学证据表明，生物多样性对人类的生存潜能是有益的，而物种的高灭绝率是在削弱它。洞察到这一点要求我们用全新的眼光来看进化这个概念。多少个世纪一来，人们已经理所当然地认为“进化”就是“征服自然”——为扩大耕地砍伐森林；为人类的消费，捕鱼量达到前所未有的“高产”；还把地球内部的宝物都挖出来。觉醒了的人们现在已经开始用对话代替原来的观念。他们像争取和平一样尽力宣传这个观点，并要求着政府有所作为：反对从“高效”利用自然资源获取高额利润的商业逐利。热情高涨地努力保护那些濒临灭亡的看似无用的物种，比如鲜为人知的小鸟和某些哺乳动物，目的只为维持物种的多样性。

是否接受多样性中的统一性这条原则还影响到文化政策。在 19 世纪后期，美国非常欢迎来自欧洲的移民（当时，因为工业迅速发展，劳动力极为缺乏）。人们不在乎这些移民的子孙后代将不再有对自己民族的认同感。“美国化”运动的推荐和宣传就成为此时的文化政策。把美国形容成一个“大熔炉”是再生动不过的了。多样性中的统一性这条原则只在宗教领域盛行起来。宗教的宽容给单调乏味的中型城镇带来了一缕生气。当时的“美国”，只在美国主流文化中占一席之地。在加拿大，至少在市中心，多样性中的统一性这条原则是盛行的。最明显的就是多伦多这个城市。这里有上百种语言，有各种民族社区，有卖各自家乡商品的杂货铺。这里有文化中心、寺庙，有多种语言的指路牌。比如在中国人居住最多的地方，指路牌会有中文和其他拉丁字母文字并列。多伦多是个多民族和平相处的城市。20 世纪 70 年代，当希腊和土耳其就塞浦路斯激烈对峙时，塞浦路斯希腊族和土耳其族共同游行，要求在塞浦路斯实现和平。事实上，加拿大的官方语言就是两种：所有全国通用的标牌、通告、公共文件，直至超市出售货物的标签，都用英语和法语双语书写。

那么在一般意义上对美的欣赏呢，难道它不是统一的潜在基础么？

您所说的所有例证，无论是明确地，还是含蓄地，都是由孩子或者农民、工人（您那个时代您认识的）来作为对音乐、平面造型艺术或者是文学展现的精神美的最终判断者。您有时候明确地认为，如果什么东西能被这些人欣赏，（那么就应该)能被所有人欣赏。我认为您选这些人作为人类的代表，是因为他们没有任何权利，因此就没有被腐蚀（让我想到了阿克顿男爵[①]的名言，“所有权力都倾向腐败，绝对的权力倾向绝对的腐败”）。让我们来看看这种无助因而没有腐败的另外一些代表：沙皇俄国公务员的“挂名顾问”，其代表人物是果戈理的名著《外套》中的男主人公，还有陀思妥耶夫斯基《穷人》里面的杰武什金（Девушкина）[②]，或者是将杰武什金感动得流泪的普希金的故事《驿站长》：

> 我生性愚钝，不能阅读重要的作品；但这个读起来像是我自己写的……就好像把我的心翻出来了……为什么我没写出来这样的作品呢？我跟萨姆逊·韦林（Самсон Вырин）的感受是一样的。我们当中又有多少人……只有一个人像他，只是名字不一样——戈尔什科夫（Горшков）[③]。

这是他对《外套》的回应。他抱怨作者在窥探内心：他为什么就不能饶了我们这些卑下的人呢？

> “在这之后，你根本不可能不被监视地在你自己的小世界中生活。（他们一定知道）你有没有一件像

① 阿克顿男爵（John Emerich Edward Dalberg-Acton 1st Bovron Acton，1834—1902），英国历史学家，政治哲学家。

② Devushkin，陀思妥耶夫斯基《穷人》中的角色。

③ Gorshkov，陀思妥耶夫斯基《穷人》中的角色。

样的背心,或者穿的是什么样的内裤、什么样的靴子,你吃什么,喝什么,在抄写什么(抄写是非常不起眼的一份正式工作)……他们会写上一个关于你的滑稽戏。

“每一个位置都会有全能之人掌管,有些人带着将军的肩章,有些人生来就是挂名议员的命,有些人注定要去发号施令,剩下的人除了遵从命令别无他选。这就是世界运行的方式。没有这样的秩序,世界将不复存在。

“为什么要写像那样的事呢?会有某个读者给他搞件新外套么?为什么穷人应该劳累至死?要是把外套找回来并送给他,岂不是更好?如果那个嫌打扰了自己而把他痛骂一顿的将军能发现他是个品德高尚的人,就会表扬他并给他升级吗?那么邪恶就受到惩罚而美德就得到宣扬。”

这些是杰武什金对一位他所爱的通过通信才相识的年轻姑娘的回信。她给过他一本普希金的散文故事和果戈理的《外套》。在这之前,他已经给过她一本对他自己影响非常大的书。这里是些节选:

弗拉基米尔耸耸肩,心中涌动着热情。

“女伯爵,”他感叹道,“女伯爵!您可知道,这热情,这无止境的疯狂有多可怕?我爱,爱,发疯地,

> 发疯地！……”
>
> “弗拉基米尔！……”女伯爵在他旁边轻轻低语，一面把头靠在了他的肩上。
>
> “兹拉伊达！”（Зинаида）弗拉基米尔狂喜地喊着……
>
> 一场新的可怕的婚姻就这样达成了。

瓦尔瓦拉·多布罗芙罗娃（Varvara Dobroselova）（杰武什金的通信人）把这本书还给了他，并附简短评价，说它是垃圾。杰武什金尽管喜欢这位年轻女人，但还是热情地为作者辩护。

> 人类可以由对美的欣赏得到统一么？如果这样的统一暗含强加美的相同标准，而这标准是从对艺术的“本质”作出先验的定义（正如您的一本书《什么是艺术》）中得来的，那么答案是否定的。人类不可能也不应该在这个意义上统一。然而，如果其指导原则是多样性中的统一性，那么答案就是肯定的。对愉悦和审美的多样性原则抱肯定态度，就理应促进统一。

您把在普遍持有的相同的基本精神价值的基础上走向统一当作最重要的任务，我接受。

是的。我也接受您把我心中的价值、那些区分善恶的价值定为“基本精神”。我认为在这种意义上的统一，可以确定为大家都同意什么构成恶。就像我说过的，解释某人用"恶"表达什么意思（比如举例说，在天主教的教义问答中有罪孽表，要定义其中的"七大罪"[cardinal]和"绝罪"[mortal]①）要比解释某人用"善"表达什么意思容易。为了人类的生存，这类统一已经成为一项紧迫的任务。除非暴力、对权力的痴迷，种族主义的教条逐渐被所有人认为是恶，现有的毁灭性的暴力，将来一定会导致物种大灭绝。想想在核战争中"适者生存"的含义。爆炸不可能发生在每个人身边，但致命的辐射、爆炸后的产物可以危及任何事物。蚂蚁、蟑螂抗辐射的能力比人类要强上四十多倍。这些弱小的动物会被证明是"适者"，结果就会应验圣经的预言，"温顺者将繁衍于大地"。

这就是为什么您对人类的性欲的态度让我感到非常不安。我们另外还有不一致的观点，给了我一个机会去跟您解释您不了解的事，我有足够的理由相信您不了解，因为您没来得及知道。（您一定别怪我太直白；作为晚辈，我看到的人类历史毕竟比您长。）但是，我们对基本价值观的态度上的冲突，说实话，让我震惊。

具体是什么让您震惊？

您对教育目的的观念没有您给出的实际做法的建议那样令

---

① 在罗马天主教教义当中，"七大罪"(cardinal sins)指骄傲、贪婪、淫邪、愤怒、贪食、嫉妒、懒惰，它们侵蚀灵魂；"绝罪"(mortal sins)指丧心病狂和丧失神恩的罪孽，必判死刑无疑。——校者注

我震惊。在您的一篇文章中,您指出小学老师的责任。

您反对在教育孩子的一开始就引入宗教?

如果是按照您的方法,我并不反对。在您的年代,俄国7岁的小孩都已经对圣像、仪式和祈祷之类的事情很熟悉了。用他们已经认识的符号和语言,给他们介绍我和您都认可的基本价值是一个好的做法。并非偶然,在美国有个正规的电视节目,优秀的学龄前教育节目。美国孩子6岁上学。6岁之前上幼儿园,这是福禄贝尔①(Frobel)的模式。(您还记得他吧?)最开始,电视播出了一个叫"芝麻街"的节目,专门面向3到5岁的孩子。节目中的人物都是非常好玩的动物木偶。通过他们而非家长,孩子们学会了字母、数字和日常行为的基本规矩。正如一个小孩说的:"我们学习A、B、C;我们学习1、2、3,我们知道打人是不对的。"

那么在我的建议中有什么让您震惊?

是您对青少年的课程的提议让我震惊。您提议要对他们灌输羞耻感(您的原话)。

您认为不应该?

您还记得我对种族主义的态度吧?您当然可以把它归入您所说的"社会科学",用它来为实际存在的所有社会不平等辩

① 弗里德里希·威廉·奥古斯特·福禄贝尔(Friedrich Wilhelm Frobel),德国教育家。

护。其实，这个实例不管用，因为“种族科学”是一种典型的伪科学（就像是看手相或算命）而不是科学。但它确实给如何对待大洋洲或者是非洲的土著人提供了理论根据。比如说，这些人是“低等人种”，他们压根儿就是不知羞耻的。他们的女性袒胸露乳；他们的孩子都晓得淫乱之事。跟殖民者同行的基督教传教士的一个重要的任务，就是给那些本应该是天真无邪的土著传授羞耻观。我还特别记得那个被美国的传教士们介绍到夏威夷群岛的 mooh-mooh，一种松松垮垮的女裙，当地女性都很骄傲地穿着，作为皈依真信仰的证据。

你们的学校不告诉孩子应该如何对待性冲动么？

最近，在某些学校已经有了。

只在某些学校？

美国的小学和中学教育都是由地方董事会管理，而不是政府当局管辖。并且，课程安排因地而异。近些年，性教育才刚被引进某些学校的课程安排中。根据各地人口的基本前景，对与性相关的事情被直言不讳地进行着讨论。

关于如何回答孩子们对于性的一些问题，应该帮助他们对性持怎样的态度——这些事情在俄语中叫作 Воспитыватъ（抚育），以便与 Образование（教育）区分开。

我并没觉得两者有明显区分。

我也没有觉得，但是确实有区别。回到主题，性教育最近才被引进安大略的一些学校。在我看来,他们已经充分考虑到抚育与教育两方面最开明的观点。持有这种观点的人,在回答孩子们与出生相关的问题或者是不可避免的关于性的问题时,都会用孩子们能理解的言语做直白解释。比如说“我是从哪里来的啊?”或者是“我哥哥或者姐姐是从哪里来的啊?”这类问题,都会被回答成“是从妈妈的肚肚中来的”。这个回答又会引出“那妈妈是从哪里来的呢?”“爸爸给的。”“那爸爸是从哪里得到的呢?”“爸爸自己的。”“婴儿在爸爸的肚肚里?”“不是婴儿,是个能长成婴儿的种子。你看见过我们在花园里种花,是先把种子撒进土里的……”等等这些问答。一直到被问到“那爸爸是怎么把种子放进妈妈的肚肚里的?……”

列夫·尼古拉耶维奇!我看出来您听到这些一定感到非常不舒服。请忍一忍。您不是想知道跟我想法一样的人是怎么把孩子教育大的么,我就是在告诉您这个过程。您还得做好准备,我要给您讲我们某些中学是怎么进行性教育的。

我明白。好吧,请继续。

您可能很肯定地认为,有很多人对性的看法跟您是一样的,虽然不是极端的。这些人不会跟孩子们直言不讳地去谈关于性的话题。但是,就目前的实际情况看来,直白的性教育的必要性还是被人们承认了。

在 20 世纪初期,“约会”已经成为求爱的第一步。“约会”通常是一对儿年轻人晚上一起去做点什么,比较普遍的就是一起去吃个饭,然后去看个电影或者话剧什么的,结束之后,男孩会把女孩送回家,吻一下她并说句晚安。年轻人一开始“约会”的时候,可能会三天两头换对象,这算是正常现象。男孩会主动邀请女孩去约会,女孩可以接受也可以拒绝。双方并不承担什么义务。男孩也可以给其他女孩打电话什么的。女孩也能接受其他男生的邀请。这样,就提供了寻找配偶的诸多机会。最终,一对儿情侣会稳定下来,并将走向婚姻的殿堂。

现在至少在中产阶级中汽车已经普遍了。男孩一般会管父母借用家里的汽车去约会。有车开让他在女生面前更加有吸引力。这也给情侣提供了亲密的空间,尤其是把车停在幽僻的地方,很多时候不可避免地会发生性行为。失去贞洁对女孩算不上堕落,当然人们也不指望经婚礼迎娶的一定是个处女。随之而来,“私生”(illegitimacy)这个概念在司法上失去意义,渐渐地几乎要没人用了。

之前人们说的“自由相爱”,受人们赋予的贬义阻碍,而如今已经变成是很正常的了。没有结婚的情侣很自由地住在一起,并被社会和周围环境所接受。随缘的“发生关系”(没有住在一起)也是被接受的。此外,年轻人初夜的年龄普遍都在提前,基本上都是在青春期的时候发生的。调查显示,大部分北美的年轻人,16 岁,无论是男生还是女生都有过性行为了。

这意味着我们文化中价值观的改变,虽然有些人反对,有些人接受,但整体上还是大幅度地在改变着。但也还有一些因素,饱含真实存在的威胁,对全社会的威胁。其中一个就是意外怀孕。无论是在经济上还是在感情上,年轻人还没有准备好做父母。另外一个就是通过性交传染的疾病。像淋病或者是梅毒这些能治愈的性病就够可怕的了。但这几十年产生的是全新的疾病,叫艾滋病。到目前为止,它是无法治愈的,并且是致命的(这病可以持续若干年)。现在在一些国家,主要在非洲,有30%的人口都被感染了。在富裕国家里,感染率也在增长。

有一种允许情侣发生关系又可以避免意外怀孕的解决方法,那就是采用一种避孕的器具,叫避孕套,它可以很好地抵御性病的传染。当然节制欲望也是个极好的避免怀孕和避免被感染的方法。因此,这两种方式保证了自由相爱而没有副作用。尤其是年轻人,需要告诉他们对性欲要有所节制,并要教会他们采取安全措施。

性教育的目的是为了根除或者至少是减少乱交这种社会恶习。诉诸许多宗教信仰的禁忌和习俗,或者以社会羞耻观作威胁,在我们时代显然是徒劳的做法。父母或者老师,只凭他或她的品德和社会角色,在年轻人面前曾经是无可争辩的权威人物,而现在已经不那么被认可了。但是,作为年轻人渴望知道的知识的持有者，他或她还是有人听的。如果不是采用威胁或者是让他们有羞耻感和罪恶感的方式去传授这些知识，那么这些知识包含的忠告还是有可能被孩子们严肃地采纳的。

正规的性教育在孩子们刚进入青春期就开始。涵盖生殖生物学、性器官解剖及功能的生理学，对没有保护措施的性行为后果的直白讨论，引导产生被认为是实实在在的忠告：最好是抑制性行为，直到你准备好并有能力承担性行为带来的生理的、心理的和社会的后果。如果节制不住，那么一定要做好防护措施，以避免意外怀孕或者是感染性病。在课堂上，老师让孩子们有足够的勇气去问他们想知道的任何问题，而不用感到羞耻、丢人或者是尴尬。

譬如关于自慰的问题？

差不多吧。

老师怎么说？

告诉他们真实情况。自慰并不会对人造成伤害。没有必要把它当成秘密，或者有什么负罪感。恰恰相反，他可以让人身心愉悦，从而使控制欲望变得简单。的确，很长一段时间，婚前性行为是被禁止的，但约会是可以的，情侣可以互相爱抚，这些动作经常导致男生达到性高潮，有时女生也会。从而互相的自慰也在性教育课上被广泛讨论，这也是抑制欲望的一个方法。有些报纸还会为年轻人专门设置性教育专栏。关于性行为的问题一般都会在专栏中由阅历丰富的心理学家解答。我之前读到过给一个小男孩解答的关于“爱抚”的问题。解答大意是“要温柔；要放轻松；要让女孩子感到享受。通过她的反应你会知道你有没有做到。反正就是两人都要享受这个过程”。这就是我想跟您说的性在生活中充当的角色，共同分享快乐，与共同欣赏美相似。

而不是共同享受禁欲之高尚？

想想基督的建议。独身主义是最好的。但并不是所有人都会独身。如果没有独身，那么就一夫一妻。这本质上是您的观点，不过您的忠告更偏于苦修。您劝告即使结婚之后也要尽量节欲。

那些性教育工作者们是怎么忠告的？

我已经告诉过您了。他们认为禁欲在青少年初期是最好的。不发生关系，也有很多方法能减少性欲。年轻人应该去体验，并找到让自己最满意的一种方法。当对做爱的需求强烈到无法控制的时候，最先想到的应该是责任。要采取防护措施，以避免怀孕和疾病传染。有些课程中还有如何正确使用安全套的展示（通常是在木质阴茎上），青少年也是可以买到安全套的。

那您的忠告是什么？

总的来说,我赞同现在在性教育方面采取的方式。我想要强调是,在一对青年男女有感情之后,在双方相知还不深、个人阅历尚浅的时候,还是先不要急于尝禁果。最后,我应当喜欢看到稳定的一夫一妻制加上性伙伴关系,这毕竟是流行的男女关系模式。

在这点上,如您所知,我们的观点相去甚远。您说的阻碍人类最终统一的"互不相容的价值"就是指这吧?

不,基本价值观是必须共同具有的,它们是走向统一的先决条件。性别歧视并非基本价值。

在您前面解释的意义上,您觉得我对贞洁的理想是性别歧视的表现?

某种意义上是这样的。它导致对女人和对自己的一种厌恶。这两种情绪妨碍你我两个人的理想的实现,您说的理想叫"上帝的王国",我说的是被启蒙出来的对生命的崇敬。在这些事情上,它都起到了阻碍作用。我认为贞洁的理想,如大家通常的理解,都只对女人适用,它是从把女人当作财产的观念中引申出来的。我见证了它走向残酷的极端——在保守宗教统治的国度中女人的社会地位。最大的一个国家是1979 年君主政体被推翻之后的伊朗。近些年,在内战导致共产党政权被推翻之后,阿富汗情况更加严重。在这些国家,没有男性亲戚陪同,女人是不能出门的。社会上的职位基本上也不对女性开放,她们只能在家做家务,带孩子。女孩子连上学都不可以。在公共场合她们必须用黑色纱巾把脸全部遮住,不允许一丝肌肤露在外面。

您认为我谦卑和贞洁的观念是从一个根源引申出来的?

您对谦卑倒是没像他们一样极端,列夫·尼古拉耶维奇,但是您确实拒绝带索菲亚·安德烈耶芙娜赴舞会,因为您嫌当时舞会上流行的裙子太暴露。于是您带女儿去,因为她还小,还没到穿晚礼服的年纪。我不认为她是您要求固守贞洁的主要原因,因为您要求男人也守贞洁。我觉得负罪感是您性恐惧的根源。负罪感有时会转化为强烈的憎恨。您还记得《卡拉马佐夫兄弟》这本书中,当老卡拉马佐夫被某人问到为什么他恨那个讨厌的家伙的时候,他想了想回答说:“因为我跟他干过一次脏事。”您对自己早年放荡的生活也有沉重的负罪感。当您有了宗教信仰之后,您不能对自己承认自己曾经恨过任何人或任何一类人。您充其量会说您不喜欢他们的生活方式。我认为这是最主要的根源,使您拒绝更仔细地研究许多艺术和许多科学对人类的意义,而这又导致您奇怪地摒弃人类精神最美好最鼓舞人心的某些表现形式。

比如说?

那些艺术、科学、文学。您拒绝接受19世纪后期的音乐和绘画,认为它们抽象和变态,令我非常遗憾。但让我震惊的是您竟然也否定列夫·托尔斯泰!您说只有《上帝明白真理,但是他等待》(Бог правду видит,да не скоро скажет)和《高加索的俘虏》是您写过的有价值的东西。并未提及《哈吉·穆拉德》(Хаджи-Мурата)——继那个世纪的两部最伟大小说之后您最伟大的杰作！为什么？只是因为哈吉·穆拉德是个暴徒,他仇恨他的敌人而不是爱他们么？

我们必须要结束了;我还要跟您国家其他两位朋友见面。但在我们分别之前,我想让您看部电影。一部关于20世纪30年代俄国生活的电影。几年前这部电影在一个国际电影节上放映过,现在可以在录像上看。我现在不用特意给您解释什么。咱们去我大儿子家。您还记得他么？就是那个有胡子的,您唯一猜对年龄的那个。他家有电视(我不——我不信任电视),录像带可以在上面播放。电影是俄语的,我不必给您解释您没经历过的,但我会给您评述您不清楚的当时的环境,因为您对共产党统治下的俄国社会生活一无所知。当然,您还是隐身的。我会让我儿子把录像借来,在电视上播放。我假装还想再看一遍这电影。没准以后我会告诉他真相。我想让您看这部电影的原因是因为我怀有微弱的希望,这部电影也许会改变您对性的态度——在您人生的最后几十年,您把性看作最兽性的肉体享乐(naslazhdenie),而我把性看作色欲与灵性的终极融合。但是,话说回来,当您到了那永恒的天国——那里一切都真相大白——您会意识到您已经知道了这点。如果“您”和“知道”在那里仍然有意义的话。

[我告诉托尔斯泰“改革(перестройке)和公开性(гласности)”的一些突破,以及它对苏联解体前和解体后的电影的影响。我将《疲劳的太阳们》(Утомленные солнцем)的剧情概述了一下。[1] 我向他介绍米哈尔科夫(Михалкове),他是导演,还在剧中扮演受迫害的将军;还介绍他的女儿,她在剧中扮演将军的小女儿。观看着电影,托尔斯泰显得像是完全被吸引住了。在观看将军愤怒地追赶他年轻的太太跑三层楼梯时,托尔斯泰把手伸向我,可能是想要我把电视关上。他可能预感会出现残忍的暴力画面了,因为他把将军当成是科尼·瓦西里耶夫(Корнеем Васильвым),后者因疯狂的妒忌暴打了自己的妻子并把两岁的女儿打瘸(不是他自己的亲生)。但是我没有理会他。透过一席透明的帷幔,他看到的不是残忍的暴力画面,而是男欢女爱的最后关头。他听到几乎要听不见的男人的声音:“还不够……”还有女人的喃喃呻吟。就在那时,在整部电影开始以后我第一次转向他。然而,我看到的不是托尔斯泰,而是费奥多尔·米哈伊洛维奇·陀思妥耶夫斯基。我盯着他看。问他是怎么来到这里的或者任何别的什么,都会显得傻。但我已经露出要把心中积攒的所有问题都问个明白的神色。]

[“您呼唤我了,”他说,“我在这里!”]

---

① 上面两行根据俄文版。——校者注

与俄罗斯人的对话

两个世纪社会进化的系统论观点

陀思妥耶夫斯基卷

[美] A.拉波波特 著

黄觉 唐云燕 高云 译

闵家胤 校

漓江出版社

桂林

目 录

第一章　谈恶魔

我什么时候呼唤您了？

您在跟列夫·尼古拉耶维奇说您还要召唤谁的时候提到了我呀。在我的年代，对话中说要召唤某人并提到他的名字，就算是召唤了。

您从哪里来？

您猜？

从地狱？

没错。

为什么？基督的天堂把您拒绝了么？我记得您可是个特别反叛的人。

当然不是。我可以选择。每个人都可以选择。是我自己选择了地狱。

为什么？

我之后会给您解释的。您并非是唯一一个喜欢推后解释的人。

想必您偷听了我跟列夫·尼古拉耶维奇的对话?

就是因为您提到我的名字了,所以不管我愿不愿意,都要来。我听见您把未完待续的事情“打包”了。我对您说的那个不得不讲的休斯敦·张伯伦的巨著的事情非常感兴趣。

我倒也没有特别吃惊。但是您怎么做到一直隐身的呢?

这没什么难的。我当时对你们最后一个部分谈到的内容非常感兴趣。现在情况不一样。当时您让列夫·尼古拉耶维奇非常痛苦。我决定帮他解脱。当帷幔后面那所有人都不应该看到的一幕上演的时候,我决定干预进来。而且当时列夫·尼古拉耶维奇也知道我在场,他让我这么做的。所以我就出现了,解除了他的痛苦。您早晚也会叫我来的,我想着还能省您点事儿,就来了。

列夫·尼古拉耶维奇现在在哪里?

他去了他想象的天堂,他属于那里……那里像是一种汤,或者是果浆一样。所有东西都没有什么区别,是一个“整体”,也就是说均质分布的。列夫·尼古拉耶维奇管它叫作“与神融合”。

但您却拒绝了选择这个?

没错,你会选择它么?

我理应不会被要求作出选择，因为我既不相信天堂也不相信地狱。您既然来了，那就跟我讲讲地狱是什么样的吧。您在那里做什么来打发永恒的时间？讨论怎么“打发永恒的时间”是不是本身就是矛盾的？怎么能用完永远用不完的东西呢？

您一定会感到惊讶的。但是我不会尝试解释；您不会懂的。但我又想了想，还是决定给您简单讲讲。您记得《卡拉马佐夫兄弟》里面的恶魔是如何出现在伊万·卡马拉佐夫个性的另一面的么？

您为什么说“个性的另一面”？

因为那才是他认定的角色。不管怎样，斯坦尼斯拉夫斯基①是这么想的。

等一下，您怎么知道斯坦尼斯拉夫斯基的？您去世的时候他才18岁。

不，不是斯坦尼斯拉夫斯基。可能是涅米罗维奇-丹钦科②的想法，因为他指导了由莫斯科艺术剧院出品的《卡拉马佐夫兄弟》。但当时是斯坦尼斯拉夫斯基的想法，让卡察洛夫

---

① 斯坦尼斯拉夫斯基(Konstantin Stanislavski，1863—1938)，俄国演员，导演，戏剧教育家、理论家。

② 弗拉基米尔·伊万诺维奇·涅米罗维奇-丹钦科(Vladimir Ivanovich Nemirovich-Danchenko，1858—1943)，俄罗斯戏剧导演，作家，教育家，剧作家，制片人和影院组织者，1898年与他的同事康斯坦丁·斯坦尼斯拉夫斯基创立了莫斯科艺术剧院。

（Качалов）一饰两角。

请您先回答我的问题。您是怎么知道这些事情的？您 1881 年去世的，远在有任何电影或者是莫斯科艺术剧院之前。

您真想知道？

当然想知道。我想知道我还不知道的关于您的所有事情，然后拼命把它们都记住。那就是为什么在您不期而至之前我就想召唤您。

好吧，我告诉你。我选择地狱的一个重要原因就是下到那里以后，我们可以追随历史随后的展开。您没发现列夫·尼古拉耶维奇不知道他死后的任何事情么？您在从苏黎世来的那架飞机上最先告诉他的事情就是他来到的是哪个世纪，不是么？在您批评他的想法，阐述自己想法之前，您要给他解释所有事情，介绍事情的背景。对我就不用这么麻烦了。我们那儿有各种消息。新闻报纸、电视媒体、网络，您能叫上名字的，我们都有。

这是为什么？我认为地狱，如果存在，也是人们接受惩罚的地方啊。

我们在接受惩罚。对历史发展全部知晓就是一种惩罚。没有人强迫我们去看报纸、看电视。但总有人在讨论发生了什么；没有任何办法不听或者忽视他们。就是让我们看到人类，看到撒旦是如何赢得与神最后的赌注的。在他输掉了约伯和浮士德的赌注[1]之后，他把最终的赌注押到人类最后的堕落。

那些厌恶人类者选择地狱不就是为了看其他人被惩罚？

他们看到了，那是对他们的奖赏，因为恶魔会奖赏厌恶人类者。每个人都会得到相应的甜头儿。我们回到之前永恒的话题和《卡拉马佐夫兄弟》。

先说说永恒。如果您记得，恶魔告诉过伊万的故事，一开始被他称为逸事，之后又被称为传奇。一名罪犯听说如果他要能走上一百万的四次方千米的路，他就能得救并一定能去天堂。（恶魔是这么对伊万说的，不是感到骄傲，但是他们在地狱确实也采用了米制的计量方法，以搭配时间使用。）您知道后来怎么样？那可怜的人竟然出发了！他真的去走了！目前我们知道的是他还在走着。我觉得这里想表达的意思是一百万的四次方千米也比永恒要好。

等等。在恶魔和伊万的这场戏中，恶魔说那个罪犯最终走到了。

他说了吗？好吧，我不确定。没准他是为了让伊万好受点。您知道的，他想把伊万变成自己人。但是想想那个犯人还在走着就让人感到无望。他能走多远呢？

---

① 撒旦与上帝的赌注。

现在回到“双重人格”的理念，您知道，这是我的专长。您读过我的小说《双重人格》么？顺便提一下，如果您要想聊聊关于我的事，干吗不把那东西关掉。我知道斯大林时代的所有恐怖。从观看由我的小说改编的电影，我获得过一种阴森的满足，《群魔》变成活生生的了。让我们有点条理地对话。您当初在不知道我了解死后的所有事情的时候，本打算问我什么问题呢？

让我好好想想整件事情。但我们还是先把电影看完吧。我真的想再看一遍。我 1996 年在多伦多电影节上看到这个电影的时候，感到很大触动。我想跟您讨论讨论这部电影。您在地狱没看到过，是吧？

我错过了这部。但用我小说改编的电影大多数我都看过。

那好，我们能讨论讨论某些电影。看完现在这部，我想让您看一个电影版的《永恒的丈夫》。我想听听您对用当代对白演出历史剧的看法。虽然除了《永恒的丈夫》我只看过法语版的《白痴》，那也是好几年前的事了。无论如何我都会把这个列为我们会面议程上第一件要做的事情——“剧院中的和荧幕上的陀思妥耶夫斯基”。如果您也同意，我们就这么叫它了。在这之后，就让主来告诉我们应该做什么吧。

我现在可以回家了么？

您自便。我只需要呼唤您的名字就能把您叫来是么？

是的。

这样会麻烦到您么?

完全不会。我还非常想跟个活着的人聊天呢。您别不信,这可是我死后第一次跟活人聊天。

您该不是告诉我,在您死后的这些年当中,没有人提起您的名字?

当然有人提起,我都记不清多少次了,但没有想召唤我的意思。所以它们不能算作召唤。您是第一个召唤我的人,我很感谢。

是我的荣幸。我能问问您为什么从未写过舞台剧么?

说来话长。

好吧,我们以后再说这个。其实在我们讨论戏剧之前,我们先把双重人格说清楚,在您众多的作品中,它都是主旨。

不仅是在我的小说中,你知道。

您说得没错。其实有人指出过在这点上您是受了果戈理的影响。您知道别林斯基赞誉您是俄国文坛上的一颗新星,并称您是另一个果戈理。

我知道。但那是在《穷人》发表以后。他对我的《双重人格》却很失望。

但我记得您将果戈理列入俄罗斯天才之列,当然没有太多天

才。您好像曾经写过俄国有三位天才。一位是普希金,另一位是罗蒙诺索夫(Ломоносова)[①],您说他是“半个果戈理”。我一直就很好奇您为什么说是果戈理,而没有说,比如,托尔斯泰。是因为果戈理对您有独特的影响么?也许吧。有人还说您是在他的摇篮中成长的。来看看果戈理《鼻子》中的一段绝妙讽刺:

> 助理法官科瓦廖夫起得格外早……伸了伸懒腰拿起了梳妆台上面的一面小镜子。他想看看昨天晚上鼻子上冒出来的粉刺什么样了;但是让他大吃一惊的是,他的鼻子原本一直待着的地方竟然是一片平面。

再来看看《双重人格》中描述的:

> 早上8点刚过,名义上是个小议员的雅科夫·彼得罗维奇·戈利亚德金就醒了……伸了伸懒腰,终于睁开了困倦的双眼……下了床,他径直向抽屉柜上面的圆形镜子走去……“它会是什么样子呢?”戈利亚德金低声说道……“如果讨厌的粉刺已经冒出来

① 罗蒙诺索夫(1711—1765),俄国百科全书式的科学家、语言学家、哲学家和诗人。“俄国科学之父”和“文学上的彼得大帝”。普希金这样评价罗蒙诺索夫:“罗蒙诺索夫是一个伟大的人。他建立了第一所大学。说得更恰当一些,他本人就是我们的第一所大学。”苏联科学院院长瓦维洛夫院士评价罗蒙诺索夫:“他的天才的影响,他的劳动的影响是不可估量的。我们的语音,我们的语法、诗歌、文学全部都是从罗蒙诺索夫那里成长起来的。”——校者注

了,或者其他什么令人不快的东西碰巧出现在脸上。”

您在说我抄袭么?

当然没有!但您得承认这种巧合太惊人了。有没有可能是您下意识执笔而作的呢?但我感兴趣的不是这点。许多19世纪的作家都对双重性格或者说性格的另一面欲罢不能。我们的马克·吐温不知道您读得多不多?

你们的马克·吐温?干吗这么说,您是美国人么?

算是吧。

算是,那您还是什么人?

怎么说呢,我在俄国出生,其实是在乌克兰或者说是在小俄罗斯,那时候就那么叫。我在那里生活了10年,在美国生活了39年,加拿大28年,奥地利10年,阿拉斯加2年,波兰、丹麦、墨西哥、印度和德国各1年。我应该算什么人?

犹太人?

您本该知道。

您怎么能说一口流利的俄语呢?

我喜欢俄语。

您有自己的语言么?

您指意地绪语。

还有什么?

我懂意地绪语,可以阅读,但那不是我的语言。

但您喜欢?

是的,所以我才去学它。我可以读肖洛姆·阿莱赫姆(Sholom Aleichem)的原著。

是谁? 犹太作家?

能算得上是意地绪语作家中的翘楚了。我认为他还受了您的影响呢。

我?!

特别是您通过让人物倾吐真心来揭示悲剧性事件这种写作技巧。还记得《罪与罚》中马美拉多夫(Мармеладова)在最前面的独白么? 还记得《穷人》中的杰武什金? 肖洛姆·阿莱赫姆的许多故事都是独白构成,人物自说自话,而肖洛姆·阿莱赫姆在旁边倾听。有人说,他是犹太人的果戈理。您和他都受了果戈理很深的影响。

您怎么能把"犹太人"和"果戈理"扯到一起? 您读过《塔拉斯·布尔巴》(Тараса Бульбу)?

当然。

我承认我受了果戈理的影响,一方面是受他的悲喜剧感悟的影响，另一方面是受他对俄罗斯深刻理解的影响。您怎么评价肖洛姆·阿莱赫姆说他确实效仿了果戈理在《穷人》《外套》和《两个伊万的争吵》中的悲喜剧风格？但这只是写作风格罢了。果戈理对俄国的洞悉，以深刻得多的方式影响了我。

我也正想问您这个呢。您对普希金的尊敬我完全理解，读过您去世几个月前在普希金纪念碑揭幕仪式上讲话的人都知道。您提到罗蒙诺索夫让我很困惑。您对他知道些什么，还有他对您有什么重要？我以前完全不知道您对科学哲学有兴趣，而那是罗蒙诺索夫最感兴趣的。我会试着猜猜您对果戈理的崇拜，是因为他对"小人物"的同情，是吗？如果是，把您跟果戈理还有肖洛姆·阿莱赫姆联系起来就对了。或者，是他认定俄罗斯在世界历史中的独特作用让您崇拜？

后者。

好吧，那我们来仔细研究一下。不知道您是否碰巧也知道果戈理能在圣彼得堡大学担任历史教授的原因，他懂什么历史呢？等一下，先别告诉我，让我来猜一下。是因为他对俄罗斯"使命"或者说俄罗斯"神秘性"的观点让圣彼得堡大学的管理层印象深刻，就跟可能也让您印象深刻一样？让我想起《死魂灵》第一部分的结尾，把俄国比喻成一辆狂野的三驾马车在一望无垠的干燥草原上奔驰。

部分地是那样。

或者也有可能是基督教的神秘气氛让您跟他产生了共鸣？我模模糊糊地想起果戈理的一篇短文。有人梦到了古埃及人、古希腊人、古罗马人三者在一起讨论人生的意义。古埃及人说，生命只不过是死亡的序曲，因而生命必须完全用来为死亡做准备。一位性感的古希腊女人说，人生意义所在就是要怜香惜玉，尽享欢乐。古罗马人说生为荣耀和权利。“他”还没说完，便将如鹰隼般坚毅的目光转向了东方，希腊人、埃及人也这么做了。他们看到了伯利恒[①]发生了什么，便明白了。您还记得这一段么？

不记得了。《死魂灵》确实是荷马史诗般的布局。果戈理倒真的知道什么才能成为“诗”。但他的《塔拉斯·布尔巴》却充满了爱国主义情怀。文章里充满了俄国人和犹太人的分歧，一方洪亮大度，一方卑鄙小气；一方冒冒失失，一方谨小慎微；一方挥霍无度，一方惜财如命。犹太商人穿梭于人高马大的俄国骑兵中间，当骑兵们手头宽裕的时候，他们对自己想要的东西出手大方地付款，甚至都不要找回的零钱。但当他们没钱的时候，他们就是明抢了。

您说得很对。果戈理对犹太人没什么同情。他用揶揄的口吻对扎波罗热州大屠杀（Запорожской Сече）的描述，表现了他的冷酷。但他对被塔拉斯·布尔巴（Бульба）救了的扬克

① 位于耶路撒冷南方六英里的一个市镇，耶稣诞生地。

尔(Янкель)的描写还是有些同情意味的。

但是,还记得扬克尔对安德列(Анърия)的描述么?塔拉斯反叛的小儿子。

安德列失踪了。塔拉斯认为他要么是战死沙场要么就是被波兰人俘虏了。哥萨克骑兵包围了波兰城市,断绝了城内的食物来源。安德列爱着的一个姑娘就在城内。有人告诉了他一条通往城内的暗道,他便私藏了些面包,然后给他所爱的姑娘送去了。于是就待在了城里。

是这样。扬克尔可以随便进出这点对不少人都非常有帮助。他现在是布尔巴的人了。(因为布尔巴在大屠杀的时候救过他一命。)

他向布尔巴汇报说他在城内看见了安德列。布尔巴急切地问扬克尔关于他的情况:“他还好么?我想,是被关起来了吧?有受折磨么?”安德列回答:“被折磨?谁敢动潘·安德列一根手指?他就像是个王子,穿着华丽的衣服被所有人敬仰着。”“那么他一定是被嘲弄了。”塔拉斯总结道。“但是,是谁强迫他走上这条路的啊?”“谁敢强迫潘·安德列呢?”“那为什么……?”“当然是害羞的潘·安德列自己去波兰兵那里招认的。”“你说谎,你这个肮脏的犹太人!”布尔巴边说边想去掐扬克尔的脖子。扬克尔试图跟他理论:“如果他要是觉得投靠波兰人对他自己是有好处的,他为什么不这么做呢?”这个小插曲表现了果戈理对犹太人深深的憎恶。

让我们回到马克·吐温的话题,您小时候有机会读过他的作品么?

没有。

在我小的时候,接受教育的俄国小孩儿都会读一些外国名著。其实我爸爸告诉我他读过的第一本书是《王子和贫儿》,是关于长得差不多一样的人互换角色的故事。《侦探汤姆·索亚》是关于一对双胞胎被弄混了的故事。《傻瓜威尔逊》是关于调换婴儿的故事。在“采访”中马克·吐温对记者保证他不是自己而是他的双胞胎哥哥,他们从一出生就被弄混了,并且另外一个早就去世了。还有他的关于意大利双胞胎的故事,是一个长着两个头的怪胎。他的笔名也表现了他这兴趣。他年轻时曾在密西西比河上的蒸汽船上工作。水手为了测量水深,用撑杆伸到水底然后喊“第一个深度”(Mark one)“第二个深度”(Mark twain)。“Twain”(双胞胎)在古代是“two”(二)的同义词。很多19世纪的文豪们都执迷双胞胎故事。史蒂文森有他的《双重人格》,海因(Heine)有《两人同行》……

您喜欢海因么?

当然。

虽然他是犹太人。

在我所认识的犹太人里,没有一个让我讨厌的。但我讨厌犹太民族性。

我知道,我全都知道。但我们又扯远了。

是您老扯些没用的。

没办法嘛。您是19世纪的艺术家、思想家,并了解整个20世纪。对我来说,这是多么伟大的发现!我们系统化一点,我想知道您的全部!

做不到,没人能做到,连我自己都做不到。

我会问些具体的问题。首先我想知道您为什么从来都没写过戏剧?

我没时间。

时间从来不够用。您一定知道舞台剧是您传达思想的天然媒介。

我要写的时候写,那是因为我必须写。我必须把尽可能多的内容装进我写的东西。您也写作,不是么?

是的。

那就完了,您能写多快?

写多快是什么意思?

每分钟多少字?

这要取决于我写的内容。

不,不是。我说的是随便乱写的时候,每分钟能写多少字?

您知道我们现在是怎么写字的。

当然,我时常看您写作。

您知道我?

当然知道,我们在多伦多,不是么?我去过您在维奇伍德公园的家。看见过您坐在电脑前打字。

就像梅菲斯特在书房偷听浮士德独白一样?

您不知道的东西伤害不到您的。

好吧,咱们继续。我估计每分钟在键盘上大约写40个词。

您明白吗?我没有您用的那种键盘。我是用笔写。我从没有计过数,可是我确信自己每分钟最多写20个词。所以您明白我在忙着写。此外,我知道自己顶多活60多岁,因此事情就很清楚了。您肯定已经过90岁了,是吗?您多大岁数开始写作?

我15岁发表第一篇故事。

您知道吗,我是22岁。我的确没时间为剧场写作。

费奥多尔·米哈伊洛维奇,您最新一版全集包括整整22卷。

咱们别停留在这些琐碎的交谈上。您对我说,我本应当为剧场写作。可我从来没想过要为剧场写东西。我确实没起过这种念头。但不管怎样,您为什么老是唠叨这个话题呢?

原因是关于“陀思妥耶夫斯基与戏剧”已经有太多的人写了太多的东西。就这个主题,我愿意听听作者本人最权威的说法。

您忘了,您只是在想象这样一场交谈,因而我只是存在于您的想象当中。

坦白地说,是的。我猜您会怎么想。

那就是了。让我们来谈那个题目吧。

同意。还有其他一切。您很难想象我多么高兴您熟知我们经历过的一切。但还是先谈您和戏剧吧。

好的。

第二章　演艺业

咱们说好聊什么来着?

先聊戏剧。我本来想先跟您说说关于您的评论文章,可您说后来的事情您都知道。那我就只当您全知道了吧。

我并非全知,可我的确知道不少。①

又是梅菲斯特的词儿,当时浮士德指责他窥刺隐私。您为什么不写戏呢?您还是没给我满意的回答。

您觉得我应该写戏?

好多人都这么想。

为什么呢?

因为,这么说吧,戏剧是表露心声的绝佳手段。一出戏就是纯粹的对话,是由角色说了算,而不是作者。剧作者得让角色说话。您天生是心理学家——专攻人类灵魂的心理病患。

---

① 歌德《浮士德》中梅菲斯特的话,原文为德文。

加上您对语言的感觉，您应该是个了不起的剧作家，能赶上契诃夫。哦对了，您不知道契诃夫吧。您去世的时候他才21岁。

您忘了，我一直关注俄国的文学事件。契诃夫我当然知道。您错了，我永远赶不上契诃夫。

您怎么知道？

我试过。我写过《玛丽·斯图亚特》[①]，还写过《鲍里斯·戈都诺夫》，当时我还不到20岁。大家都知道我崇拜普希金，可他们不知道我还崇拜席勒。

既然崇拜他们，为什么还要重复他们做过的事情呢？

想用我自己的方法来写。

就是说您试过了，但觉得自己很失败？

就是很失败。在戏剧里，一个观点只能说一遍。但是在小说里可以说二十遍，每次都是不同的情景。您如果读过《群魔》就会明白我的意思。

我想我明白您的意思。可我还是会想，在舞台上应该如何处理马尔美拉多夫（Мармеладова）开头那段独白，在《罪与罚》的开头……

---

① 玛丽·斯图亚特（Mary Stuart），苏格兰的统治者（1542—1567在位），法国王后（1559—1560），一生充满悲剧色彩，因此成为苏格兰君主中最有名的一位。德国诗人席勒曾写过剧本《玛丽·斯图亚特》。

对了，果戈理，那可真是个剧作家……我还在他的《钦差大臣》里演过邮政局长呢，您不知道吧？

哦？怎么回事？

嗯，那次是为文学基金募捐。

那您觉得《钦差大臣》怎么样呢？

记得吗，您问过我为什么我觉得果戈理是天才而其他人，比如托尔斯泰，不是？

我记得您说我说得对，还说因为他对“小人物”充满同情，还因为他诗意地描绘了俄罗斯的“灵魂”。

那是我顺着您说。我觉得果戈理是天才，因为我就是把吃奶的力气都使出来也做不来他做的那些事。

什么事呢？

他既能写伟大的散文，又能写伟大的戏剧。

就我所知，他只写过三出戏，都是喜剧。

那就行了。还有呢。果戈理能把讽刺和悲剧写到一起。悲剧和讽刺是姊妹，加在一起就是真理。自从有了《钦差大臣》，人们就明白悲剧不是人造成的。个人没有问题，有问题的是这个世道。即便把斯克沃兹尼克(Сквозника)写成模范市长，事情仍旧会是那样。斯克沃兹尼克根本就不可能好。果戈理比包括莫里哀在内的任何人都更加深刻。

《钦差大臣》里的邮政局长是您扮演过的唯一角色吗?

我在好几出业余戏剧里演过角色,英国人说"登台板"。都是同演艺界(show business,美国人是这么说吧?)相关的慈善筹资。还参加过朗读会,那会子俄国可时兴了。那也是表演啊。朗读《死屋手记》片段。1879年的一场朗读会特别难忘,我朗读了《卡拉马佐夫兄弟》里的一章,那时这本书还没有出版。里姆斯基·柯萨科夫①夫人在写给丈夫的信里说群情汹涌。瘦小文静的作曲家里亚多夫②爬上椅子,鼓掌顿足。还记得高尔基《在底层》里那个过气演员吗?还记得他怎么回忆在舞台上的日子吗?我对戏剧也是那种感觉。

[沉默良久]

是别林斯基断了我的念头。

他热评您的第一部小说《穷人》,称赞您是普希金和果戈理的继承者。但是,却对您的第二部小说很失望。莫斯科艺术剧院来巡演,一共四个剧目:高尔基的《底层》《沙皇费多尔·伊凡诺维奇》③,契诃夫的《樱桃园》和《伊凡诺夫》。第二年他们又来了,仍有这四出戏,又添了契诃夫的《三姊妹》和《万尼亚舅舅》、易卜生的《人民公敌》、奥斯特洛夫斯基的两

---

① 里姆斯基·柯萨科夫(Rimsky Korsakov),俄罗斯著名作曲家。

② 里亚多夫(Anatob Konstantinovich Liadov,1855—1914),俄罗斯作曲家、音乐教育家和指挥家。

③ 后一剧作者应是A.托尔斯泰,不是高尔基,原文有误。

部喜剧，以及《卡拉马佐夫兄弟》片段。

我至今还记得那些主要演员。斯坦尼斯拉夫斯基在《樱桃园》里扮加耶夫，契诃夫的遗孀奥尔嘉·克尼碧尔（Ольга Кпиппер）扮拉涅夫斯卡娅，摩斯克文扮叶彼霍多夫。在《樱桃园》[①]中，斯坦尼斯拉夫斯基扮韦尔希宁。在《人民公敌》中，卡察洛夫扮斯多克芒医生，他兄弟卢日斯基扮市长。[②]在《底层》中，卡察洛夫扮演男爵，克尼碧尔扮演娜思佳。沙金在节目单上原本由斯坦尼斯拉夫斯基扮演，但是到芝加哥换成波得格尔尼了。

我跟着父母把十出戏都看了，《底层》看了两遍。票价 3 美元，总共 99 美元，加上车费，大概花了 100 美元。我想他们用了 6 个月分期付款来支付这 100 元。几十年后我们还在谈论这次经历。它丰富了我父母的生活长达 50 来年，对我则是 75 年。

我父亲的弟弟也是莫斯科艺术剧院的铁杆戏迷。我们一见面就说《底层》的台词：

> 沙金：哎哟，我脑袋嗡嗡响。人都互相揍脑袋吗？
> 布伯诺夫：何止脑袋——浑身上下都挨揍。

要不就说：

---

① 应为《三姊妹》，原书有误。
② 剧中的市长兼警察局长正好也是医生的哥哥。

梅德韦杰夫:我不认识您吧。

鲁卡:别人您都认识?

梅德韦杰夫:我当班,可不得认识每个人。可我不认识您。

鲁卡:那是因为地球没法儿囫囵塞到您当的那班里去,叔叔——还剩了一点儿在外头。

他们最后一场是《卡拉马佐夫兄弟》的片段。这出戏我看不懂,只有这出,我父母也不太喜欢,大概他们想看真正“现实主义”的东西,而戏里的新手法不太符合他们的预期。例如,戏里用了一位朗读者,一位很优秀的演员,他不时朗读小说的片段,而这时台上的演员就定格在那个位置上了。这种停顿在法庭那场特别有效。

朗读者:陪审团出去了整整一小时,一分不多,一分不少。他们要回答被告是否有罪这个问题。团长回答道:“是的,有罪。”

演员恢复行动,德米特里发出一声撕心裂肺的号叫。多年后我读了小说,才看出那场戏有多好。要不我给您讲一两个场景吧,我记忆最深刻的。

好。

有一个场景是在老卡拉马佐夫家里。小说里那一章的标题是“喝着白兰地的时候”。所有人都在场:三个婚生兄弟,私生子斯麦尔佳科夫,"臭烘烘的伊莉莎维塔"的儿子。这人的姓意思是"臭烘烘的",他被刻画成一个马屁精。

您在对我解释斯麦尔佳科夫?

对不起。我聊得开心就忘了在和谁说话。不过您没看过那出戏,所以我说说也无妨。斯麦尔佳科夫站在老头子背后,帮着伊凡做怪相。他穿得一丝不苟,头上用了发蜡,举手投足无不表现出他自认为和伊凡是一拨人,仿佛在说:"咱俩懂得优雅的举止和精微的思想,对吧?不像这小丑……"斯麦尔佳科夫是伊凡的另一个自我,而另一个是恶魔。斯麦尔佳科夫在伊凡下意识的指使下杀死了父亲。

这事我晓得。

好吧好吧,我知道您晓得。我不是在讲给您听,我在回忆。另一个场景取自《梦呓》那章。舞台上只有一支蜡烛,孤零零地立在台前区的桌子上。蜡烛后方有一只俄式茶炊,在对面墙上投下巨大的影子。烛光跳动,影子显得怪异、邪恶。恶魔坐在桌子后面,背对着观众。伊凡坐在房屋那一端的沙发上。大家都说这一场是卡察洛夫最好的表演。他用两个声音说话,一个是他自己,一个是恶魔,时而愤恨,时而逢迎。这一场以一通狂野的敲门声结束。小儿子阿辽沙来告诉伊凡,斯麦尔佳科夫(他把杀父之事告诉了伊凡,并说他是在伊凡的暗示下做下这件事)自杀了。

您的小说大部分都很有舞台性,费奥多尔·米哈伊洛维奇。

好吧,您费了这么大功夫,告诉我说我的小说改编得很成功。就算如此,我写的时候也不一定就非想着舞台呀,对吧?

我是想说别的。您知不知道,高尔基强烈反对把您的作品搬上舞台,特别是《卡拉马佐夫兄弟》和《群魔》?您有没有和阿列克谢·马克西莫维奇谈论过这件事?哦,对了,无神论者进不了地狱……

他反对上演《群魔》,我倒是一点也不奇怪。他不是加入了布尔什维克吗?他们是魔鬼的子孙。

可他反对上演《卡拉马佐夫兄弟》,还有《白痴》,您又如何解释呢?

您如何解释呢?

阿列克谢·马克西莫维奇说得很明白。他在《论卡拉马佐夫气质》和《再论卡拉马佐夫气质》两篇文章里这样写道:

> 我坚信,在舞台上宣扬陀思妥耶夫斯基的病态思想,只会使本已不健康的社会神经每况愈下。把《白痴》搬上舞台,观众首先看到的……就是结核病患者伊波利特的痛苦,梅诗金公爵的癫痫,罗果仁的残忍,以及娜斯塔西娅·菲里波芙娜的矫揉造作……

高尔基说得很清楚,他并不反对阅读陀思妥耶夫斯基。读者在阅读时能够做出反思,能够:

> ……纠正人物的思想，并因此获得美丽、深刻和现实性。但是当观众面对舞台上的陀思妥耶夫斯基的人物形象，甚至是在罕见的杰出表演中，艺术家的技巧为陀思妥耶夫斯基的才华锦上添花，把某种独特的意义和固定性赋予了他的人物形象。
>
> 然而，在舞台上展现陀思妥耶夫斯基的小说，将观众从思考的领域，从坦诚的辩论，带入暗示和催眠的世界，带入卡拉马佐夫式的幸灾乐祸地强调和关注情感与感觉的怪异地带……观众在舞台上看到陀思妥耶夫斯基创造的人物是野蛮、邪恶的兽类。

您对此有什么看法？

我觉得高尔基把剧院视为教育场所、塑造人的思想和灵魂的地方。他认为我的小说和我小说改编的舞台剧会把人的思想和灵魂塑造成坏模样。

是的。列宁说得更明白。有一段他和加里宁的对话记录。加里宁是和列宁并肩战斗的同志，而且躲过了斯大林的大清洗，实属凤毛麟角。加里宁问列宁，有什么能取代宗教在人民生活中的位置。列宁说戏剧约略能取代之。您认为如何？

没有什么能取代宗教。没有宗教，人类就会堕落，直至腐败灭亡。

我不是问这个。我是问您，戏剧能不能成为教育系统中的一部分？

您听说过有什么戏起到这样的作用吗？

有啊。教育肯定不是其初衷，至少不是有意识的，但实际结果却是这样了。就像美国的“演艺业”，有时也叫作“娱乐产业”。

为什么叫“业”或者“产业”呢？

因为戏剧实际上就是这样。戏剧总的来说是一种“展示”(SHOWING)手段，也就是高尔基说的那样，远离从思想领域到理智领域的任何主题。事实上古希腊戏剧和欧洲中世纪的戏剧同宗教也是这样关联的。“展示”这个词恰如其分地适合宗教教育的观念。

在北美，戏剧整个成为商业，很少有例外。“演艺业”这个词很准确。不仅如此，演艺业还常常被人视为娱乐“产业”的一个分支。北美根本没有您所知道的那种俄国戏剧：有一座建筑，一位导演，一群相对固定、相互熟悉的演员，由一种艺术哲学统合——北美没有这样的制度。偶然也会出现所谓“场团合一”的剧院，类似于莫斯科大剧院和小剧院、维也纳城堡剧院或约瑟夫市立剧院那样的欧洲剧院。但这类剧院存在时间都不长。在美国排一出戏就是个一时心血来潮(AD HOC)的事，就剧情理解剧情就行了。大概就是这么一回事儿。

剧作家写一出戏。要想演出来，他还需要一个制作人，就是出钱的人。如果制作人觉得有利可图,也就是说卖票的收入多于计划中的开支,他就愿意出钱。如果剧作家名气大,以前的戏很成功(也就是说有盈利),制作人就愿意做这笔买卖。于是他们做预算,租剧院(场所,而不是机构),从组成行会的专业人员中招募演员,签订合同。从首演当天观众的反应和评论(当晚撰写,第二天一早见报)就基本能看出戏有多成功。戏的成功以其寿命来衡量。

寿命?

就是演多长时间。

那什么决定寿命?

那个吗,最可靠的标尺当然是票房收入。只要卖出去的票能维持演戏的成本,这出戏就演下去。不行了就停演,演员可以找其他的事做。

您是说那些演员每天晚上演同样的戏?

对。

那他们大约不需要提词员了?

当然不用。

他们不觉得乏味吗?

工作嘛。

要演多久呢?

那得看什么样的戏。严肃的戏可能演几周或者几个月。但是音乐剧,也就是美国式的轻歌剧,有歌有舞,能演好几年。有些音乐剧一连演十年。

演员怎么受得了?

我说过了,这是工作。美国人对工作非常认真。不过他们也不一定一直演下去。最终总会被其他人取代。您现在是不是有点明白为什么把戏剧叫作“演艺业”了?

可是您说演艺业有教育作用。

没错啊。我给您解释,先说一点离题的话。您大概知道俄罗斯化是沙皇统治时期长久坚持的政策。对那些试图保留自己民族认同的人毫不留情。不用说,所有的教育,从小学开始,都要使用俄语。有时候,小孩子在学校讲本民族的语言会受到惩罚。但是在乌克兰剧院的演出中,一以贯之的“俄罗斯化”政策出现了例外:歌舞剧可以用乌克兰语演出。

这是为何呢?

这不明摆着吗?当官的认为歌舞剧没有什么严肃的内容。所以乌克兰语和任何严肃的问题无关,也就无法成为一种“真正”的语言,只当它是一种古老的方言。记得我小时候也发生过类似的事情。我父母和一群朋友(和我父母一样,是“俄罗斯化”的犹太人)曾激烈争论意地绪语是不是“真正”的语言。他们为了区别于希伯来语,常常称意地绪语为“切口”,而认为希伯来语是“真正”的语言。允许用乌克兰语表演“音乐剧”,也就是不承认乌克兰语是“真正的语言”。

照这么说,所有的歌剧都没有严肃的内容。

这可不是我说的,我不认为音乐一定损害戏剧的内容。莎士比亚的好几部戏排成了伟大的歌剧。威尔第改编的作品,如《奥赛罗》和《福斯塔夫》,那是戏剧艺术的杰作啊。从神话改编的歌剧也很伟大,如瓦格纳的《尼伯龙根的指环》。不过别忘了,他称之为音乐戏剧,而不是歌剧,为的就是避免人们只关注传统的形式和声音之美,而忽略了严肃的戏剧内容。歌剧甚至渗入了当代心理和社会领域,如被称为真实主义(verismo)的意大利流派(普契尼和莱昂卡瓦洛)。这一派歌剧最突出的代表是阿尔班·贝尔格的《沃采克》(*Wozzek*)。但是这出歌剧必须采用的音乐,在您那个时代听来完全不是“音乐”。歌剧常有些圈套——旋律优美的咏叹调,也许还有芭蕾(巴黎一度出现无芭蕾不成“歌剧”的情况),用通俗的语言来说,就是“载歌载舞”,人们不拿这些当作严肃的戏剧作品看待。

回到美国的“音乐剧”,情况与此相类似。不论剧中有什么严肃的内容,总会因为歌舞而大打折扣。没错,的确有例外。维克多·雨果的《悲惨世界》做成了音乐剧,即使读过小说的人也认为做得很好。但那得益于群众场面之类的恢宏。要我说,契诃夫或易卜生或豪普特曼[①]或者您的某部小说改编成音乐剧,那简直会是糟蹋。

其实真正起到教育(教化)作用的是电影。我说过,这种作用并非刻意为之,但实际效果就是如此。电影和百老汇作品(就是"音乐剧",常有"百老汇音乐剧"之称)吸引了绝大部分的戏剧观众。而"娱乐产业"通常指的就是电影。电影不像音乐剧,不是演完就完了。有很多制片公司,每个公司每年生产好几十部电影。这些电影上映时间不及音乐剧长,但是地域分布更广。在电视出来与电影竞争之前,美国几乎每个居民区(有大约几百位居民)都有一个电影院。每人平均每周看两三场电影;而电视观众则把所有人一网打尽,包括幼儿。每人每天看电视的时间为数小时。这种活动(不如称之为"被动"),亦即听和看,就是消费所谓"娱乐产业"制造的产品。这个产业产量巨大,说明对它有巨大的需求。其存在并不是毫无道理,而是遵循了"投人所好"的原则,这可是对民主的认可。

那怎么就有了教育的特征呢?

我这就要说到。加拿大有个著名学者叫马歇尔·麦克卢汉(Marshall McLuhan)。他提出一个定理,"媒体即信息"(The medium is the message)。这句话乍看好像不明白。但是我

---

① 戈哈特·豪普特曼(Gerhart Hauptmann,1862—1946),德国剧作家、诗人,他创作的《织工》以 1844 年西里西亚纺织工人起义为题材,被视为德国戏剧发展史上的里程碑。

曾经和他就信息传播有过一次长谈(他就住在维奇伍德公园,和我是邻居),终于搞清楚他什么意思了。他是要说明"线性"传播和"非线性"传播的区别。前者是按顺序进行的。话要一句一句说,按照词序,一个词的意义取决于它与前后的词如何相连。但是图形则一次说出一切。就好比高尔基反对把您的小说搬上舞台。内容中顺序的因素削弱了思想,因为必须先明白各种想法如何"编织在一起",才能理解其内容。但是在舞台上,顺序没有了,观众同时看到了整个情境。老话说得好,眼见为实。我们的大脑和批评性评价脱了钩,失去了挑战的目标。没人告诉我们:"因为什么什么,或者预见到什么什么,所以某人如何如何了。"人家"告诉"我们——不对,没人告诉,因为语词只是表象——人家"展示"给我们:明白了吧?说到整个戏剧的世界,最恰当的词莫过于"展示"。

当然啦,人在小屏幕(电视)或大屏幕(电影)上看到的图形并非随手采撷的。一切都受市场的宰制(DIKTAT)。想方设法。迎合民意。可我们怎么知道民意是什么呢?很好办,卖得好就是民意。但这种依赖其实是双向的。观众认同别人想让他们认同的角色,反对、惧怕、谴责给这些角色安排不好的结局,从古希腊悲剧到大众电影,所有戏剧莫不如是。20世纪开头几十年,美国电影院每到星期六下午只演一类电影,他们称之为"西部片"。票价五分钱或者一毛钱。观众以十几岁的男孩为主。情节都是"好人"和"坏人"展开血战。

“坏人”不是印第安人就是盗马贼，一般都戴黑帽子。“好人”则戴白帽子。这一类电影显然是为了迎合星期六下午花五分钱或者一毛钱去看电影的观众的需要而拍摄的。

其他的大批观众（市场、目标）最早则是以年轻的成人为主。从本世纪初开始，美国人谈恋爱必定要“约会”，一般是青年男女一起消遣晚上的时光。刚开始约会的对象经常变换，后来就渐渐专一了（也就是人们说的“定下来了”），再往后常常就是订婚和结婚。到目前为止，这项活动最普遍的内容的就是“电影”。电影哪儿都能看，又不贵。观众都坐在黑灯瞎火里。那会子在银幕上表现性交（今天很寻常了）是想都不敢想的事。但是亲昵行为，如长时间的拥抱和接吻等等是允许的，为这一“产业”服务的机构对此不厌其烦地做了明确的规定。不分时代，不论地域，人们总是把戏剧中描写的人物套在自己身上。电影于是成了各种乐趣的理想媒介。年轻人得到了他们想要的。在这一过程中，他们渐渐接受了同一种特定模式。银幕上的男女全都美艳惊人，而以女性尤甚。某一种女性美成为标准。女观众接受了这种标准，得其所欲，更重要的是，学会了欲其所得。

人们学到的另一个模式就是男性模式。理想的男性应该雄心勃勃，奋进向上。和男性对手交锋时多用拳头。其生活目标就是“成功”——主要是指商业或者运动中的成功。男观众接受了这种定式，得其所欲，学会了欲其所得。

这些我都知道。好莱坞已经成了琐碎的代名词。不过我也看过一些很好的电影,包括美国电影。

那当然。我也能说出好几十部呢。电影现在是重要的艺术形式了,是戏剧艺术的变体,有其独特的传播技巧,它的那种精微一点不亚于剧院的现场表演。

这又是如何形成的呢?

有市场呗。

可这卖得出去的产品也不一定就是琐碎的产品啊。

完全不是。并不是内容,而是媒体毁了品位,塑造了意识形态,腐蚀了价值观。

此话怎讲?

想想麦克卢汉的口号:媒体即信息。

这怎么扯得上呢?

“展示”的概念不限于我们所认为的戏剧。所有的传播形式中都有教育、竞选、宗教仪式、新闻报道,特别是所有消费产品的广告。

您说到宗教仪式。按您的意思,传统的宗教仪式全都可以视为“展示”,对不?

您所指的那些宗教仪式都是这样,即罗马天主教或者俄国东正教的仪式,有专门服装、专用器具和专门仪式。但基督教福音派的仪式就不是[“展示”],特别是在美国。他们的中心[①]在于布道,而不是仪式。在广播和电视屏幕上,“展示”不像礼拜仪式,倒是很像政治集会。不过最惹眼的展示要数广告和现场新闻报道。二者都被纳入“娱乐业”之列。

广告几乎无所不在。不论放映的节目在讲什么,总不免被所谓“商业广告”打断。“商业广告”的长度通常数分钟,有时不到一分钟,关掉电视太过麻烦,因此观众实际上被囚禁了。而这“商业广告”有时比电视节目还有趣。到底是“娱乐业”的一部分嘛。这里再次实现了麦克卢汉的口号。眼见为实。广告中的产品可以做成会变魔术的活物,它会向观众说话,做自我介绍。最关键的是,它很好玩。它的确达到了娱乐业的目的——娱人。它所传达的信息因此被人接受。若非如此,广告产品的生产商才不会投入数百万美元只为让上百万人关注一两分钟。

现场新闻报道也被纳入了娱乐业。有些报道是有社会效应的,例如对自然灾害的报道。美国人在这方面以其慷慨闻名于世。政府也做得很好,动员军队提供救助。人们亲眼看到灾害发生,便会产生捐钱捐物的冲动。另一方面,战争场面也在电视上直播,结果变成了“娱乐”。现场直播的战争场面与战争片中的场景别无二致,人们渐渐觉得大规模杀戮和大规模破坏是“正常”事件。

---

① 原文“cantered”,不通,疑为“centered”之误。

也许电视直播战争场面但并不播出大规模杀戮和破坏的画面,危害更大。我回想起 1991 年海湾战争期间那些空袭伊拉克的插播节目。

我也看过。

你看过?在地狱?

我告诉过你,我们在那儿有电视看。

那你就知道我在谈什么。从轰炸机上取景,表现天空被照得通明,宛如节日燃放烟火。传媒示喻:战争可以是美丽的,看见吗?美国人的大众娱乐,特别是电视节目,充斥暴力。年轻人平均每周看电视 20 个小时,目睹谋杀、谋杀、谋杀。有人估计少年进入青春期之前要看 45000 起谋杀。这才是最有效的大众教育。

您跟我说这些干什么?

我们在谈论戏剧的潜在教育功能嘛。要教育大众就必须培养大批观众。电影、广播和电视培养了大批观众。这些媒体最大的成功就在于有效实施了大众教育。看到这些教育的内容和效果,真令人不安。其最明显的后果是阅读实际上已经不存在了。一直以来,阅读不仅是传播信息的途径,也在传播信息的同时启迪思想。由于信息通过媒体传播得太快,思想必然一带而过。最要命的是,人根本不可能"回到"从前接受的信息,凭借新信息重新进行认真思考。不可能像重读一本书那样重读信息。《罪与罚》我读过多少遍啊,至少书里的某些部分吧，更不要说儿时读过的那些书了！我当然还能读了再读，但我孙子那辈人，他们可能一本书也没读过，他们失去了什么？

教育只有一种方法：说实话。什么媒体并不重要。用任何媒体都能说实话。用任何媒体都能说谎话。

那又如何分辨真假呢？

这可没法教。要么您知道，也就不用教了；要么您不知道，别人怎么说您也还是不知道。

这种说法太宿命论了。

随您怎么说吧。

这么着吧。咱俩走进了死胡同，也别瞎寻摸出路了，不如去看场电影，就是您的《永恒的丈夫》，看您有什么印象。如此一来，咱们就能脚踏实地地讨论戏剧里的“真实”了。

这就去电影院？

不去。电影院现在不放这部片子。这片子是在国际电影节上放映的。国际电影节选片时考虑的不是市场价值，而是对电影艺术的代表性。

那咱们怎么看？

就跟看《烈日灼身》(*Burnt by the Sun*)一样啊，不过您别再打断了。

我只是想安慰一下那位老人。

您？真难以置信啊。算了。我们看米哈尔科夫[①]的那地方是我儿子的住所，他有您的《永恒的丈夫》的录像。他实际上是克里斯·菲尔波特（Chris Philpott）的搭档，菲尔波特是那部电影的编剧、导演和制片人。

您说您看过好几部改编自您小说的电影，感觉如何呢？

各有千秋，一言难尽。

您有没有看过一部现代背景的？

怎么个现代法？

就是说，情节基本不变，但故事转移到了当代，角色都是这个时代的人。

从没看过。

《永恒的丈夫》就是这样一部改编版本。这种做法在北美很流行。我还记得第一部莎士比亚改编本。制片人和导演是奥森·威尔斯（Orson Wells）。他拍了“时装版”《尤里乌斯·凯撒》。那个时候他们把这种版本称作“时装版”。您知道那个时代发生了什么？您知不知道什么是“法西斯主义”？

您是说那个蹩脚演员墨索里尼？

---

① 米哈尔科夫（Nikita Mikhalkov），《烈日灼身》的导演。

对。是他发明了这个词。还有一个大独裁者叫希特勒,奥地利人,后来成为德国的最高统帅。

他可是那个……

费奥多尔·米哈伊洛维奇,我知道您想说什么,那个话题对您很重要,但咱们别说岔了。我保证咱们慢慢会说到反犹主义的。那个时代的人认为,法西斯主义本质上即民主的对立面,也就是说,所有权力集中于一人——一位独裁者。把《尤里乌斯·凯撒》搬演到现代,目的就是说明法西斯主义并非我们这个时代特有的现象,而是在凯撒的时代就以基本相同的形式存在着。因此,尤里乌斯·凯撒被塑造成墨索里尼的样子,而刺杀他的人都穿着黑衬衫。布鲁托斯一副有教养的绅士装扮,西服口袋里优雅地露出一角手帕。凯斯卡就是一个流氓;马克·安东尼让人想起晖·朗,当时一个煽动群氓的政客。于是这出戏表达了某种意识形态。法西斯主义的社会学意义和心理暗示被表现为普遍现象。我觉得这反映出奥森·威尔斯的观点,他认为戏剧是宣讲人类“真实”状态的载体。您以为如何?

我不知道。也许看过《永恒的丈夫》之后我就能发言了。

那好,咱们去我儿子萨沙家。我家没电视。

为什么没有呢?

瞧瞧电视都派些啥用场,您就明白了。到了。

[尽管陀思妥耶夫斯基的英语不比托尔斯泰差多少,我还是得不断向他解释。他问我,他笔下的阿列克谢在电影里叫阿列克斯,可巴维尔为啥改叫彼得,不叫保罗呢?我说,小说里的巴维尔·巴夫洛维奇改叫彼得·彼得森很容易,因为彼得森是英语国家的常用人名,而“保罗森”就显得怪里怪气的。我还解释说,电影一开头就得让阿列克斯失业,唯有这样,他对彼得及他(和彼得的妻子生下的)小女儿那份痴心,才显得真实。这里也隐约影射了小说开头阿列克谢那场旷日持久的官司,以及故事结尾他打赢那场官司。]

什么官司?

他起诉政府无故将他解雇,并赢了那场官司。政府必须重新雇用他。

起诉政府?没开玩笑吧?

费奥多尔·米哈伊洛维奇,我怀疑您并没有真正关心这个地球上的事情,不然您就不会觉得这样的事如此荒谬。

我接着说。如今在美国,一个家庭有八个女儿,不大可信。所以阿列克斯离婚的姐姐只有一个五岁的独生子。她很乐意收养遭到戴绿帽子的父亲虐待的丽莎。彼得的丑事无法复制,例如把得了绝症的女儿撇在医院,却和一群人忙乎他对手的葬礼。所以,电影里改为他在引诱者的墓前丑态百出,招来阿列克斯的一通老拳。

剃刀(其实是菜刀,因为现在很少有人用老式剃须刀了)那一场保留了原文所有的恐怖。我想就这一场说说电影中音乐的使用。[20 世纪]30 年代以前,电影都是“默片”。人物说的话单用一帧写出来,需要打断表演。如果放映这些画面时完全没有声音,会很可怕,因此现场有音乐伴奏,请人在影院弹钢琴,曲目当然是随兴所至,华尔兹、进行曲、感伤的浪漫曲,不一而足,未必和银幕上的情节有什么关联。后来人们渐渐开始挑选与表演相配的音乐。这时每部电影都配有一份“乐谱”,规定每支曲子演奏多长(以便配合特定的场景),精确程度到了秒。一些豪华大影院甚至使用交响乐队。后来“有声片”取代了默片,这些就都没有了。但音乐伴奏保留了下来。一种新的风格出现了,音乐并不是让人认真听的,而是在潜意识层面引导观众,影响他们的心情。就说《永恒的丈夫》中菜刀那场戏,背景音乐戛然而止,沉默使得场面的紧张愈加无法忍受。

[电影放完了,我们沉默地坐着。我等着陀思妥耶夫斯基先开口,而他,我猜,大概等着我问:“怎么样?”这样就显得他说的话是我让他说的,而不是他自己要说的。他赢了。我终于说……]

怎么样?

电影结尾,“永恒的丈夫”失声痛哭,这什么意思呀?

我看很清楚嘛,就是要强调悲剧性,使人对一个可笑可鄙的人产生同情。

小说是这样吗？

当然是啦。可您不是亲口说过您没有写戏剧，因为在戏剧里中心“观点”只能说一次，而您做不到吗。您必须从头至尾不断重复。

那么依您看，《永恒的丈夫》的“中心观点”是什么呢？

不是很清楚吗？不就是一个男人的悲剧嘛，他一心想得到爱，却完全不会爱别人。

可为什么非要在一百年之后把这个故事搬到大洋彼岸呢？

现在这种事很常见呢。我说过奥森·威尔斯的现代版《尤里乌斯·凯撒》。美国杰出的指挥家和作曲家伦纳德·伯恩斯坦把《罗密欧与朱丽叶》改编成百老汇音乐剧。背景放在纽约，蒙太古和凯普莱特两家变成了两个对立的少年黑帮。

我记得您说过百老汇的音乐剧完全是对戏剧艺术的粗野糟蹋。

大部分是。但这些改编作品（不论改编者有意还是无意）的总体意图是展示严肃戏剧作品中表现的主题具有普遍性。也就是说，它们能跨越任何时代、任何文化、任何媒体。还有一个例子，就是根据耶稣受难的故事改编的摇滚歌剧，《超级明星耶稣·基督》。

摇滚歌剧是什么？

抱歉,费奥多尔·米哈伊洛维奇,我现在不能细说。还是回到主题吧,也就是咱们的讨论。在戏剧的主要作用上,咱俩意见一致。戏剧应该通过人的相互关系和主要由人引发的事件展示人的状况。(在旧时代,神和复仇三女神等都被当作人加以刻画。)我要告诉您演艺业如何扭曲了戏剧的那种作用,戏剧如何变成了虹吸管,吸入金钱,流出"娱乐"。对"娱乐"的需求全由所提供的娱乐塑造,和任何一种可以出卖获利的商品一样。

就是说这些现代改编本是在努力保存咱俩认同的戏剧的作用咯?

是这样吧,这表现在两个方面。"翻演"说明人类心理关键成分的普遍性。有时改编也是绕过市场独霸的一种方式。

怎么呢?

《永恒的丈夫》就是这样一个例子。用美国人的话说,拍这部电影只花了一根鞋带的钱。也就是说,这部电影的成本只是商业电影成本的一个零头,有政府补贴就完全够用了。加拿大政府至今还有专款为艺术提供补贴,欧洲也是这样。我不清楚美国有没有,美国人将市场视若神明。

我明白这种做法的意义了。但我觉得您所说的人的状况的"普遍性"和我的作品没什么关系。我写作时可没遵循什么全球普遍性。我所有的作品、我的关注点,完全在俄罗斯:真正的俄罗斯人的灵魂，俄罗斯对人类历史的使命，特别是对人类生存目标的使命。我的作品一旦从俄罗斯这个环境中抽离出去，就失去最本质的东西了。

但您的作品并不是这样，费奥多尔·米哈伊洛维奇。全世界的人都认为这些作品对世界文学做出了最伟大的贡献（和托尔斯泰做出的一样）。可见您说得不对。您在晚年才戴上沙文主义的面具，那时您的《作家日记》都已经出版了吧。我可告诉您，我还会说到这个话题的，不管它带着多少刺，不管您觉得多么不舒服。先歇会儿吧，好吗？

第三章　关于恶、自我剖析、精神病学及相关话题

为什么这么闷闷不乐,费奥多尔·米哈伊洛维奇?昨天您还生龙活虎的,感觉跟个大活人聊天特别兴奋。

要把我诊断成躁狂抑郁症患者,是吧?

哎呀,我只是关心您罢了。发生了什么吗?

我不用负任何责任,怎么会有麻烦事呢?我只是在想托尔斯泰。我错过了跟他交流的机会。

也许我们能再来一次。您想让我再召唤一下他么?

不会管用的。

您怎么知道?

我就是知道。在我俩都活着的时候,他就不想跟我说话。

您联系过他么?

没有,那样只会让他尴尬。他会出于不让我感情受到伤害而

见我，但并不是真心想见我。

您怎么知道？

我就是知道。

您觉得他把您想成是一个坏人？

是的，但他并不想承认，更不想让我知道他这么想。

他在回应斯特拉霍夫（Страхова）的冲动时为您辩护了。

半心半意。

我在他回复斯特拉霍夫的信件中并没有看出来啊。

托尔斯泰对我的看法您知道什么？

只通过他留下的文字。我当时有机会问他，但我没有问。现在感到挺后悔的。但我跟您说件事，您就知道他是怎么看待您的了。托尔斯泰离家出走的那个11月的可怕的夜晚，不知道您有没有机会跟着他？

没有，但我听说了。

他当时随身带了两本书，您知道是哪两本么？

不知道。

一本是莫泊桑的《一生》，另一本就是《卡拉马佐夫兄弟》。

这能证明什么？他不是因为莫泊桑对性的专注而厌恶他么？

在读过《一生》之后他彻底改变了这种想法。

好吧，但他没改变对我的看法啊。他跟其他人对我的看法一样。

比如说谁?

屠格涅夫。

屠格涅夫怎么看您?

他认为我是个性施虐狂。此外，斯特拉霍夫觉得我是个有恋童癖的人。斯特拉霍夫是个阴险之人。他假装无比崇拜我。在我死后，他立刻就找到安娜·格里戈里耶芙娜（Анна Григоръевны），要她同意由他来写我的传记，并付钱给他。随即他又寄给列夫·尼古拉耶维奇（Лъву Николаевичу）一大批关于我的传记的材料，其中有一篇是对我的诗歌《缪斯》的评论，他说"脆弱且傲慢的理想主义"是我作品中最显著的标志。又说我"善于运用善良和邪恶"（管他想说什么），使我自己像《神曲》中但丁般堕落到腐败的极点，并依旧能发现人类的善良。总之，斯特拉霍夫假装认为我"对人类充满希望"（高尔基多年后否认了这点）。他说正是"我对人类的希望"成为了我的"缪斯"。挺美的，是吗？如果有人请他来为我的葬礼致悼词，他可能会在我的墓前说这番话的。

几年之后他给列夫·尼古拉耶维奇写信提到，他认为我既不是个"好"人也不是个"幸福"的人。注意他把"好人"庸俗地等同于"幸福的人"了！他说我既邪恶又放荡。他指责我整个一生混乱不堪，要不是我如此邪恶并有些小聪明，那会使我变得可怜之极同时又荒唐可笑的。这就是自称是我最亲密的朋友的男人。我猜他幻想着自己之于我就像是契尔特科夫(Чертков)之于托尔斯泰——契尔特科夫可是托尔斯泰崇拜的开创者啊!

他还详细叙述了发生在瑞士的一个意外。关于我非常粗鲁地跟一个服务员讲话的事。是的,我当时表现很粗鲁,当时有个什么事让我发火了。然后那个服务员抱怨道:"我,也是个人啊。"斯特拉霍夫说他把这个事儿放到我的传记中了。斯特拉霍夫从不厌倦地挖掘着新闻。您相信么?他说我跟别人炫耀我强奸过一个小女孩,小女孩的母亲让我带小女孩去澡堂洗澡。小女孩一定都没有到5岁,所以才能进男士澡堂。实际上,我给一些朋友读过《群魔》中被删减的一章。那章中斯塔夫罗金强奸了一个女孩并到处炫耀。

然后斯特拉霍夫流下了虚伪的眼泪。要是他能找到真实人心的温暖,即使是闪光——他写道——就一瞬间的忏悔,他也会宽宏大量地原谅我。但是他看不到我任何的优点,唯一能看到的就是我的自大。至于我的"人性主义",只是想想罢了。他觉得让人恶心,这是他的原话。

到结尾的时候他写道,他并没有打算把这些内容写进我的传记中。他只想让人看到我生活的表面,而不是里面。让真相消逝吧,他写道。

在我死后我才发现这些,但之前我一直怀疑。你隐瞒不了你的本来面目。斯特拉霍夫是个典型的神学院毕业的学生,一个彻彻底底的伪君子。面对恶时,作为一个本身就很卑鄙的人,他不会真心感到恶心的。他私下里是个酒色之徒,并时刻准备因为相当的肥胖和粗野的淫欲出卖任何人及任何事,出卖他无心关心的社会责任,出卖他不在乎的工作,出卖他并不具备的完美,并不是他不相信完美,而是他身体厚厚的脂肪阻止他感受任何事。我以后还会更多地谈到这类文人。我必须持续不断地将其曝光,撕下他们的假面具。

您告诉过他您对他的看法么?

当然没有。

所以这号人就更让您,是吗?

至少我守口如瓶。他在托尔斯泰面前诽谤我。安娜·格里戈里耶夫娜在死前不久发现了1913年那封信。“太令人惊讶了!”她不停地说。但这是谁干的呢?我们最好的朋友,见证过我们婚礼的朋友……如果尼古拉·尼古拉耶维奇还活着,我一定会因为他的卑鄙给他一巴掌的。其实托尔斯泰亲自问过她我是什么样的人。她说我是个温柔善良、聪明过人的人,是她见过的最宽宏大量的人。

我读过安娜·格里戈里耶夫娜给您写的短篇传记,费奥多尔·米哈伊洛维奇。我知道她是怎么看待您的。但我们回到托尔斯泰那里。您也许能想到,我最感兴趣的就是托尔斯泰对您的看法。所以才准备了这次与您二位的见面。(我多

希望能同时跟您二位一起畅谈）。我做过一些调查。托尔斯泰对您的评价非常零散，而且很奇怪的是这些评价通常是不连贯的。他从来没有系统地写过关于您的文字。我能找到的都是匆忙地记在笔记本上的，是交谈中的评论，由认识托尔斯泰等作家的人报道出来。在俄罗斯文学巨擘当中，高尔基是您的明确的反对者。他引述托尔斯泰说：

> ……他的血液中有某些犹太人的东西。他让人疑窦丛生，自视过高，困难并不幸。这是奇怪的……我不明白为什么！真的这没用并且痛苦，因为所有这些白痴们，少年们，拉斯柯尔尼科夫们和其他人物；他们原本不该那样；所有这些人物本该简单得多，容易被理解得多……

我发现几乎不可能相信，托尔斯泰会做出这样的评论，甚至更难相信高尔基会做出。这里有我可能搜集的托尔斯泰说到您的所有材料。他认为您是个伟大的思想家，但不是个好作家。至于您的性格，他在给斯特拉霍夫的回信中有点故意回避谈论。但可能他暗示您作为艺术家的不足正好抵挡了斯特拉霍夫对您作为一个人的充满敌意的责难。托尔斯泰把您跟屠格涅夫（作为艺术家，记得么，而不是在道德维度上）相提并论。他把您视为永恒的“搏斗者”并把这视为一个艺术家身上的弱点。他把您比喻成一匹骏马，当然骏马也有被绊的时候，有时候引出灾难性后果，比如说把人甩到泥沟里了。屠格涅夫,正相反,不会“被绊”。他就像是匹可靠的马驹(虽然不光鲜靓丽),能把你从一个地方安全送到另一个地方。在某处,托尔斯泰感言,在名人堂中屠格涅夫会“比您活得长”,似乎是这样。嗯,现在您知道,不见得是这样吧。

托尔斯泰和屠格涅夫好多年不说话呢。

我知道。我都知道。我们回到主题。下面是列夫·尼古拉耶维奇就斯特拉霍夫的冲动给斯塔拉霍夫写的信:

> 我应该怎么说我对陀思妥耶夫斯基的看法呢。您,描述了您的感情,同时也表达了我的部分感情。我从来没有见过这人,也从来没有跟他有过任何直接的交流,但当他突然去世,我明白了他是我最亲近、最亲密的人。我自己是个作家,所有作家都自以为了不起,妒忌心重。我自己至少也是那样的作家。我从来没有想过拿我自己跟他作比较,从来没有。他做的所有事情(那些善良的、真诚的事情)都好像是,他做得越多,我收益越大。艺术勾起妒忌,智慧也同样,但是出自他心灵的著作只引起喜悦。所以我把他视为朋友,想着有一天我俩应该见个面,如还没能见面,我会一直耿耿于怀。突然有一天,在我独自吃晚饭的时候,我听到了他去世的消息。有种支撑我的东西,从我身上消失了。我非常沮丧,直到这时我才明白他对我的重要性。我一直哭泣,

现在依旧不能自已。

当某人去世时，我们都会有这种感受。您知道托尔斯泰为什么管我叫作“搏斗者”么？他对我“被绊倒”的描述，跟他对我是作家持保留态度有什么关系？

您知道托尔斯泰认为您哪一部作品最好么？

《卡拉马佐夫兄弟》？

不，是《死屋手记》。

为什么？

这是他给斯塔拉霍夫写的：

> 在所有的现代文学中，我不知道哪本书，包括普希金的，比这本更好……

它显然是一本自传，您同意么？

同意。

它是一本描述一个杀人犯变成一名虔诚的基督教徒和一个有洞察力的心理学家的故事。他发现了他人，包括杀人犯的优点。他变得有能力去爱了。您能猜到斯特拉霍夫认为最具有自传体性质的是您哪一本著作么？

《地下室手记》？

没错。您不觉得托尔斯泰也是这么认为的么？把您的《地下室手记》当成您的自传。

他会么?

他肯定会的。他管您叫无休止的搏斗者,您对他所谓的“碎片对话”有着不能自已的执着,这种挣扎是无法消停的,这也是《地下室手记》所要表达的唯一内容。

那他怎么能调停两幅自画像呢?——涌现出来的基督徒和无可救药的憎恶人类者。

想想《死屋手记》引言那一章,按理应当是陀思妥耶夫斯基介绍小说的主人公,而此人随后就成了第一人称叙述者。想象亚历山大·佩罗维奇·格里安奇可夫(Александр Петрович Горячников)(那个因妒忌在婚后第一年就将妻子杀死,然后又去自首的人)是怎么在出狱之后完全与世隔绝,并在西伯利亚一个小村子里租了间房子,以给房东的女儿们当家庭教师为生。陀思妥耶夫斯基在《死屋手记》的前言中写到,他从格里安奇可夫的房东那里了解到,格里安奇可夫本人是个非常博学和非常安静的道德方面洁白无瑕的男人(他从未以女儿们的家庭教师自居),但是又极其腼腆,与镇上任何其他人,乃至据悉居住在俄国欧洲部分的亲戚都没有联系。当然前言的作者(陀思妥耶夫斯基)却说他非常努力地想跟之前的受害人建立联系。

他时常显得深不可测,想跟他聊聊天都非常难。当然他会回答我提出的问题，因为他觉得那是他的义务，但问题一旦被回答了，我也就不好往下问了……我记得有一次，那是一个夏天的晚上，他独自一人待在沃茨迪科夫的家中。我突然觉得应该请他到我家来坐坐，抽根烟什么的。我无法形容他当时露出的恐惧表情。他感到很困惑，嘴里嘟囔着什么，并露出生气的表情，扭头跑开了。

所以托尔斯泰并没有在服刑后的格里安奇可夫身上看到萌生的“基督精神”，而是一个病态的隐居者，也可能是个厌恶人类者，就像是斯特拉霍夫从《地下室手记》的描述中看到的一样。您怎么认为，费奥多尔·米哈伊洛维奇？

您怎么认为？阿纳托尔·波里索维奇？

我能怎么想？我在跟一个我幻想出来的人物说话，这个幻想出来的人还让我说他代表了什么样的一种人……

那怎么了？您不是有很多证据么。而且您还要把他们写成书，不是么？其实，您已经在写那本书了，对么？您还为此做了好多调查。所以您是有资格说一些有道理的话的。来，说吧。

《地下室手记》的叙述者被塑造成了一个集万恶于一身的形象。如今我们会说这个男人有怪异的“自卑情结”，处在像弗洛伊德描述的一种心境中。所以，他试图否认自己是处在这样一种心境中，其做法就是极其残酷地对待身边他能够残酷对待的所有人。在书中他的大部分独白中，他一次又一次地把自己说成是粗野的恶棍——敞开心扉，引人注目。我为什么要向您说这些呢？这书是您自己写的。

我也不知道，也许您是想让我相信您读过这本书。

不是，我们严肃点儿。我是在告诉您这本书是如何影响我的。

怎么影响的？您同情这个恶棍么？

我对他的感情如同一个外科医生看待他的病人的感情一样。

那是什么感情？跟修表工对一块坏表的感情一样么？

还真是个不错的比喻。

只要提到“地下室男人”，就能想起最后一幕。丽萨（Лизе）来到他悲惨的住所，面对这个残暴折磨过她的男人，她心生一丝缥缈的希望，觉得这个男人心里还是有一丝人性的光芒的。然后这个“地下室男人”继续着他的辱骂：

> “你为什么来找我？回答！回答我！……让我来告诉你为什么，我的好姑娘……你来这里是因为我那时跟你说了些温柔话。所以现在软弱的你又想来再听些温柔话。实话跟你说吧，我那时是在嘲笑你而已。我现在也在嘲笑你。你为什么要发抖？没错，我就是在嘲笑你！那天晚上我是刚刚被比我先来的人侮辱过的。我想去找他们报仇，但没有成

功。没有找到他们中的任何一个。我当时一定要找个人报复;你正好出现了,我就把气撒在了你身上。我被羞辱过,我也要羞辱别人;别人把我当块破布扯来扯去,所以我要展示下我的力量……仅此而已,你以为我当时出现是为了去救你的,是吧?你是这样觉得的吧?是吧?

“救你?……救你什么?我在跟你讲道理的时候,你为什么不拿东西扔我?……力量,力量是我当时想要的,娱乐是我想要的,我想让你流尽泪水,尝尽羞辱,让你歇斯底里——这就是我当时想要的!但是我没有继续,因为我是个可悲的人。我当时害怕了,但鬼知道为什么会给了你我的地址,简直就像是个讽刺剧……”

但就在这时,奇怪的事发生了……被我侮辱了一番,几近崩溃的丽萨,好像明白了更多的东西。她像是知道了作为女人最容易了解的那一点,就是如果真爱,那我一定不会是开心的……然后她一下冲向我,抱住我,痛哭了起来……

“他们不让我……我不能变成好人!”我一字一句地说;然后我走向沙发,脸冲下趴在了沙发上,哽咽了有一刻钟……她朝我走来,搂住我,一动不动。

我整理了一下情绪,抬起头……一直以来我以为我只是羞于看她,但那时,我确信,有另外一种感情突

> 然在我心中被点着，并燃烧了起来……一种主宰和占有欲。我双眸发亮，紧紧抓住她的双手。我之前有多么厌恶她，现在又是多么被她所吸引。这种感情将其他所有感情都加剧了。就像是一种复仇的行动。她最先露出惊讶的表情，甚至有点恐惧，没过多久，她温柔且激动地抱住了我。

您知道之后发生了什么……

嗯，知道。我读过这本书。我还读过伊万诺夫对这个场景的解说。您读过伊万诺夫对您的创作的分析么？

您指的是《圣殇》？

没错。拿您躺在丽萨腿上的场景跟米开朗琪罗的雕塑《圣殇》作比较。

哎，如果您读过《卡拉马佐夫兄弟》中“宗教大法官”那章，您就会知道我对于被困在天主教堂中的感受了。

我想说的不是您对文艺复兴时期艺术的感受。我只是想知道米开朗琪罗是不是也会时常像您一样想到善良的东西。他的天才体现在雕塑中，就像您把天才体现在文学中。我们回来继续谈我对同情的认识吧。先不说灵魂；说说被折磨的肉体。以一个病入膏肓的孩子为例，比如说，托尔斯泰的小儿子万尼卡（Ванечку），在7岁时快要死了。那个家中充满对他的同情。但假如当时有个精通现代医疗技术的现代内科医生神奇地穿越了过去,并且,在他的照料下,孩子在几天后病好了。谁做出了最大的善举?或者拿托尔斯泰另一个快要死去的孩子伊万 ·伊里奇(Ивана Ильча)为例,那个家里没人怜悯他。他得到的唯一怜恤来自于他的“奴隶”。把那“奴隶”的怜恤同那现代医生的有效医治比较一下,是谁“赐予”了伊万·伊里奇另外30年的生命?谁对伊万·伊里奇更友善呢?

格拉西姆(Герасим),那个“奴隶”。

可我会说是那个内科医生。

意见不同罢了。

价值观不同。在这种情况下,在精神病医生眼中一个精神病患者更像是一块坏了的手表,而不大像是慢性病患者。

您说精神病医生,意思是指“灵魂医生”?

差不多吧。

他们真的可以医治病态的灵魂?

哎,现在您让我如立危石。我也不知道应该如何去评价当代的精神病学。它可能相当于现代医学在您那个时代的阶段,当时致病微生物刚刚被发现,但只有一种杀灭病菌的药物。那是戏剧性地战胜包括小儿致死性疾病在内的主要传染病的时期。现代精神病学最大的成就是发明了精神病治疗的药物。通过这些药物,神经分裂症患者也能正常生活了。比如《女士日记》的作者果戈理，被诊断有神经分裂的症状，但他继续着他的工作，而没有在当时充满地狱般折磨的疯人院里终结一生。除了这些贡献，我还真不了解当代精神病治疗还有什么作用。让我们回到传统医药的话题。还记得屠格涅夫笔下的巴扎洛夫（Базаров，《父与子》中的人物）么？

那个医生？

真奇怪，费奥多尔·米哈伊洛维奇，您怎么让我想起了歌德的梅菲斯特来了呢。还记得《浮士德》的序言么？大天使为主唱着和撒拿，赞美其造物之荣耀。歌德的梅菲斯特把人类描述成悲惨的生物，指出他们称为“理性”的东西使他们比任何野兽还要狂野。主问道：

“你是无所不知的浮士德？”

梅菲斯特：“那个医生？”

接着说。巴扎洛夫怎么了？

他自称是个“虚无主义者”，对么？他不屑一切情感。甚至嘲笑用感情而非技巧演奏大提琴的老科尔萨诺夫。您有没有发现他“比所有的野兽更加狂野？”因为他嘲笑所有源于“感情”的事物。有没有觉得他有点像您笔下的斯特拉罗晋（Ставрогина）和《群魔》中的那些恶魔们呢？如果您有个生了重病的孩子，你会寄希望于同情去挽救他，还是会寻求巴扎洛夫那种人的帮助呢？

我关心的是灵魂的病理学。巴扎洛夫对此无能为力。

好吧,那应该是精神病学家关心的。我说过它还在初期。它有可能走上用药治疗的光明大道,也可能走进被庸医行骗的歧途。

你们的精神病专家们会如何治疗像《地下室手记》作者这样的一个人呢?

精神病学研究的程度还远不如医药学,医药学现在都已能做到从预防到治疗,甚至完全根除疾病的程度了,例子众多,效果显著。这是通过好几十年专注的研究,使用最先用于物理学的屡试不爽的试验方法才达到的。对精神病学的研究还没有达到传统医药学的研究深度。所以现在的精神病治疗诊所,都是采取观察推测、民间偏方和前人所诉的方法,而非建立在系统研究或者多种严谨的评估方法基础上。如果您希望了解,我给您讲讲一种有希望的方式应该包含什么。我们不是正好在谈论"地下室人"么,那我们就想象着把他当成个病人。我幻想出来的情景(因为此时此刻也是我幻想出来的),有目前医药领域最近的发现。照顾到上下文,我会对标志所说的"科学"医药进步的成就,做简要的回顾。

我说过,第一个引人注目的突破是发现病理微生物的作用。具有讽刺意味的是,行业内把科学医学等同于江湖骗术的指控是同这项重大发现联系在一起的。行业外,我们爱戴的文学巨人列夫·尼古拉耶维奇·托尔斯泰和伟大的英国剧作家乔治·萧伯纳也在嘲笑这项发现。该不会这么巧,萧伯纳也正在地狱里吧?

您觉得呢?

我觉得他一定在。在他的剧作《回到马修撒拉时代》中,他预设了人类300世纪的历史。他肯定想发现自己的身份是个先知。但是等一下。您不是说过无神论者都是不被承认的吗?

您印象中萧伯纳是个无神论者?

他不是么?

差远了。但先说说为什么您说托尔斯泰适合被归入怀疑论者?

我也不确定托尔斯泰是不是,但我怀疑他是。在他的讽刺喜剧《启蒙运动的水果》中,讲述了三个农民来到市内一位亲戚的公寓做客,公寓的女主人觉得他们给整个房子带来了传染病而气得不行。在厨房喝茶的时候,其中一个农民向其他人解释女主人正担心的事情。下面是一位农民跟公寓的仆人的对话:

> 农民:比如我会问些啥呢?她说过那个什么“大细君”,说什么“他们带进来好多大细君”。她说的是什么呀,那些“大细君”?
>
> 仆人:哦,您说的是大细菌。他们说那些是非常大

的虫子；所有病都是源于它们。她的意思是您身上有这些虫子。您走之后，他们会在您待过的地方喷洒药物并清洗。有方法，能弄死那些虫子。

萧伯纳怎么呢？

在他的歌剧《真相毕露》（*Too True to Be Good*）第一幕中，一位患重病的姑娘躺在床上。另一个扮演微生物的角色（就是刚刚在托尔斯泰的喜剧中被错读成“大细君”的东西）坐在床边，抱怨着“他”是多么的痛苦。并埋怨这痛苦就在重病的姑娘身上。“她怎么不赶紧死掉呢，那样我就能逃离这地狱了。”说着他号啕大哭了起来。这部剧可称为讽刺剧。但萧伯纳在用疫苗抵御天花这件事情上可是斩钉截铁地认为那是庸医之术。他临死之前都是那么认为的。当然，他也可能始终是假装不信，可是你没法儿跟萧伯纳这么说。

您相信医药？

如果您想知道我信什么，您一定得先了解一下我是怎么定义信仰的。来说说吗？

以后吧。还是以后再说这个吧。我们还是回到作为一个精神病患者的地下室人身上吧。

我同意。但是我觉得我们得再聊聊更前面的。费奥多尔·米哈伊洛维奇，您看，我们有一个世纪的差距呢。我特别想真正地了解您，我也自不量力地认为您也是很想了解我。但我并不记得您让我解释过我说的话或词的意思。您觉得词句“自然”有意思是理所应当的……总之，我们得再离题一次，希望这是最后一次了。人性是您思考最多的话题。其实您所有的文学著作都是围绕着人性展开的。您觉得人性是什么呢？

是您用了“人性”这个术语，应该由您来给我解释一下吧。

不，我想知道您是怎么理解的。如果您不想用寥寥数语解释，那您能回答些具体问题么？您觉得遗传的敌对态度——我们管它叫作攻击性——是人性中的一部分么？

这种通过不同形式遗传下来的性格基本上所有人都有。

您说“基本上”，就是说有例外。

非常罕见。

比如在您圣人般的角色中，麦什金王子（князь Мышкин）啦，阿辽沙·卡拉马佐夫（Алеша Карамазов）啦，桑娅·玛尔麦拉多娃（Соня Мармеладова）啦，这些就是例外吧？

是的。

那您会说，您的那些底层社会的人把这种攻击性延续放大到可怕的极端，还不时徒劳地尝试压制它，失败了他们就变得更加邪恶好斗？

这就在那儿摆着呢，不是么？

没错。所以我们要是把这个地下室男人想象成一个精神病患者,那么找出人的基本自然特性被可怕夸大的原因是理所应当的。您同意吗?

怎么找到您所说的"原因"?

首先,我们来看看我们是不是能够推测出我们有时说的"攻击本能"的根源。

您怎么能推测出作为某种东西本性的一部分的某些东西的根源呢?如果不是某种与生俱来的,那么某种东西的"本性"又是什么呢?

这就是我们的思想差距,费奥多尔·米哈伊洛维奇。我有个非常好的朋友,叫肯尼斯·保尔丁。他在创造名言警句方面无人能敌。有一句是:"事物是它们一路走过来变成的那个样子。"(Things are what they are, because they got that way.)乍听感觉这话没意义,但当你认识到大多数人都相信,每样事物现在的样子是因为它们过去走过了自己独特的道路的时候,你就不觉得这句话没意义了。事物不是在原地不动。它们进化。"人性"不管是什么,它也一直在进化着。您听说过进化吗?

您指的是我们是从猴子进化来的,不是吗?

哪里。进化并不是一条直线,而是一棵树,并且一直在生发出新生的枝芽。如果追溯人类的祖先,当他们还是猿猴时,我们一定能找到我们共同的祖先。也有理由相信我们的祖先曾经栖息在树上,是食草动物。渐渐地,他们的后代下地活动,变成了食肉动物——捕食者。

所以我们的祖先们就要以杀戮为生,是么?所以这就是“攻击本能”的来源,对吗?

错。就攻击和捕食两者有显著的不同这个话题,K. 劳伦茨[①]做过有名的论述。捕食进化成杀戮是为了得到食物。吞食同类的生物(食人族)是很少见的。捕食者只会杀其他种的成员。攻击性的定义是,同种间的冲突。同种的争吵,通常是为了雌性(或者许多雌性),或者是为了领地。值得一提的是这些争斗并非是致命的,知道这点很重要。

但男人间的争斗,死亡是常见的现象。战争就是个不折不扣的屠杀嘉年华。

没错。对人类攻击性进行解释的时候,我们一定要将这点考虑进去,而且这种解释一定要用先进的科学指引而不能靠神学。牢记进化发展是在有生命的自然界中无处不在的,那我们就看看这所谓的“攻击本能”是怎么进化出来的吧。我提到的进化论理论来自于达尔文和华莱士(Wallace)。支撑进化过程的核心理念是他们所说的自然选择。常言道“有其父

① K. 劳伦茨(Konrad Lorenz, 1903—1989),奥地利动物学家、动物心理学家、鸟类学家。

必有其子”，一般来讲是正确的（一只狗一定不会生出只猫来），但有时候也不完全正确。在同一物种的繁衍过程中有时会随机性地发生微小变异，就像是按物种设计图复制时发生差错一样。某些变异可能会因为适应周边的环境而取得某种小小的优势，比如说，捕食动物的爪子和牙齿变得尖锐了一些，这样会使捕获和咬死猎物容易些，又或某些被猎食动物腿脚变得灵活了，这样会让它们更容易逃离捕猎者。这种进化的结果会导致幼崽（同种的后代）在某种程度上更容易存活，从而繁殖出更多的同类。这种微小变化的遗传“原子”（叫作“基因”）也会被遗传下去。这样，几世纪之后，几千年后，甚至更长时间之后，具有更多优势的后代会在种群中占据主导地位。这就是达尔文为生命造物的完美设计做出的解释。之前对于物种适应特征的解释主要是“目的论”：大自然母亲本应该赋予捕猎者尖爪利齿，好让他们捕捉猎物；也本该赋予猎物们敏感的感官功能和灵活轻便的腿脚，好让她们在第一时间侦察到敌情，并逃离捕猎者。在物竞天择、适者生存的理论下（在普通微小变化代代相传的基础上，逐渐地进化），就没有必要再相信乐善好施的上苍会去同时“关心”捕猎者和猎物了。

这是无神论者的论证，是吗？

不一定非得是，如果您愿意将上帝从这种无意义的行为中解脱出来的话：造就更具有攻击性的捕猎者，同时又让更多的猎物从它们眼皮底下跑掉。

我发现您用男性代词“他们”来指称捕猎者，用女性代词“她们”来指称猎物。您觉得攻击性和性需求之间有什么联系吗？

我是这样称谓的吗？有意思。要是有个精神分析专家，他会马上指责我这弗洛伊德式的口误[1]。您知道那个吗？哦，算了，我不能跑题。但是，其实我本来也想说说男人的攻击性和性需求之间的联系的。我现在想强调的是，至少在脊椎动物当中，雄性的攻击性已经变得有适应性了，也就是说，经过了以百万代计的子孙的发展，它已经根植于人性当中了。

所以，无论如何，您是认同攻击性是存在于人性的遗传中的。

是又不是。此外，即使我的回答更接近于“是”，那也有很多结论是难以自圆其说的。您知道，男性靠身体力量争夺女性已是很早以前的事了。所以，即使攻击性曾经代代遗传，它也早就萎缩得差不多了，因为它并不是优胜者的“适应性”（你应当永远记在心里）而只是在生育年龄期限内尽量多繁衍后代的趋向性。这种部分萎缩的特征在很多种生物，包括人类中都能发现。有些人耳朵能动。这种特征非常有可能来自于我们祖先当中的一些类人猿，他们会在遇到危险的时候动耳朵。但最终这种功能没有多大用处；所以当它在变异

---

① Freudian slip，指由于潜意识的影响而产生的错误的动作、话语或记忆。

中消失的时候,并没有产生什么负面的影响。在能竖起耳朵的物种中,这种进化不算什么。还有其他很多这种不疼不痒的特征存在。当然,这只是个臆想出来的例子,但它证明了人类有可能不再遗传着攻击性。另一个反驳人的攻击性是"与生俱来"的观点的论据更有说服力。

我在听。

谢谢。跟人类不同,在动物群体中为了雌性或者领地而发生的争斗,很少是你死我活的。这是因为:如果它们经常是致命的,那么引发争斗的本能就违背了多产的原则。实际上,好像"上苍"或"大自然母亲"特意给它们设计了一套在争斗中并没有多大用处的,也就是说不会造成什么严重伤害的"武器"。观察某些山羊向后生长的角,就会觉得它们要是想用这个角戳中对方会是多难。再看看麋鹿们的那顶"皇冠",它们富有"创意"的鹿角,可能会很容易帮助雄鹿吸引一只雌鹿过来,这也符合了多产的原则,但完全没有致命或致残的功能。或者再想想狼是怎么打架的。它们可是具有致命武器的呀。但是,在观察它们的时候却可以发现,它们似乎也会流露出慈悲之心。我说的是"似乎",因为我们不知道它们在想些什么,也就无从知晓它们的感受。但是我们看到了,在一只狼即将战胜另一只的时候,另一只会主动把脖子袒露给这只狼,好像在说:"好吧,你赢了;杀了我吧。"然而胜利的那只狼却弃它而去。也许道德主义者会把这视为狼都比人有"人性"的证据。但是,基于自然选择而与道德性牵涉较少的理论却更具说服力,原因是它同我们在自然界观察到的许多类似现象更相契合。

谈到人类,我不认为在现代战争中残暴的兽性是人类遗传残酷性的有力证明。相反,这只是高效的现代武器产生的结果。如今,你不用去恨谁才去杀他。在现代战争中,您当时那个年代无法想象,杀人者跟受害者完全是被分开的。慈悲或是残暴在这场杀人游戏中不控制任何角色。由此足以驳倒那种论点——说如今到处都有杀戮是人类道德堕落的明证。

您所有的这些论证是要得出什么呢?

得出结论,您把恶描述成在人身上固有的"某种东西",并把这当成一个神学问题提出来(您无疑是位能把恶描述得让人心服口服的专家)是错误的指引。

那这是哪种问题?

我跟您说过,这是医学问题。

那战争呢?也是医学问题吗?

不,那是系统问题。

什么意思?

我们谈到您对圣战很痴迷的时候,我再给您解释。

圣战?

您知道,就是反抗土耳其人。

什么时候?

您是指这场战争还是指我们的讨论?

我们的讨论。我已经不想讨论战争了。

一样一样来嘛。最关键的一件事,我们还是回到地下室人和他可怜的受害者丽萨那里吧。

所以,您从医学观点来看,他是个生病的人?

没错。还有您的大部分悲观主义者。

您把我也算在里头,是吗?

我不知道。我不是精神病医生。也许现在的精神病医生都不知道,最起码从阅读您写的东西当中无从知晓。他们得亲自给您检查一下身体才行,我觉得您不会同意的。

试想地下室人同意他们检查,怎么查都行,那对他又能有什么帮助呢?

您这个问题暗示您相信他们能帮到他。我也相信能帮助他,但我不知道机会有多大,也不知道什么方法最有效。我不是精神病医生。此外,我也不认为现在精神医学有多么先进,已经达到跟躯体医学过去达到的水平,譬如说,在您那年代,已经发现了病原微生物。在相应于上述发现的时期,我提到过某些药据信能解除精神分裂症的症状，让病人能正常生活。弗洛伊德推荐的一种精神疗法，现在还在被广泛采用。它好像对那些真正的精神病，那些失去意志、行动古怪、产生幻觉的人没有疗效。然而，实际采用这种疗法的人宣称，用它治疗神经官能症已取得某种程度成功。您的"地下室人"——我相信——会被诊断为有严重的神经官能症。

那么精神分析师会怎么治疗他？

我知道得不多。我讲的都是门外汉的看法。基本意思就是，在童年经历的某种极其痛苦的事情会造成整个人对外部环境，特别是对他人的关系的扭曲，致使引发古怪的态度和如影随形的强烈的情绪不安。阿德勒，弗洛伊德的弟子之一，也许会诊断地下室人的神经官能症是一种"自卑情结"（inferiority complex）。我不知道他会怎么治疗这类病人。精神分析师应该是通过揭示病人病因来治疗神经官能症病人的。但"地下室人"对自己的病因非常了解，并能清楚地表达出来，就像您清楚地描述的那样，费奥多尔·米哈伊洛维奇，你们几乎就像是一个人。其实，正如我们已经知道的，某些人，自称是您最好的朋友，他们事实上真的把您等同于那个地下室人……

您也这么认为，不是么？

我没有。我还真不这么认为。我待会儿告诉您我认为您的问题是什么。

好吧，多讲讲精神分析学的事情。

为什么？您之前没有跟地狱里面的人讨论过这件事吗？您没见过弗洛伊德吗？哦，我忘了，无神论者是进不了地狱的。但精神分析学家中一定有有信仰的人啊。

从未见过一个。

好吧，您见过瓦切斯拉夫·伊万诺夫[1]吧，他写过很多关于您的东西。

我没见过，也不想见他。但我读过他写的东西。您指的是我对于人类来自希腊神话的观点吧。

就是那个。弗洛伊德以他恋母情结[2]的观点而闻名。您一定读过索福克勒斯[3]的悲剧，那个关于俄狄普斯（Oedipus）误杀了他的父亲，又错娶了他的母亲，当他发现后，他将自己的双眼挖出的故事。弗洛伊德认为在男孩子小的时候，母亲是他们最先性冲动的对象。这种行为全部都由“潜意识”控制发生。这样一来愿父亲死去的愿望便根植于潜意识中了。虔诚的弗洛伊德派倾向于用这种方式解释俄狄普斯弑父的原因，就像您在《卡拉马佐夫兄弟》中同样运用这种方式一样。

您相信这种观点么？

---

① 瓦切斯拉夫·伊万诺夫（Vyacheslav Ivanov，1866—1949），俄国诗人、剧作家。

② 原文 Oedipus complex。

③ 索福克勒斯（Sophocles），希腊三大悲剧诗人之一。

嗯,这种观点接受起来确实不太舒服。我们知道动物精神系统大多数是由我们所说的“本能”组成,假如动物并不能“意识到”这些本能,不能像我们一样清楚地知道我们脑子里面到底在想什么,那么,我们的“潜意识”没有什么理由不会像动物的“本能”一样起作用。

嗯,接着说。

伊万诺夫的基本观点就是,在您大多数悲剧小说中贯穿的主题是罪恶感。他应该是同意弗洛伊德的,这种罪恶感深藏于“潜意识”当中。它是所有问题的根源,惩罚他人或惩罚自己的冲动也都是源于它。俄狄浦斯认识到自己的罪恶之后惩罚了自己。把自己的罪恶感强加于别人是很普遍的作法。弗洛伊德的精神疗法就是把潜意识的罪恶感呈献给清醒的意识。这样一来,潜意识可能造成的破坏就能被制止了。我觉得基督教的忏悔也是为了达到这个目的。让我记忆深刻的是,伊万诺夫对您悲剧小说所做的类似弗洛伊德分析。他认为您小说中人物的罪恶感来源于对“大地母亲的反叛”,正如您也是这样认为的一样。所以,从根本上讲,伊万诺夫对弑母而非弑父这个观点更感兴趣。他还拿普希金的故事《黑桃皇后》和您的《罪与罚》作了比较。

怎么比的?

考虑剧情的共同特点。二者都是一个老女人被杀死了。按照伊万诺夫的观点,她象征地球母亲。然后她到处去寻找杀人凶手:“那女性复仇者……搜寻凶手的地球母亲的密使。”总之,就是要把罪恶感从潜意识中提升到清醒意识里,使之有可能更容易被摆脱。

您怎么认为?

不好说。听起来很有道理。但是,只有在具体证据的基础上做出判断,我才会感觉放心。

什么类型的证据?

跟用来评估各种药物或是手术治疗的疗效相同的证据。

精神病医生做不到吧?

那些使用药物治疗的精神病医生可以做到。但精神分析医生很少能做到。可是我知道一个有趣的事例,他们试图去做,但没有成功。您想听听么?

我还有选择么?

我没有妨碍您什么事情吧,您着急回地狱么?

我想听听。

这个实验中的病人,是两位年轻的姑娘,互相并不认识,但都患有尿遗症(enuresis)。

这是什么病?

尿床。用来测试的观点是,睡梦是受压制的欲望以某种方式象征性的再现。按照精神分析理论，某些受压制的欲望，就是被幽禁在心灵的潜意识部分，因为意识到它们之后会引起痛苦的罪恶感。所以，它们就以梦的伪装形式浮现出来。梦的解析过程把这些受压制的欲望变成清醒的意识，然后去处理，这是精神分析学常用的技法。所以，这就是请那两位受尿遗症困扰的女孩来做实验的原因。假设遗尿是以某种象征的方式表达受压制的欲望，那么导致发生“意外”的梦便可以提供有关问题根源的某些信息。相应的做法是，对其中一个女孩催眠，告诉她在这种状态中她会做梦，并且在梦的最后她会把自己尿湿。这一步完成了之后，女孩进入催眠状态，有人跟她说：“你现在在做梦，在梦的最后，你会尿床。”紧接着马上有人问她：“你在做梦么？”女孩在昏睡中回答：“是的。”“告诉我们你梦到了什么？”女孩开始讲她梦到了什么。她自己并不知道，她所说的话都被录了下来。最后催眠术暗示的“在梦的最后，你会尿床”实现了。她醒了之后立刻流露出尴尬的表情。

这女孩就这样遭到了羞辱？

就当最终是对人类有益吧，费奥多尔·米哈伊洛维奇。大概心怀同样的想法，还有人干出残忍得多的事情，其中有些还受到您热情的肯定。

比如说？

1877 年俄罗斯对土耳其的战争。

我们要讲到这个了？

待会儿，待会儿。我先把刚才的实验讲完。

女孩知道她对梦的描述会被录音吗？

不知道。告诉她会对实验起反作用。请让我先说完好么，我们可以待会儿讨论伦理问题。

好吧。

录音的那盘磁带被拿到了另一个女孩那里。这个女孩，也被催眠了，然后告诉她，她会梦到她所听到的事情，但没有告诉她在梦的最后会发生什么。磁带开始播放了，结果跟第一个女孩一样，她也尿床了。

这个实验有什么意义？

这个实验的结果表明，梦境可能真的是受压制的欲望的某种象征性再现，同时也是某种不可控行为的诱因。所以第一个女孩的梦境算是将这些受压制的欲望"编程"了，在同样的梦境中，第二个女孩"解码"了这些象征，导致了同样的不可控制的事件。

我觉得，有点晦涩难懂。

我同意。但不管怎样，这个想法值得推进。我第一次听到这个实验的时候，印象特别深刻。我说这个实验有点像有意识地证明黄热病流行的那种理论。

怎么讲?

黄热病曾被怀疑是被某种感染了这种病源的蚊子叮咬造成的。流行病发生在不恰当的地点和时间,也就是说,当时正好赶上在挖掘巴拿马运河。为了证明这种假设,人们做了下面这样一个实验。人们让一只蚊子咬了一下得了黄热病的人,然后把这只蚊子送到俄亥俄,让它去咬那里的一名志愿者。

这名志愿者知道他会感染黄热病吗?

我想他应该知道。现在这种有人参与的实验,让参与者知晓可能造成的伤害后果是必需的。

这种规定会经常被违反吗?

我不知道违反的频率是怎样的,但该告诉的都告诉了,或者说,在那些涉及为了"国家安全"而研究致命技术的试验中,都会做出通知。

说具体点。

好。我终于说了"国家安全"这个概念,它是"国家荣誉"的姐妹词,一个让您感到亲切和熟悉的概念,在您的《作家日记》中被众多材料肯定的概念。但是回到咱们的黄热病实验上来。正如那些怀疑这蚊子一定是黄热病传染的关键因素的人预设的那样,来做这个实验的志愿者患上黄热病了。您明白这个实验跟梦境作为受压制的欲望的象征性再现理论那个实验的类似性了吧？

我明白了。但您为什么说精神病学家几乎都没能把实验方法应用到治疗中呢？

因为这个实验没有后续跟进。梦境理论的倡导者们错过了机会，没有采用“硬科学”方法发展出一门极为引人注目而又极富启发性的关于人类心灵的科学。比如说，在结果并非所预期的时候，这时查询其原因才是最有意义的。这个实验应该重复操作，一开始用跟现实最相符的条件，接着变换各种具体的条件去检验理论适用的最大范围。比如说，假设参与者（在催眠师的催眠下）没有被告知在梦境的最后会尿床，那么这个结果会不会出现呢？假设只有一位参与者患有尿遗症，会发生什么，等等。科学理论最重要的特征，亦即它最强有力的特征（变得更令人信服），不在于它是被重复实验不断肯定的结果，而在于它是经受过失败案例对它证伪的结果。从科学的观点看，一个不能被证伪的解释是无意义的。

在我死后，我怀着相当大的兴趣关注着我职业生涯的后续发展。我们谁也不会完全没有虚荣心。事到如今，我们能达成共识的一点似乎就是我是个杰出的心理学家。尽管我没有您所讲的那种“科学的认知模式”，我从来没有做过一项实验，更别说实验的后续跟进。您觉得作为心理学家，我能被评为什么等级？

我觉得您是最好的心理学家之一，或者，具体点说，您是一位精神变态学家。在赞扬所谓的"认知的科学方法"并对精神分析学家没能用他们的理论成功测试梦境表示遗憾的同时，我不是要排斥其他方法，特别是在对人内心生活的研究方面，比如说自我反省，我认为您一直坚持并且有效地在自己身上使用它，跟它类似的"移情的"方法也被用在您小说中的人物身上。更宽泛地讲，我相信在社会科学的范畴内，"移情的"方法是最富有成效的。跟"硬科学"的归纳—演绎法并用，它一定能让精神病学快速发展起来。

什么是"移情法"，可怜他人？像《地下室人》中的丽萨？像《罪与罚》中的桑娅·玛尔麦拉多娃？

马克思·韦伯，德国社会学家，是您的后辈，认为移情方式对社会科学，言外之意对精神学有头等重要性。韦伯一方面把认知适用的初级模型应用到物理科学研究中，另一方面应用到社会科学中，然后进行对比。他相信，也是大家普遍相信的，科学最基本的目的就是发现真理，为此他把物理科学的真理标准和社会科学的真理标准进行了对比。在前者中，一个假设，有且只有在预测能实现的时候，才能被说成是"真理"。因此，这种建立在可能性标准上的最具有戏剧性的"发现真理"的方法被用于宇宙天体学中，就像是准确无误地推测未知星球或其他天体的位置，或者是发现海王星，或者是什么迄今为止还没被发现的星球。相比之下，社会科学的主要目标并没被赋予那么多预见功能，而被更多赋予的是理解功能。

这难道不也是自然科学的最终目的么?

是的,但是在自然科学,至少是物理科学中,判断理解的准绳是预测的能力:在这样那样的特定的条件下,事件会被观察到。

那么理解的“移情”标准是什么呢?

费奥多尔·米哈伊洛维奇,这个不用我来解释给您了吧。您知道得比我清楚。回想苏格拉底的格言:“认识你自己!”每个人通过自我反省认识自我。移情是用这种方法来学会忧他人之所忧,想他人所想。

这不是宗教传授的么?

宗教的有些理念是这样的,并不是全部。当然托尔斯泰派一定是的,特别是在您死后他写的所有著作中。但是,即使不参照它在道德和宗教上的重要意义,也可以证明移情是否存在。比如我们可以通过瑞士儿童心理学家让·皮亚杰(Jean Piaget)的实验来证明。

您是说他在他的心理学实验中利用了孩子,就像精神病分析学家们在尿遗问题上利用了那两个可怜的姑娘一样?

没有,没有。皮亚杰的实验在道德上是无可指责的。在他的一个实验中,用到了两个小女孩。让她们俩看一块糖被扣在了两只同样杯子当中的一只下面。过了一会,让其中一个女孩找糖，同时把另一个女孩带到一边，轻声地让她猜那个女孩会到哪只杯子下面去找。答案总是正确的；也就是说，那个女孩总是会到原来放糖的那只杯子下面去找。然后实验按不同的条件继续。同样让两个小姑娘看着，糖被扣到两只杯子中的一只下面了。然后，让其中一个小女孩离开房间，慢慢数十下然后返回。当她走开的时候，糖放的位置被换了，也就是说，糖被藏到另外一只杯子下面了。当离开的小女孩回来，大人让她找糖，同样问一直留在屋子里的小女孩，让她预言另一个小女孩会到哪只杯子下面去找。这一回，她总是会猜，要到现在（不是原先）放糖的那只杯子下面去找。显然，在年龄小的时候，孩子还没有能力从他人的角度看事情。被要求猜另外那个小女孩会到哪只杯子下面去找的小女孩，没有像大人那样把自己放到另外那个小女孩的位置上去思考。要是她能换位思考的话，就一定会想另外那个小女孩儿会认为那块糖还在原来的位置，从而到那儿去找，而不是到现在有糖的杯子下面去找。

这个故事跟基督教中第二条戒律“爱邻如爱己”所说的移情相关联。

是的。为证实这个关联，我想对您做个小实验。实验有两个参与者。其中一位是您，另一位是某人。我们不知道他是谁，不知道他相关的任何事情，但我们假设他就站在咱们旁边。您和他同时看着下面这个图表：

	C_2	D_2
C_1	3,3	0,5
D_1	5,0	1,1

您要在标有 C_1 和 D_1 字样的两行中做出选择;陌生人要在标有 C_2 和 D_2 字样的两列中独立选择(他不知道您选择了什么)。双方的选择将会定位到这四个格(cell)当中的一个,C_1C_2、C_1D_2、D_1 C_2 或者是 D_2D_2。每一格中的两个数字分别决定您和陌生人的“回报”。比如说,如果您选择了 C_1,陌生人选择了 D_2,你们分别会得到多少呢?

我得到0,他得到5。

没错。那好,开始吧,您选择 C_1 还是 D_1?

嗯,这个要取决于那个陌生人怎么选择,你说过,我不知道他会选什么,那我该怎么选择呢?

想想。我觉得您应该自认为是个理性的人。一个理性的人会对他行为的后果做考虑的。这里您只有两个选择,要么 C_1,要么 D_1。每一个都会因为对方选择的不同而产生不同的结果。您可以先比较一下两种选择产生的后果,然后作出结论该选哪一个。选吧。

您先称他为“陌生人”,现在就管他叫“对方”。为什么?

问得好。我正希望您这么问呢。“陌生人”的标签带有一种不能信任的成分;会让您觉得他会做出利于他而不利于您的选择。要是叫成“邻居”呢,似乎就在暗示我期盼着您以基督教中的第二戒律(爱邻如爱己)去行事,这样也会影响到您的选择。我决定管他叫“对方”,是为了提前阻止有任何偏心的行为,这在实验学中是常规的预防措施。开始吧,想想可能产生的结果,然后做出最佳选择。

假设他选择 C_2,那么,要是我选了 C_1,我得 3,而要是我选了 D_1,我得 5;所以这样的话还是选 D_1 比较好。反之,假设他选了 D_2,那么,我要是选 C_1,我得 0,而假如我选 D_1 的话,我得 1。因此,在两种情况下 D_1 都比较好。我选 D_1。

太棒了！我知道您曾经学过军事工程学,难怪您可以在情况要求的时候理性地思考。这让我惊喜。现在我要论证,在情绪和感情的暗示都被排除了的情况下,该怎么解释“移情”的意义。从他人的观点出发看世界是一种能力,而不管他是敌是友。试一下,假设您现在是对方,从他的观点按同样的推理你再重做?

我必须做吗?

不是。从他的观点看这个表格是完全一样的。所以您能猜到他的结论会跟您的类似,也就是……

选 D_2 要比选 C_2 更有优势,是吗?

没错。您能看到这跟您之前的选择是一样的。跟我讲讲，您在工程学院学习的数学知识您还记得多少？别介意。我们现在来做最后一次观察。如果您和对方同时选择了 D，俩人都获得 1（见 D_1D_2）。但如果两人同时选择了 C，两个人都可以得到 3（见 C_1C_2）。那么哪一个更加理智呢？C 还是 D？

您想得出什么？刚才您还在提起基督教以及它的第二戒律。所有这些跟它有什么相关？

想得出选 D 比选 C 更加理性这个结论，您做了个假设：您和对方是不同的两个人，两人都能思考但是两人都不计对方而独立思考。这是您下意识假设的；就是说，您并没有意识到您的选择取决于这个假设。然而，假如您做了另外一个假设，假设您和对方是一个人。那么您就会想您想要达到什么，他想要达到什么，因为他（在某种程度上）就是“您”。如果您认为选 D 比选 C 好，那您就会想着他也会选择 D，然后你们俩同时得到 1。现在做必要的变更，如果您觉得选 C 更好，而他也会同样觉得，那么你俩会各得 3。

基督的观点在哪里？

您不记得了？他说（我引用的）“爱邻如爱己”。这句话是使用祈使语气说的。列夫·尼古拉耶维奇在他的故事《亚述王爱莎阿顿》（Ассирйский царъ Асархадон）中也用祈使语气说：“汝邻即为汝！”您还记得那个故事么？

记得。

他是怎么联系到基督第二条戒律的?

当他告诉爱莎阿顿他与他东面的敌人莱勒(Лаил)是同一个人。

没错。您不但记得您学的数学,您还记得您坚持的宗教的主要戒律。但告诉我,这个故事什么时候出版的?或者这么说,它首先使用什么语言出版的?

您既然这么问了,那就一定不是俄语了。

又对了!那是什么语?

别耍我了。

我很认真。这些跟我们所谈论的都有关系。

我们在谈什么?

移情。我在试图向您解释,对上帝没有概念的人是怎么理解移情的。与此同时,我在为您准备我们将要谈论的您最热情地写作过的话题:一生受苦受难的角色——"救赎"之路。《亚述王爱莎阿顿》最先是用意地绪语出版的。托尔斯泰在1903年基斯涅夫斯基(кишиневский погром)大屠杀后,把它投到了一本意地绪语杂志,来表明他对犹太人的认同。

又要谈论我反犹太人的事情了么?

是。

必须么?

是。

那开始吧。

待会儿。我们先谈对您最有吸引力的性格,再谈对您最没有吸引力的性格,对这两种性格的态度您跟列夫·尼古拉耶维奇和弗拉基米尔·伊里奇是一样的。

弗拉基米尔·伊里奇是谁?

别对我说您不记得,起先您不是告诉过我地狱里面的人怎么在网上冲浪吗?现在先别管这个了。我在您身上发现的您最有魅力的地方是您透过现象的锐利目光,您进入他人"灵魂"的能力,不过,显然您能直接进入的灵魂是相当小的一圈。您几乎都是用病理学方法处理的。相反,托尔斯泰的范围,却是各色人等。但是我印象最深的是他超乎常人的洞察力,是他用精神病分析方式分析高度敏感的人的时候得出的清醒的预计。

比如说谁?

安娜·卡列尼娜就是一个。我本来想跟他聊聊这部杰作的,但还是没找到时间。我知道您也很喜欢这部作品,我想跟您分享一下感受。您还记得安娜老做的那个噩梦么?在她卧轨前还清醒时的最后一个画面?

一个在打铁的农民?

是的。他用那块铁在干着可怕的事情,对安娜是难以启齿的。

那么您想把铁同什么联想到一起?

铁路。

您看出二者的联系?

当安娜在莫斯科准备乘前往彼得堡的火车离开时,沃伦斯基当时在尾随着她,她看到了一个工人被火车撞了,压在一节车厢下面,这就是她为自己选择的结局。

太对了。您有没有觉得那时候(也就是,她看见沃伦斯基不久之后)她就心生了寻死之意,并且根植到了潜意识中?

您这么说,好像您真把精神分析学当回事儿。我原本不指望您会这样,您可是个执拗的实证论者啊。

不止于此。我现在谈论的是一个虚构出来的人物,但好像她一度真的是活生生的。虽然她在传统的“实证”意义上是不存在的,但这并不影响她的“真实性”。没错,当托尔斯泰把这个角色设计出来的那一刻,她只存在于他的想象中。那又怎样?我们现在不也在“真实地”交谈着么?(会有记录来证明这真实性的)尽管您并不是实物的存在。

您想说什么?

您还记得,在谈论两个女孩的尿遗症实验的时候,我怎么跑题提起精神分析学的吗?

记得。

那就是我想说的。

我怎么知道。

您果然没好好听我说话。现在请注意听。我要跟您说对于您和列夫·尼古拉耶维奇两者,哪些是我崇拜你们的,哪些是我不赞同的。我崇拜您对人的生存状况的某些方面的神秘洞察力,但我排斥您对这些洞察力来源的坚定看法。您觉得,“最高真理”(那些最重要的知识)是由无所不在、无所不知、无所不能之神揭示的,而不是人类通过许多世纪的辛勤劳作、无数次发现尝试,虽然多数无果,但合众人之力一步一个脚印地构建成的,构建成了众所周知的真理殿堂。对实在的这种认识,不是“内在于我们的”,不是由我们所有人构建的某种想象画面,而是“外在的”某种东西,独立于我们而存在,是在我们之前就一直存在并且在我们之后还会长时间存在的某种东西。您轻视对这幅实在画面的接受,您还把您称之为“理性”的这幅画面跟鼠目寸光的物欲,如自私、斤斤计较、犬儒主义、不讲道德或是任何远离真理(您,费奥多尔·米哈伊洛维奇不断重复说的“基督之真理”)的认知模式联系起来,并且全然不顾及哪怕暗示一下您这个“真理”讲的是什么,以及怎样跟“非真理”区别开。

您这个观点是哪里来的?

您和列夫·尼古拉耶维奇，特别是列夫·尼古拉耶维奇，尤其是他的自我替身列文，《安娜·卡列尼娜》中的一个重要角色，比安娜活的时间长。确实，列文（Левин）是从托尔斯泰的教名列夫（Лев）衍生出来的。在小说的最后他写到：

> 我在探索上帝对充满星云的整个宇宙所做的普遍启示。我究竟在做什么？对我个人，对我的心，无疑已显示了人的智慧所无法达到的认识，可是我却固执地想用智慧和语言来表达这种认识。…… 难道我不知道移动的不是星星吗？……可是我望着星星的运动，却不能想象地球的旋转。我说星星在运动是对的。

> 天文学家要是估计到地球全部错综复杂的运动，他们还能理解和算出什么来吗？……就像天文学家不根据子午线和地平线对看得见的天体进行观察，所得出的结论将是虚妄和不可靠一样，我要是不以对人人都同样永恒不变的，基督教向我显示的，并且在我心中永远可以获得证实的善恶观为基础，那么我得出的结论将同样是虚妄和不可靠的。

我没跟上您的思路。您先提出了精神分析学，那是因为跟两位有尿遗症女孩的梦境实验有关。然后，您又翻出安娜·卡列尼娜逐渐崩溃的过程——那个预兆着自杀并不断重复的梦境，说那是托尔斯泰运用的精神分析学。最后您让我看康斯坦丁·列文,列夫·托尔斯泰的化身,是如何调解"神的启示"跟太阳系的太阳中心说(或是地球中心说?)理论。所有这些评述有什么共同点呢?

在回答您的问题之前,我先跟你说说有一次托尔斯泰是如何用"理性分析"的方法"证明"上帝存在的吧。首先,他假设每一件事情的发生都必须是因为有另外一件事情推动才发生的,另一件事通常被称为第一件事的"起因"。这个"起因",托尔斯泰论述说,一般是由另外一个"起因"促成,可以如此循环下去。由于无限回溯是不可思议的,因此一定有一个原生的"起因",从根本上讲是所有起因的起因。这个起因,托尔斯泰称之为上帝。

这样证明有什么问题吗?

它是没有意义的,因为这个证明是建立在"实在流"(flow of reality)假设上,就是说,也可以用一个"诸事件发生"的非连续链条来形象地表征,然后给一个一个事件贴上标签"第一","第二",依次下去,那么这个链条就一定有一个开端,而它是别样的可辨识的"事件"。

那现在科学界讨论的宇宙大爆炸呢?能不能假设它就是所有事件发生的起因?

是的,可以。但是这个创始如何才能与照例是分派给神祇的属性,比如对"善""恶"的偏好,对众人行为的干预,据说赋予人类的追求道德完美的终极目标,“不是服务于凡人而是服务于上帝(大爆炸?)”的义务,还有托尔斯泰把它同宗教联系起来的每件事情,全都相关联呢?可是,不管怎样,他终将放弃所有想要通过“理性推理”证明上帝(他的上帝)存在的意图。这在列文的沉思中显而易见,他用这种沉思结束《安娜·卡列尼娜》这本书。

现在,我终于可以指出所有这些跟精神分析学的联系,还有跟马克斯·韦伯区分的同样高贵的社会科学的终极目标与自然科学的终极目标的不同,内中暗含他对作为认知模式的实证主义的批评。证明梦境能够跟疾病一样传染的实验之所以没有继续下去,其原因是后续实验的结果可能没有证实假设的正确性,我对此解释持有怀疑。换句话说,人们珍惜他们的“顿悟”(各种新发现),所以可能是无意识地就抵制用精明的测试去检验这些顿悟的合理性。就像人们常说的,他们把利益牵扯进去了。

这就是为什么韦伯坚持直觉是首要的,他管这叫作“悟性”(德文 Verstehen),高于实证主义的真理观念。

不,我相信韦伯关心某种其他的什么,可能是“整体”的不可或缺,它是跟分析的“还原论”类型知识相反的知识,而自然科学完全是分析的“还原论”知识。

您赞成什么?

我坚信两者都必要,还坚信两种模式融合的可能。在托尔斯泰年轻的时候,他比晚年更倾向于这种综合。亨利·特洛亚特(Henri Troyat),我认为他是最好的托尔斯泰传记作者,他告诉我们托尔斯泰最早期对阶级等级制度的极度不公深怀怨恨。这位作家1855年3月4日的日记开头提供了一则发人深思的见解:

> 我感觉我可以把毕生致力于此。这是要创立一种新的宗教,适合人类目前状况:是基督的宗教,但抛开信仰与神秘;是一种实践的宗教,没有永恒福祉的承诺,但给地上的人带来幸福。我意识到只有几代人自觉地朝这个方向努力工作,这个理念才能实现。一代人把这个理念传给下一代人,通过或狂热或理智的追求,总有一天这个理念会普及开来。

他成功了么?

我觉得您在地狱里也一直在关注着这件事的进展。您觉得他成功了么?

没有。

为什么觉得没有?

他不可能传布一种抛弃信仰的宗教。

您为什么这么认为?

他不敢失去自己对上帝的信仰。固然,他宣称基督是个私生子,是不知道自己父亲的儿子,因为不知道他父亲是谁,他才管自己叫"上帝之子"。固然,他认为奇迹都是迷信,但他迫切需要相信永生;他对死怕得要死。

这难道跟伊万·卡拉马佐夫不一样么?他是所有兄弟中最聪明的一个,也是最接近您另一个性格的人,然后因内心理性与信仰的纠结而亡,他一直想揪住能战胜理性的那根信仰的救命稻草,但理性又不断在旁边向他施咒,两者不可协调。托尔斯泰的悲剧在于,在努力坚持理性的挣扎中他被打败了。

您的意思是屈服于理性就意味着拥抱无神论?

不一定。总的来说它意味着,在我们力求理解我们周围的自然界以及我们在自然界扮演的角色时,"上帝"存在与否这个问题不应该起任何作用。有一次,拿破仑问伟大的数学家和天文学家拉普拉斯,为什么造物主没有在他的大师级著作《天体力学》中被提及,他答道:"陛下,我不需要那样的假设。"

托尔斯泰厌恶科学。

更好的说法是,他指责科学没有坚持它"真正"的任务——发现人类"真正"应该知道的:如何生活,如何结婚,如何祈祷。相反,科学家们积累起来的知识既跟人类应该知晓的知识无关,又是完全有害的。前者,他用他认为愚蠢的琐屑的问题

举例:“我们离太阳有多远? 某种虫子生活在哪里?”后者,他以战争技术的发展和对社会不平等的合理解释为例。

那您呢,阿纳托尔·波里索维奇? 我猜您会觉得托尔斯泰认为最要紧的那些问题无关紧要。

不完全是这样。我鄙夷的是那种理念,认为那类问题,甚至任何同现实直接相关的问题,都可以通过“说教”,就是说通过提供现成答案来解决。这就是为什么托尔斯泰有要建立一个新宗教的想法,以及最终未能实现的原因。

但这个不正是科学的任务——给问题提供答案?

在某种意义上,是的。但最重要的是,提供答案只是任务的一部分。自己弄明白还给别人解释清楚这答案是怎么获得的,以及怎么验证答案,这才是科学的中心任务。科学提出来的主要问题不是“我们知道什么?”而是“我们怎么知道我们知道了什么?”在科学的启迪下,道德领域中的主要问题不应该是“我们应该如何去做和不应该如何去做?”而是“我们要是这么做或那么做了,将会发生什么?”这句话再深入些就是“我们怎么知道如果我们这样或那样做了,后果就会是这样或者那样的呢?”换言之,科学的目的是(至少应该是)让人明白而不是让人信服。这就是为什么,从科学的观点看,别把“启示”太当真,所有“说教”都值得怀疑。

那些让您印象深刻的洞察呢? 譬如浮现到弗洛伊德和托尔

斯泰心头的精神分析学的基本观点——您认真对待的那些梦境的象征意义。

被某种观念吸引并不意味着就“相信”它,除非那个问题值得研究。这就是为什么我对对两个女孩的实验和梦会传染的实验没有继续进行下去感到很遗憾的原因。总之,我并不是对顿悟不屑一顾,我更愿意把它们看作寻求真理的出发点,而不拿它们当作所提出来的问题的答案。探寻真理的过程有可能发现比原始顿悟更多的东西。我不同意托尔斯泰所持的观点,他认为探寻琐屑知识是无意义的或有害的,是浪费时间。相反,那是非常有益的事业。

为什么?

首先,它促进合作而非竞争。科学活动,在没被公司或者军事建制侵蚀的条件下,它能体现合作的最本质的含义——无限制的共享。其次,追寻知识会上瘾,但跟毒瘾、权力瘾之类的瘾相反,科学探索的瘾不是破坏性的。最后,知识,跟财富、权利、物质资源不同,它不守恒。

什么意思?

由于学过工程学,您肯定知道守恒定律。物质和能量二者都属于守恒的“货品”。它们能够被传递和转变,从一种表现形式转变成另外一种,但是既没有被创生也没有被消灭。知识就不同了。假设我拥有一项知识,我分享给您,您的知识丰富了，但我并没有变得贫穷。甚至我通过分享知识变得更加“富有”，因为我在寻求知识这条路上有了新伙伴。

但您刚才提到了科学被那些强大的企业集团腐蚀了。这种腐蚀不是不可避免的吧？人性中不是与生俱来就有权力瘾吧？

也许吧。追求知识，即使能让人获得启蒙，我也不能确定它是否能将人从其他破坏性瘾欲当中解放出来。我认为启蒙的进程跟医药疗程相似。这种疗法表明的进步是同更引人注目的“副作用”结合在一起的。当抗生素被发现的时候，人们感觉好像可怕的疾病将会被永远地征服。但是并没有做到。比如说，结核病已经回来了：因为杆菌原先没有“对抗”刚开始使用的抗生素的耐药性。但是治疗科学的进步有可能对付“副作用”，对付病原体微生物变异造成的耐药性。所以对副作用的“治疗”又转过来成为知识的扩展了。这种有希望实现的过程同一般意义的“进步”类似。启蒙给人们的生存条件带来了真正的改善，即使这改善伴随着有害的“副作用”也不应该被忽视。将能量用于生产减轻了人类超强体力劳动的重负，但同时生产出来了足以灭绝人类的武器和毒害环境的威胁。同个人“自由”携手前行的是大家庭和人际关系的逐渐破坏。但是这些发展在我看来就好比是高疗效药品的副作用。依我看，对抗副作用的唯一方法，不是窒息知识而是相反要拓展知识。所有这些，我本该唤起列夫·尼古拉耶维奇关注。

为什么你没有呢?

当他表现出对现代科学的轻蔑的时候,我说了一些,但还不够。

什么阻止了您?

是您,费奥多尔·米哈伊洛维奇,您在他看那部俄国电影的时候闯了进来。您觉得那部电影不适合他看。想让我把他叫回来么?

他不会来。

您怎么知道?

我当然知道,您对他的伤害超出您的想象。

我敢说您更皮实顽强。下次咱们讨论人类、上帝和宇宙的观念。我希望您克服忧郁情绪。

第四章　人—神、神—人、自由和宗教审判官

费奥多尔·米哈伊洛维奇，您觉得在知识界谁最深刻地理解您，并始终如一地分享您的观点？

有的，尼古拉·亚历山德洛维奇·博迪亚夫（Николай Алексанбрович Бербяев）。

您为什么说他能公正地评价您呢？

他没有用文学的角度去评估我的作品，也没有用心理学的角度去评估我本人。他欣赏我的宇宙观，他管那叫作我的“世界视野”。

他特别把您称为一位伟大的艺术家、辩证学家、俄国最伟大的玄学家。他认为您的辩证法在心理学上占有显著的地位。

他没有用传统的审美标准去欣赏我的作品，也没有用文学技巧的观点，而一直是从灵魂层面去欣赏的。我要是重复他对我的赞美，会显得我太不谦虚了，但您专门问了他是怎么欣

赏我的作品的，所以我告诉您，他认为我给人们展现了一个新世界，只有它可以让人的命运成为可理解的。关键词是“真知论者”(gnosis)①。

“真知论者”在此语境到底是什么意思？

您一定知道“不可知论者”(agnostic)是什么意思。

一般来讲，“不可知论者”是指一个人对上帝是否存在不知道。

通过这个定义，您就能自己分析出“真知论者”的意思了。

相信上帝？

不止这个。不是相信，而是知晓，直接的对另一个一直存在于另外维度的世界的知晓。

几何维度？

跟那个类似吧。您一定读过《平地》(*Flatland*)②，一部科幻小说，描述生活在二维世界，对三维世界没有概念的生物。他们永远不会理解一条直线上固定的一点能有无数根直线与它垂直。在二维世界中，一条直线上的固定一点只有一条

① Gnosis(真知)是诺斯替教用语，该教公元1—3世纪流行于地中海东部各地，是一种神秘宗教，融合多种信仰，把神学和哲学结合在一起。Gnosis(真知)又音译“诺斯”，是超越普通知识的知。诺斯替教强调，只有领悟神秘的“诺斯”，即真知，才能使灵魂得救。下文对应的agnostic(不可知论者)则是T. H. Huxlery(赫胥黎)在1869年创造的。——校者注

② 《平地》(*Flatland*)，英国作家埃德文·A. 艾伯特(Edwin Abbott Abbott)著。

直线与之垂直，而在三维世界可以有无数根。

这跟博迪亚夫归因于您的世界视野有什么关系？

他管我叫“真知论者”。他赋予了我一个动态的视野，按照这个视野，世界内部的矛盾会消融。

就像是黑格尔的“正题—反题—合题”序列中的“对立面的统一”么？

完全不是，黑格尔没有任何关于灵性的东西。

我不太理解您说的“灵性的”(spiritual)，能否解释一下？

不。

为什么不？

您是无神论者，唯物主义者，犹太人。您永远理解不了“灵性”的意义。

好吧。那我们通过排除法看看能否让我明白。我跟您讲讲我对您作品和想法最欣赏的地方，我想您会说我的这些不是“灵性的”欣赏；也许我意识到什么不是之后，会明白什么是。

我觉得这对您也没什么用，但可以试试看。

开始吧，我首先想说，我深深地欣赏您对穷人的同情，那些悲惨的人们，最底层的人们，您总是可以让世界看到他们看到的，让读者感受到他们感受的。

继续。

所以这个不是灵性的,是吗?

不是。

我认为您是一名伟大的心理学家,尽管您的洞察力只局限在人类心理上极端的或者不正常的方面。您对受虐、施虐狂有深刻的了解,比如您深入地剖析了"地下室人"的精神世界。

不。

我认为您是位非常伟大的作家。您写作的速度也非常快,因为您是以写作为生的,但却几乎没有获过什么奖。我还记得您跟我比较写作速度时,您流露出的那种引人发笑的竞争感。所以我认为,许多文豪大家们会称您的作品"欠抛光",其实它们已经很好了。可能也是因为这个原因,托尔斯泰觉得屠格涅夫的作品要比您的更能"流芳千古"。相反,我认为您作为作家的伟大之处,恰恰就是源于这种紧张感和自发性。这些跟"灵性的"有没有关系?

完全没有。

那还剩下什么呢?还剩下您对宗教的全神贯注吗?您自认为是一位预言家,预告东方正教压倒西方天主教的凯旋之日

会到来。或者就剩米利兹克伯斯基(Мережковский)[1]了,他通过把您的宗教思想跟托尔斯泰的比较,抓到了您说的"灵性"的意义?

不是。米利兹克伯斯基是用托尔斯泰写的东西跟我的宗教信仰比较的。灵性是不能用逐条分析法去解释的。比如说,米利兹克伯斯基指出我是唯一能传播肉体复活教义的"被利用者",而托尔斯泰是否认复活的。灵只能靠直觉领会。博迪亚夫就掌握得非常牢靠。"天才之人,"他写到,"是你只有怀着相信灵魂之心才能靠近的高度灵性的非凡之人。"

最不靠谱的是把灵性说成是某种形式的人脑疾病。如果用手术刀去接近精神那就是灾难。灵性只能通过跳进旋涡里去理解,而灵性本身就是个旋涡。只有世界基本观念的奥秘被揭示之后我们才能触及到它。

就像是果戈理《女士日记》中那位名义上的市议员波利施金(Поприщин),猛然发现自己是西班牙国王?

您讽刺得有点过分了。

生气了?好吧,那我们试试换个话题。博迪亚夫评价您是个平庸的神学家,却是个杰出的人类学家。您觉得他这么说是什么意思?

---

① 米利兹克伯斯基(Dmitry Sergeyevich Merezhkovsky),俄国小说家、诗人、文学评论家。

不是很明显么？神学是研究上帝的学问，人类学是研究人类的学问。

您只是用希腊语词根定义术语。我不信服这种定义。弗洛伊德又一次暗示，男人跟女人一样容易歇斯底里。他因此受到内科医生们嘲笑，觉得这条结论很荒谬，因为“歇斯底里”(hysteria)这个词是从希腊语词“子宫”演化而来，难道弗洛伊德相信男人也有子宫吗？

这跟神学和人类学有什么关系呢？

博迪亚夫跟您一样，很明晰地把神学理解为研究上帝的学问，而人类学就是研究人类的学问了。

您对此有任何争议吗？

当然。我不是在拼写中寻找词义，而是在能观察到的世界中寻找。

能被谁观察到？

任何想观察的人都能观察到。了解人类学的意义，就要去观察这个词所指代的所有东西。有两个很明显的分支：体质人类学和文化人类学。前者主要研究人类的体质特征。一位体质人类学家要研究人类的以及所有可能找到的史前人类的化石，根据这些他得出人体进化的过程。他比较各种类型的人体结构和器官，通过比较可以将人类按种族划分。文化人类学家会专心研究文化的比较学，语言种类的相似与不

同，人类的族系关系，宗教，艺术形式，社会构成。后缀"学"(-ology)指的是科学，以及各种包括某种观察并由此被视为科学的活动。我告诉过您，人类学的两大分支中都有什么种类的观察研究活动，您能给我讲讲神学里面有什么类似的观察活动吗？

去问博迪亚夫。他说我是个平庸的神学家。

但他还说您是个杰出的人类学家。虽然他没有区分是体质人类学家还是文化人类学家。

是您，强调以"学"结尾的词一定跟某种系统观察活动相关联的。但绝不是所有知识都是靠观察得到的，像唯物主义者认为的那样。最重要的知识不是通过感知得到的而是通过深刻洞见万物的终极本性得到的。

那么博迪亚夫把"人类学"用到您关心的事情上面是出于哪种意义呢？

按照词源学来讲，这个词的含义是"研究人类"，但不是研究人看起来什么样，或者是他的祖先看起来什么样，或者是他怎么讲话，他有什么习性，而是把人当作宇宙的中心来研究的。

您真的相信人类是宇宙的中心，从而宇宙以及其他星系的命运全都同人类的命运捆绑在一起吗？

博迪亚夫是这样说我的。

您同意?

我不会这么说。这是个狂妄自大的说法。但是,确实是这样的。我最关心的就是人的奥秘,宇宙的奥秘其实也在人身上。有那么一种说法,说解开人的奥秘,就是解开关于上帝的问题。

我认为那就是神学的内容了。

您随便想。这就是关键所在。神学和人类学只能在基督的世界中融合,在基督纪年中融合。在异教的世界中没有这种融合。是基督教使人类成为宇宙的中心,因为基督教理念的中心是耶稣基督。这一点正是基督教教义与人文主义之间的不可跨越的鸿沟。是谁说的来着:"人是万物的尺度。"

亚历山大·蒲柏①。

啊,对,生于米尔顿②之后,对吧?

大约在米尔顿弥留之际。

米尔顿死时对无限宇宙的最后一瞥——天堂在上,地球在中,地狱在下。

---

① 亚历山大·蒲柏(Alexander Pope,1688—1744),英国诗人。——译者注。"人是万物的尺度"是古希腊哲学家普洛塔克拉提出的著名命题。他的原话翻译成汉语是这样:"人是万物的尺度,是存在者存在的尺度,也是不存在者不存在的尺度。"蒲柏是18世纪英国最伟大的诗人。他的相关名言是:"认识你自己,不是靠上帝,人类最适宜研究的是人类自己。"——校者注

② 米尔顿(John Milton,1608—1674),英国诗人。

您会说但丁是三重宇宙的拥护者吗?

那是一定的。但丁的世界就像是托马斯·阿奎那①的那样。人类是神圣宇宙之中的一个有机部分。他的位置就在中央，上有天堂，下有七层地狱。上界的上帝和下界的撒旦都是真实的存在，从外部对人类施加影响。

"从外部施加影响"是什么意思?

非智力所能揭示。用当代术语，你会说他们是跟物质世界的其他东西一样的"客观存在"。这个观点受到文艺复兴的质疑并最终被粉碎，人类走向了人文主义的时代。天堂和地球是宇宙的阁楼和地下室这个观点消失了。取而代之的是无限的空间。您读过帕斯卡尔②么？还记得他对无限空荡空间的恐惧感吗?

您可能对现代宇宙学认识到的感兴趣，这个宇宙是有限的，只是在无限扩展着。

现在先别管这个。我们继续，然后人类向内转，在心理学中寻找寄托，就是说在关于他自己的肤浅观点中寻找寄托。亚历山大·蒲柏的格言把这种肤浅表达得淋漓尽致。那也是文艺复兴的箴言。

① 托马斯·阿奎那(Thomas Aquina，约1225—1274)，中世纪经院哲学的哲学家和神学家。

② 帕斯卡尔(Blaise Pascal，1623—1662)，法国哲学家、数学家及物理学家。

我理解您,费奥多尔·米哈伊洛维奇。您讲得有道理。但这个还是没有讲清楚您对人的看法。还有这种探求跟您所说的“最终目标”基督怎么相关联呢?

我之前就说过,我没指望您会明白。但让我继续讲。

您继续。

他们把文艺复兴与15、16世纪的艺术和17世纪的平淡无奇的科学扯到一起。但是,对我来讲,文艺复兴最重要的方面是它催生的心理学。最了不起的心理学大师是莎士比亚,他是最伟大的人文主义心理学家。他的作品第一次将人类各种样态的精神世界,各种各样的心绪和激情展现了出来。很明显,但丁的天堂和地狱在莎士比亚的世界观念里是没有位置的,莎士比亚的描述直击人的内心,从未通向灵性。

“心理”与“灵性”的区别恰在何处?

那正是我跟您解释不通之处。我刚才说过了您理解不了。

因为我是个无神论者、唯物主义者和犹太人?

也许吧。

喔,也许因为我不一直是一个俄罗斯人?

也许吧。但让我继续说。

务必说下去。

跟文艺复兴时期的人们一样,我也把人摆在存在的中心,但不是在文艺复兴时期的人们专注的话题“自然”中。我的作品里没有任何外在于人的东西,即便那些把人跟外在世界绑到一起的东西。对我来讲只有人的精神的存在。

这如何表现在您的作品中?

您说起来像是读过我所有的作品,是吗?

不是全部,只有几部。

您注意到它们有什么共同点?

当然。您的每一个重要角色都经受着内心紧张的挣扎。

不仅仅是这点。通常每部作品中有一个中心角色,集中代表人类生存的难解之谜。您觉得在《本色青年》(Побросмке)中谁是中心人物?

波尔斯洛夫(Версилов)?

没错。这本书的名字“本色青年”指的就是他这个非婚生儿子。他一生的目标是要解开他父亲的心理之谜。其实书中还有其他几个人物也在做这方面的探究。这是他们人生的重要工作。波尔斯洛夫就是他们试图解开的谜团。这象征着人类生存的难解之谜。

另一个例子呢?

当然是《群魔》了。斯塔夫罗金(Смаврогин)是中心人物。一切围绕他展开,围绕他神秘存在之谜展开。其他人物,像

Шамов、Верховенский、Кириллов，只不过是人格被分解开的碎片。《群魔》中的革命强迫症代表斯塔夫罗金生命中的运动，象征着他的活力，他的意志……

在叔本华[①]的意义上？

有可能。但重要的一点是，这些意志表现无法在日常停滞的生活条件下自己表现自己；只有在革命烈火燃烧之时，那衰落社会中的固若顽石、死气沉沉的状况才能被打破。

《白痴》中的中心人物，也是他周围的人们想要解开的难解之谜吗？

不是。梅诗金公爵（Нем. Мышкин）不是难解之谜。您可以管它叫作尝试过的解决办法，没成功。因为梅诗金这个“白痴”，实际上有精神疾病。注意，这部小说中行动的展开不是从其他人物向中心人物，正相反，是从中心人物向其他人物。梅诗金试图解开难解之谜，特别是想解开两位姑娘，阿格拉娅（Аглае）和娜塔莎·菲利波娜（Насмасье филипповне）的难解之谜。他的精神疾病阻碍他坚定地把难解之谜的解答归结到她们的内心，但他还是用他先知般的洞察力对她们提供了相当大的帮助。您好像懂一点心理学。您有没有注意到有些精神上受过伤害的人有非同寻常的感知能力？

---

① 叔本华（Arthur schopenhauer，1788—1860），德国哲学家，意志主义的创始人。

有些证据表明精神分裂症患者有非同寻常的感知能力,特别是对人际关系。

当然,还有那个村民白痴,通常受到俄国农民的尊敬,也只有俄国农民尊敬他。有时候村民称他为“Блаженными”(有傻福气的家伙)。还记得《鲍里斯·戈多诺夫》[①]中的那个傻子么?但是在他自己垮掉之前,梅诗金平静地生活在其他人狂怒的暴风雨中。总之,梅诗金不全是个人。毋宁说他是个天使般的人。

还有阿辽沙·卡拉马佐夫。他扮演跟梅诗金一样的角色吗?

是的。但不像梅诗金,他是个完美的人,最接近神—人的人。

您指耶稣?

是的。

博迪亚夫还说到与神—人正相反的“人—神”。他还称阿辽沙是个反基督的人。

尼采的超人适合这个角色。我在地狱里贪婪地阅读尼采。撒旦都高看他一眼。尼采知道一条可怕的真理,就是,人是自由的但自由是人的可怕的负担。他看到人类终将面对的岔路口,一条是通往神—人耶稣基督之路;另一条是自我神化之路,通向人—神或者是超人。这条岔路终结了人文主

① 《鲍里斯·戈多诺夫》(Борисе Гобунове),穆索尔斯基创作的俄国歌剧。

义。我们两人都看到了,尼采和我。尼采预言人类将踏上万劫不复之路。我认识到自由固有的强大诱惑力量,还认识到通往基督之路要通过它,而且只有通过它。

文艺复兴催生的人文主义(“人是万物的尺度”)后来怎么样了?

它注定会结束。《群魔》中的基里洛夫(Кириллов)想要成为上帝。尼采认为人类是可耻的,是不光彩的,从而转向了超人。所以对尼采来讲,随着人文主义终结,人类会被撇到一边,讨嫌,微不足道,无价值,只配去膜拜那个魔法偶像,后者吞噬跪在它面前的所有人。

您呢?

我在基督教中看到了人类的救赎。我看到了前方基督的光芒。只有基督教在珍惜着、保护着人类,并一遍一遍不倦地修复着人类被毁坏的形象。人的本质以神的本质为前提;杀死上帝的同时你也就杀死了人类,在这至高无上的两者的坟墓上树立起来的是恶魔的雕像——一个想成为上帝的人的雕像,行动中的超人的雕像,反基督分子的雕像。在尼采眼里,既无上帝又无人,而只有一个鲜为人知的人—神。在我眼里,既有上帝又有人;上帝不吞噬人,人没有消融于上帝,而是永世永生。

这就是您说的“灵性”吗?

我说的话对您有任何意义吗?

没有。

我告诉过您,您不会明白的,别试了。

请您允许我再尝试一下。这回我问些具体的问题。也许我会了解答案的某些意义。您多次提到基督是某种“最终的解决”。您说“在路的尽头(也就是‘最终的目的地’)是光明,而这光明就是基督”。但在我读过的您的作品当中,并没有一部是描写基督本人的。您管他叫作“神—人”;我姑且把它理解成一半是人,而且这个人是有人的特性而存在的人。您从来没有描述过这个人。但是,同样信仰基督的托尔斯泰(虽然他把基督看成是一个人而已),却重复地描绘他的形象,以及他与周边人的关系。每一句描写都呈现出他的三个特征。第一个也是最重要的一个特征就是拒绝抵抗邪恶。但是在最近我与托尔斯泰的交流中,他承认耶稣指责的是用邪恶的手段对付邪恶,如此一来,他跟甘地就殊途同归了。您可能不认识甘地,他在印度发起了一系列针对英国殖民统治的非暴力不合作运动。第二个特征,耶稣指责社会明显的等级区分,而他不分等级,来者不拒,面对全社会的所有人进行无条件的传道。最后一个特征,耶稣相信人人互爱。加上那些自由,您赞颂是人类心灵属性的那些自由,并且我们在法国大革命的横幅标语上镶嵌着它们,“自由,平等,博爱”[1](Liberté, Egalité, fraternité)。您会否认这是人文主义的口号吗?就我所知,在任何讲述耶稣的地方,您从来没有提到这一点。我只记得您说过他是个“完美的人”,还有一些对梅诗金公爵和阿辽沙·卡拉马佐夫的描写,说他们是“美”的人。由于您用精妙的技巧描写您的梅诗金和您的阿辽沙,所以我完全理解您说他们是“美的人物”是什么意思。也许您也是用那种方式想象基督,于是想象得更“美”,如果可能的话。那跟您说的“灵性”有关系吗?

[一片寂静]

好吧。最后一次尝试。博迪亚夫写到拉斯柯尔尼科夫[2]情况有所不同,不像波尔斯洛夫、斯塔夫罗金和伊万·卡拉马佐夫,拉斯柯尔尼科夫并不是一个难解之谜。他犯的罪才是他的难解之谜。但是我并不这么看。拉斯柯尔尼科夫很清楚地提出了个问题:“我到底有没有权利去杀了那个令人厌恶的老太婆呢?她无恶不作,占尽便宜,不把人榨干决不罢休。”然后他得到了这个问题的答案。其实他第一次是从其他人那里听到答案的。我跟您讲这些干吗,这本书是您写的,我犯傻了。但我只想告诉您我非常欣赏这一神来之笔:拉斯柯尔尼科夫从其他人那里听到答案——是一个陌生人

---

① 法语,“自由,平等,博爱”。

② 拉斯柯尔尼科夫(Раскольников),《罪与罚》中的主人公。

跟另外一个人讲的。这样更具有说服力。假如答案是直接告诉他的,他会感到不得不想出反驳意见。他在小酒馆听到下面这样的对话。有个学生说:

> 要是那老巫婆把那些钱捐给一家修道院的话,就能启动成百上千桩善举;许多家庭会免于破产、堕落、性病……用她的钱,所有这些都能做到……试想要是你杀了她,拿了她的钱,你就能做人道的服务……你不认为这小小的犯罪却能换来丰厚的回报么?牺牲一人,救赎千百人。非常简单的一道数学题。

在谋杀之后,原先的想法就变成下面这样的了。拉斯柯尔尼科夫告诉桑娅(Соне):

> 假如拿破仑发现自己处在我的境地,没有土伦,没有埃及,没有翻越勃朗峰作为他事业的开始,而取代这些不朽和辉煌业绩的只是一个荒唐可笑的老太婆,只有杀了她才能得到她箱子里的钱……他会退缩不杀吗?……好啊,我也……停止了犹豫……而事情本来就应该如此……

这是在暗指尼采的超人,允许做任何事情的人?

是的。

桑娅的反应是什么,当他最终坦白?

桑娅:你在承受着何种痛苦的折磨啊!……

拉斯柯尔尼科夫:告诉我现在应该做什么……告诉我!

桑娅:做什么?应该做什么?……站起来!……马上走去十字路口,站在中间,俯身亲吻脚下被你亵渎的土地。然后对整个世界鞠躬,面对大地的四角鞠躬,并大声向世界坦白,"我杀了人了"……你能这么做吗?你能吗?

拉斯柯尔尼科夫:你说的是监狱,是吧,桑娅?你认为我必须谴责我自己?

桑娅:通过接受痛苦以求救赎……

我越来越近了吗?

是的。

我们再回到您的"地下室人",那个令人无法忍受的施虐狂对丽萨的折磨,就像是一只蝙蝠将一只苍蝇的翅膀咬断一样轻而易举,丽萨的反应却是将他领到床边,让他躺在自己的双腿上,圣母抱着受难的耶稣,就像米开朗琪罗的《圣殇》一样。这个跟您的"人类学"有关吗?

有关,您在模仿它。

没有。但我要承认,我对它的感受就像您对我的人文唯物主义思想一样，感到厌恶。而且我不懂为什么博迪亚夫坚持说您在玄学领域开启了一个新的篇章，不就是一个男人作为小宇宙式的存在，而其他靠近他的人都像想接近太阳一样的么。在您去世后的一百年中，如果您还在关注地球上发生的事情，那您读过奥威尔的反乌托邦小说《1984》么？

没有。

小说中有一个炼狱的情节，受害者在那里被洗脑。他被要求相信宇宙只是人类心灵的一个产物。“在我们之前，这里什么都没有，”酷刑者对他说，“在我们之后，同样一切都会消失；所以我们是全能的。”（意思就是我们是主宰者，而不是人类。）但我真想知道的是，您的“人类学”跟基督教的基本教义有什么区别，就是说，基督是被派来用自己的血洗刷亚当的罪，或者如你会说，用自己受罪来洗刷。

不同在于，我认为通过受罪赎罪不是惩罚，而是荣幸。

这也就是马西佐神父做那个手势的原因吧，当他跪在德米特里脚下，预知卡拉马佐夫将会因自己加给自己的苦恼而受折磨。

是的。

我相信我们终于有点成果了。其实我记得很久很久以前，还在自己“本色童年”的时候，我看过一次演出，就是基于同一个想法。我当时在维也纳读书，强烈地希望能把所有在芝加哥——我度过少年时代的地方——看不到的各种“文化”全部一览无余。维尔纽斯(Vilnius)①的一个艺术团每年都会来剧院演出。

您是说 Vilna? Vilna 有个艺术团?

确实有一个。是个意地绪语艺术团。

他们演了什么?

大部分都是根据肖洛姆·阿莱赫姆②的故事改编的舞台剧。还记得您提到过肖洛姆·阿莱赫姆么?称他是犹太人的果戈理?他们真的是个不错的演出团,在 MAT(莫斯科艺术剧院)成了典范,还翻译演出一些俄国、法国和其他国家的剧目。我想给您讲的一个演出是来自捷克的,叫作《外围》③。

现代戏剧?

我想是。《外围》指的是中欧城市郊区的工人阶层。故事发生在布拉格,一个年轻的小偷刚被放出监狱,准备去找他的女朋友。他的女朋友是个妓女。他正好看到她在接客,客人是个老头子。一怒之下,他与老人发生了冲突,老人滑倒在地,他一拳击中老人头部,老人当场身亡。事情发生在夜里。年轻人把尸体拖到了公路上,扔在了路边,希望老人能被人

---

① 维尔纽斯(Vilnius),立陶宛首都。

② 肖洛姆·阿莱赫姆(Sholem Naumovich Rabinovich,1859—1916),Sholom Aleuchem 为其笔名,著名犹太意地绪语小说家,剧作家。

③ 原文为 Peripherie。

看作被车撞死的。事情也确实照他希望的实现了。

随着时间的流逝,他过上了富裕的生活,但他的罪恶感渐渐地涌上心头。最终他决定自首。但并没有那么容易。老头的案件早就结案了,警方不想再找麻烦。他越来越焦躁,也越来越想惩罚自己。有一天他在公园的长椅上跟一个老流浪汉聊起了天,后者一度是法官,他跟他说了自己的困境。老人听后非常激动。"我明白你的感受!"他重复地说道:"我明白你的感受!只有一种方式能找回内心的平静,没错,只有这么一种方式;这也是法庭的用处——引导人们悔恨,然后自己惩罚自己。我们现在的司法系统只是个施行报复的地方,而不是引导罪人赎罪的地方。这就是为什么我开始喝白兰地!"

"那我应该怎么做?"年轻人喊着。"我怎么才能让我自己遭到惩罚,并且找回平静?"

"只有一个办法,"醉醺醺的老人告诉他,"你必须再去杀个人!"

那样的事发生了。他的女朋友自愿做受害者(为她所爱的人高贵地牺牲),而他勒死了她。

这是对通过受罪求得救赎的一个夸张描述。关键的一点是并非强迫地,而是自由地。

自由地做什么?

任何事。绝对自由地。任何事情都允许做。

这就是虚无主义的含义吧?

是的。人文主义的理性主义在俄国慢慢变成了虚无主义。人的自由抛弃了文艺复兴的光芒,一头扎进灵的世界的黑暗渊薮。这就像是钻进地狱。在那里,人类将发现文艺复兴掩藏的东西,不只是撒旦,还有上帝和天堂,他们将不再是按照接受下来的外界强加的界限所显露出来的样子,而是依照同人类灵魂最深处面对面相见的样子。

您在瞎扯了,费奥多尔·米哈伊洛维奇。

我说过你永远不会懂的。

再试试。您清楚地解释了自由的定义,就是:任何事情都被允许。从这接着往下说。比如在人类还没有意识到自己是"自由的"之前,什么是被允许的?

好吧。重新获得自由的人首先的表现就是被放大的个人主义,自我孤立并对世界的外在和谐做出反叛的举动。

非常好,我能想象。请继续。

他生成了一种不健康的自恋,驱使着他去探索在同类中比他低等的人。他并不只想占有。他随时可能选择遭受痛苦而非得到好处。他把自由置于快乐之前;但是这个自由并不理性,而是无理性的和没有意义的。他最想要的权利就是想荒诞就荒诞的权利,即使他的所有荒诞行为包含明显的伤害,原因是他做的任何荒诞事将捍卫他最珍惜的财富——他的个性和独立人格。他认为人最重要的事就是向自己证明他自己是个人，而不是一个齿轮。如果一切都按九九乘法表固定行事，自由会变成什么呢？2乘2得4，不顾我的意志。

足够清楚了。听起来感觉像是刚会走路的两岁孩子的反叛。在美国有人相信孩子在学会“妈妈”之后，紧接着学会的就是“不”。然后发生什么？

自由有两种形式——最初的和最终的。圣奥古斯丁[1]把他们分为小自由和大自由。第一个自由是人们原本理解的自由——没有束缚，在善与恶之间做选择的自由。最终的自由是信仰基督获得的自由。

这我就不明白了，费奥多尔·米哈伊洛维奇。我们要先把这个结解开，才能从同一条起跑线出发。我们来详细说一下我们有着共识的部分和有纷争的部分。这样我们可以达成一致的理解，您不觉得这样我们双方都能学到东西吗？

您想让我做什么？

您在说“信仰基督获得的自由”的时候，能不能用我能理解的例子加以解释呢？

您知道福音里面有句话“你们将知晓真理，随之真理将降自

---

① 圣奥古斯丁（St. Augustine，公元354—430年），古罗马帝国晚期的基督教思想家。

由于你们”么？

知道，我记得这句话。我之前还把它联系到了保罗[①]对自由所持的概念当中。还有恩格斯[②]的，如果您不介意，我将对等地讲讲这两个人的观点。保罗的观点更清楚：

> 我们原晓得律法是属乎灵的，但我是属乎肉体的，
> 是已经卖给罪了。因为我所做的，我自己不明白；
> 我所愿意的，我并不做；我所恨恶的，我倒去做。
> （《罗马书》7：14—15）

保罗想说的是，他自己是个罪恶的生物，被他的恶毒所奴役。我们如今可以看到许多这样的例子。当然毒瘾是对自由的剥夺。我愿意说，还有权力瘾、金钱瘾等等也是。确立这一点，然后“信仰基督获得的自由”的意思就是，意识到情欲、各种瘾、烦恼摧毁我们的自由，而基督把这说穿了，从而将自由赋予人类。

差不多是这样，但迷失了主要的真理。信仰基督不是把我们从特定的邪恶中解放出来，而是把我们从关于人类生存的所有错误观念中解放出来，特别是从那些无神论的科学、无神论的乌托邦和社会哲学提供的什么民主、人文主义、社会主义的观念中解放出来。这些观念都是对人类灵魂的奴役。

---

① 使徒保罗（公元前4—公元64年）。

② 原文为Engels。

基督的真理是自由的唯一真实的意义。

那么这真理是什么呢？它断言什么？

它没有做出任何断言。它只是存在。当您领会了它，人类的整个难解之谜，我断言整个存在的难解之谜（因为没有什么外在于人类）就解开了，并且你们无神论科学提供答案的所有那些问题就都无关紧要了。

我想我正在逐渐看到隧道尽头的亮光了。我开始了解您鄙视的“无神论的科学”了。这跟我对神学和神学家们专注的问题同样鄙视相像。一个常被问到用来嘲笑他们的问题是“一个别针上能容多少个天使跳舞？”这可能是个恶意的玩笑，但并不是很离谱的。在科学的角度下（我指的科学不是尼古拉斯·博迪亚夫说的科学），用科学的样式看，神学家们提出的问题是没有意义的。同样，一个唯物主义的哲学家对自由的定义对您来讲也没有多大意义。恩格斯把自由定义为对必然的认识。

换句话说他把自由等同于屈从，也就是用自由的反义词定义自由？

差不多就是这个意思吗？同样，保罗的定义是“服从上帝意志的自由”，只有一点不同。必然性的知识是根据分享的实际经验规定的，而上帝意志的知识的准则却语焉不详。

您所说的共同分享的知识指什么？

科学知识的宝库是久远年代共享经验记录的集中体现,原则上它是独立地因而是自由地得出来的。这是关于实在的科学观点产生出自由的一个方面。另外一个方面是,导致改善人类生活的科学道路是难以计数的,都有待科学去探索。自然法则的知识揭示了什么是不可能的。比如说,无中生有是不可能的(质量守恒定律)。但是改变一种能量的形式是可能的,比如,水流的力量能转变成电能,用来开动机器。可以用非生物动力替代人力,从而将人类从辛苦劳作中解放出来。通过祈祷终止传染性疾病流行是不可能的,但是用清洁水源的方式可以制止疾病传播。还用我再举更多的例子吗?

除征服自然获得自由之外还有其他形式的自由。挣脱压迫的自由怎么样。

那种也是一种自由。马克思主义认为卡尔·马克思发现"社会运动法则"跟牛顿发现的"物体运动法则"是一样的。这些法则(可以说是社会进化的法则)揭示出了什么是可能的,什么是不可能的,和什么是被决定的。他们把促使某一历史时期的统治阶级变得比较慷慨大方,或者比较有良心,愿意尽力提高被剥削大众生活水平的可能性排除在外,因而是不可能的。

于是,社会革命就是不可避免的,它将逐步导致消灭阶级。

社会主义?

是的。

社会主义是自由的坟墓。它跟反基督统治或者反整个基督教统治一样,都是一回事。

您把这些观点安在了伊万·卡拉马佐夫脑袋里,安在了您最伟大的著作中的真正悲剧角色的脑袋里。

是的。

为什么是他?

他是最接近寻找基督真理的人。但他拒绝寻找真理,从而造成了自己的毁灭。但他却在他的《宗教大法官的传奇》中看到了一丝真理。

哎呀,费奥多尔·米哈伊洛维奇,是您自己写的这部传奇,为什么说是他写的?

您觉得伊万是谁?

您?我真不敢相信。您看过莫斯科艺术剧院演的《卡拉马佐夫兄弟》吗?您还记得卡察洛夫怎么描述他扮演伊万又扮演恶魔的感受吗?

不知道,他说什么?

他说他爱着这个角色。他把伊万的困境诠释成他竭尽全力想要把强加于他的信仰的枷锁全部甩开而又孤立无助。甩开这些枷锁就是从中解脱出来的自由。他的悲剧在于他做不到。

您真的觉得卡察洛夫的意思是这样的？还是他只是为了讨好他的共产党领导而说的呢？

好想法。他这段话是在革命之后几年的一次采访中说的。并没有什么证据。我必须承认您的《宗教大法官的传奇》是最能解释您对自由的看法的，也能解释耶稣跟自由的关系。您能背诵里面一些内容么？

什么内容？

我觉得，您能凭着记忆背一些出来。如果不行，我有一本英文版的《卡拉马佐夫兄弟》，您可以读读。

为什么非得……？

为了将来那些没有读过这部作品的读者们。

什么读者？

这本我正在写的书《与俄罗斯人的对话》。您是第二位对话者。您还记得吗，在第一部分，我跟列夫·尼古拉耶维奇对话的时候，您突然冒出来救了他，他得以免得观看一部俄罗斯电影色情暴露的场景？

我可一点都不愿意写下您说的这些。

好吧，别管他。就当是帮我个忙读读。我出于此目的让列夫·托尔斯泰读了他的《我的信仰》。对于您，我还有另一个原因。我觉得您写得太出色了,是与普希金齐驱并驾的俄国最伟大的语言大师。可以读了吗?读完之后我还要告诉您一个伟大的德国作家是怎么在懦弱的意大利人文主义者面前解释宗教大法官这件事的。

好吧,开始吧。

您随便选择段落读吧。

> 他想在人民面前,在那些受折磨、受痛苦、满身罪孽,却像孩子般爱他的人民面前出现片刻。我的故事发生在西班牙的塞维尔,在宗教裁判制度最可怕的时代,各地每天烧起火堆,颂祷上帝,在艳丽夺目的火堆上,烧死凶恶的异教徒①。哎,这自然并不是他语言中当世界末日时,他将带着天上的荣耀,“像闪电从东到西照亮天边”似的突然显现在人前的那种基督降临。不,他只是想要哪怕是短时间地降临到他的孩子们那里去,而且正是在火烧异教徒的地方。他怀着无比的慈悲,仍旧以他十五个世纪以前在人间走动了三年时的那个原来的人形,又一次在人间走动。他降临在那个南方城市的“火烫的大道”上,在那里,刚刚在头一天,有国王、宫廷骑士、红衣主教们和美丽的宫廷贵妇们在场,在全塞维尔

---

① 据英文版“heretics”应当是“异教徒”而不是译者所引耿译“邪教徒”。又查俄文版陀氏原始用词“еремиков”也应当译“异教徒”。——校者注

城众多人民面前,任宗教大法官的红衣主教在“艳丽夺目的火堆上”ad majorem gloriam Dei①,一下子烧死了几乎上百个异教徒。

他是悄悄地,不知不觉地出现的,可是真奇怪,大家全认出了他……人们以不可抗拒的力量涌到他面前,围住他,聚集在他身边,跟随着他走……他的两手伸向他们,为他们祝福。只要和他一接触,甚至只要碰到他的衣服,就发生治疗的力量……人群里一个从小就瞎了眼睛的老人呼吁道:“主,治愈我吧,让我也能看到你。”立刻,好像一片鱼鳞从他的眼睛上落下,盲者看到了他。人们哭着,吻着他走过的土地。孩子们把花朵扔到他面前,唱着歌,对他喊着:“和撒那!”“这是他,这是他自己!”大家反复地说……他在塞维尔教堂的台阶上面站住了,那时正有人哭着把一个敞着盖的、装小孩的白色棺材抬进教堂,棺材里躺着一个七岁的女孩……死孩全身躺在鲜花里。人群里有人对哭着的母亲喊道:“他会使你的孩子复活的。”……她哭着,向他伸出双手,呼喊说:“如果真是你,就请你让我的孩子复活吧!”送殡的行列停住了,小棺材放在他脚下的台阶上。他慈悲地看着,他的嘴唇轻声说出:“起来

① ad majorem gloriam Dei:拉丁文,意为“为了上帝伟大的荣誉”。

吧，女孩。”小女孩在棺材里仰起身子，坐了起来，睁大着惊讶的眼睛微笑地张望着四周。她两手还握着她躺在棺材里时人们放在她手里的那把白玫瑰。

人们骚动了，发出了喊声和哭声，就在这时候，忽然红衣主教、宗教大法官本人恰好走过教堂旁的广场。他是个将近九十岁的老人，高大而挺直，脸庞消瘦，眼眶深陷，但眼里仍发出微光，他并没有穿他那套昨天在烧死罗马教的敌人时曾在人前炫耀的红衣主教服——不，这时候他只穿着他粗糙的旧教士服。他的一些脸色阴沉的助手和奴隶，还有“神圣”的卫队在后面跟着，保持一定的距离。他在人群面前站住了，远远地观望着。他全都看见了，他看见那口棺材怎样放在那个人的脚下，看见女孩怎样复活。他的脸上罩上了阴影，他皱紧灰色的浓眉，眼里射出了凶光。他伸出手指，吩咐卫队把这个人抓住。它的威力是那么大，人们又是那么惯于对他战战兢兢，百依百顺，因此当时群众毫不怠慢立刻给卫队让开了一条路，而那些人就在突然来临的一片死寂中，抓住这个人，把他带走了。群众立刻像一个人似的匍匐在地，朝宗教大法官磕头，他默默地向人们祝福。

在一片漆黑中，监狱的铁门突然打开，年老的宗教

> 大法官亲自提着灯，慢腾腾地走进了监狱…… 他站在门前，注视他的脸整整有一两分钟，然后轻轻地走近前来，把灯放在桌上，对他说道：
>
> “真是你？真是你么？”他没有得到回答，就又疾速地接着说，“别出声，别回答吧。你又能说出什么来呢？我完全知道你要说的话。你也没有权利在你以前说过的话之外再添加什么，你为什么到这里来妨碍我们？我不知道你是谁，也不愿知道真的是你还是仅仅像他，但是到了明天，我将裁判你，把你当作一个最凶恶的异教徒放在火堆上烧死，而今天吻你的脚的那些人，明天就会在我一挥手之下，争先恐后跑到你的火堆前面添柴，这你知道么？是的，你也许知道这个。”①

漂亮。非常感谢。这就是您对自由想法的核心内容了吧？耶稣是上帝。他可以把宗教大法官轻而易举地毁掉。他可以让他拜倒在他脚下。他可以聚集人们在他的身边，告诉他们天主教堂只是个东施效颦之所罢了；他可以重新告诉人们他在好几个世纪前所传的东西，直到他们全部明白，让他们明白，这样人类一定会免于毁灭之灾。但是他没有这么做。救赎一定要心甘情愿，发自内心，不可用外力强迫，即使是神

---

① 《卡拉马佐夫兄弟》节选，耿济之译，人民文学出版社，1981 年。

力也不行。是不是?

是的。

再读宗教大法官斥责他那段,因为他拒绝了撒旦承诺让他成为世界之主的提议。

> 我们从他那里接受了您愤然拒绝的东西,接受了他把地上的天国指给你看时向你呈现的最后的礼物。我们从他那里承受了罗马和凯撒的宝剑,只宣布自己是地上的王,唯一的王,虽然我们至今还没有能彻底完成我们的事业。但这是谁的错呢?唉,这事业到现在为止还只是刚开始,但毕竟已经开始了。完成它还需要很长的时间,大地还要受许多苦,但是我们一定会达到目的,成为凯撒,到那时我们就会去考虑全世界人类的幸福。本来你当时就可以拿起凯撒的宝剑来。为什么你却拒绝了这最后的赠礼?你如果接受了伟大的精灵的这第三个劝告,就可以解决人类在地上所寻求解决的一切,那就是:向谁崇拜?把良心交给谁?大家怎样最后连接成一个无争辩的、和谐一致的蚁窝?——因为要求全世界联合一致正是人们第三个,也是最后一个痛苦的问题。整个人类永远渴望着一定要把自己组成一个世界性的整体。有许多伟大的民族具有伟大的历史,但这些民族越高超,就越不幸,因为他们

对全人类世界性联合的要求比别的民族更强烈。伟大的侵略者帖木儿和成吉思汗,像狂飙般掠过大地,力图征服全宇宙,而他们所表现的也同样是人类对于全世界普遍联合的伟大要求,虽然他们是无意识的。如果你接受了世界和凯撒的紫袍,本来是可以建立一个全世界的王国,给世界带来安宁的。因为能掌握人类的不正是占有他们的良心,手里握有他们的面包的人么?所以我们拿起了凯撒的宝剑,而一拿起以后,自然就要抛弃你,跟他走了。嗯,自由思想、他们的科学和人吃人的风俗,还要猖獗许多世纪,因为他们没有我们就动手建筑巴比伦的高塔,结果一定会弄到人吃人的地步。但正是到了那个时候,野兽就会爬到我们脚前,用嘴挑着,用眼里流出的血泪来溅湿我们的双脚。我们将骑在野兽身上,举杯庆祝,杯上将写着这两个字:"神秘。"但那时,只是到了那时,人们才会得到安宁和幸福的王国。你为你的选民骄傲,但是你只有选民,而我们却使所有的人得到平静。还有,在这些选民里,在本可以成为选民的强有力的人们里,有多少人由于等你等得疲倦,已经或者将要把他们的精神的力量、心的热忱转移到另一个阵地去,最后终于举起他们自由的旗帜来反对你。而这旗帜本是你自己举起来的。在我们这里,大家都将得到幸

> 福，不会再发生反叛和互相残杀，好像在你的自由里到处都在发生的那样。我们会使他们相信，他们只有再把他们的自由交给我们并且服从我们的时候，才能成为自由的人。我究竟说得有理还是在撒谎呢？他们自己会相信我们是有理的，因为他们会记得，你的自由把他们领到了多么可怕的奴役和骚乱的境地。自由，自由思想和科学会把他们引进那么令人迷惘的丛林，是他们面对着那么多奇迹和无法解释的神秘，以致有一些不驯服而狂暴的人会残害自己，另一些不驯服而一直软弱的人会相互残害，而其余所剩下来的软弱而不幸的人将会爬到我们脚下，向我们哭诉“是的，你们是对的，只有你们掌握了他的神秘，我们现在回到你们这里，把我们再从自己的手中救出来吧！”①

谢谢你！现在让我来给您介绍一本书，它极其详尽地描述了把人类从自我毁灭的冲动中拯救出来的经过，这种冲动是宗教大法官曾经设想过的。这部小说属于通常说的“反乌托邦小说”那种类型，是20世纪对文艺复兴以来流行的乌托邦小说的反动。《美丽的新世界》的作者是阿道司·赫胥黎②，顺便提一下，他是著名科学家朱利安·赫胥黎的兄弟，朱利安

---

① 《卡拉马佐夫兄弟》节选。

② 阿道斯·赫胥黎(Aldous Huxley，1894—1963)，英国作家。

热忱捍卫达尔文进化论对抗教会的猛烈攻击。阿道司对当时像他兄弟一样的人文学者口中的乌托邦隐约知道一些。当时有一种叫作“洗脑”的技术,被认为在不久的将来会得到完善。这项技术的具体做法,是在孩子生下来以后,趁他们还在睡梦中就向他们低语,以便将某种思维方式像打上烙印似的灌输给他们。

《美丽的新世界》中的经济系统是资本主义还是社会主义的方式,这点并不明确。它有一些资本主义的特征,比如说强迫的消费主义(从小反复灌输的口号当中就有一条“买新的胜过修旧的”)。引入了明确的阶级意识,但同时也存在着这么一种根深蒂固的观点,就是自己所属的阶级是最好的,只有自己阶级中的人才值得交往。在工作场所,人是按阶级分配工种,而人归属于什么阶级又是出生后用复杂的智力测验决定的。另一方面,在经济运作中却又体现了社会主义的特征。每个人都获得供给,当然要根据阶级所属,然而整体上物质丰富是显见的。最后,人们的心理完全被精神价值纯净化了,在社会主义世界中,就像您费奥多尔·米哈伊洛维奇曾经预见的那样。生殖跟性交和感情交流完全分离。人是靠克隆生产。这就掏空了性的感情内容。性生活平安而自由——主要是寻求肉欲之欢。情人之间的联系也禁绝了。当《美丽的新世界》出版的时候,正值有声电影问世。在美丽新世界中的人们不光享受着“对讲机”的乐趣,因为电影中有声音了嘛，他们还享受着“触摸机”的乐趣。观众手握着两个半圆形金属球，通过它们能感觉触摸到屏幕上的任何一个人。

通过做到致命疾病完全无痛，通过为临终病人提供各式各样的娱乐活动，通过组织孩子们到医院重病区实地考察，死亡的恐惧消除了。最终上帝被称为我们的福祉，人类生老病死流水线的神奇制造者。他还被称为是我们的弗洛伊德，当后者在心理学科中占据主教般地位的时候。这个画面符合宗教大法官对乌托邦的设想么？

符合。

我告诉您这些是想说，在您死后，您的观点一直在我们当中存在。我来引用一位跟我有同样想法的德国作家的话。他并没有像您一样用幻象来表达，而是非常现实。他描述了一起发生在疗养院治疗结核时的对峙，时间是一战爆发前七年。当时人文主义者们正在忙于建立他们的巴别塔，马上就要掐对方脖子上的血管了。扮演宗教大法官角色的人有着三种反基督派的特征。他是个犹太人，转而去信奉了天主教，外加是个共产主义者。他叫纳夫塔（Naphtha）。像托马斯·曼[1]《魔山》中的所有重要角色一样，他的名字也是由七个字母所组成的。唯一一个不是由七个字母组成的名字却

① 托马斯·曼（Thomas Mann，1875—1955），德国作家。

含沙射影了“七”,他就是:赛特姆布里尼[①](Settembrini)! 他是个人文主义者。

赛特姆布里尼赞扬异教徒们享乐的生活。他憎恶中世纪精神,它的咬文嚼字,它的神秘主义,它对人类生存苦难的渲染,如我们在文字记录和在艺术品两方面看到的那样。赛特姆布里尼唾弃哥特雕塑中柔弱的人体。对他来讲,文艺复兴真就是从噩梦中醒来。

正相反,纳夫塔责备古典理性主义、人文主义的思想。对他来讲中世纪代表了灵魂战胜肉体达到的最高境界,人类离完成救赎最近的一次,人类在地上建立天堂的唯一机会。纳夫塔认为人类为了追求感官欲望、琐碎的实际知识和腐败的权力,抛弃了这次机会。但是还是让他们自己来说说吧。

> 赛特姆布里尼:您也知道,描述那些非人类的恶行,那些无法宽恕的杀人罪行的雕塑,在这个世纪被展出,这些创作应该对它们自己所处的年代负责。(他们在讨论 14 世纪的雕塑。)看看那些魔鬼的类型,比如说那个审判者、血腥人物康拉德 · 凡 · 马伯格[②]——以热心迫害一切阻止超自然主宰的人而臭名昭著。您声称利剑和火刑柱是人类仁慈的工

---

① 意大利语中的七是 sette。

② 康拉德 · 凡 · 马伯格(Conrad Von Marburg,1195—1233),中世纪德国祭司和贵族。曾被教皇指派攻打阿比尔派教徒。

具是非常危险的。

纳夫塔:可是,这套人工建造的机制正是为人类仁慈服务的,宗教裁判所用它来拯救所有异端分子。教会制造的所有痛苦——即便是捆在火刑柱上烧或者是驱逐出教会,都是为拯救灵魂不得已而为之,以免那些灵魂落入永恒的地狱——这跟雅各宾派展现的毁灭狂热不可同日而语。

您看,他得分了。雅各宾派连同他们的断头台是在理性、非宗教和进步的一边。

至于人性的退化,其退化过程的历史一直与资本主义精神的成长精确同步。文艺复兴、启蒙年代、自然科学、19 世纪的经济学推动这种退化滚滚进行,无所不用其极。

他继续攻击现代天文学,并宣称人类最终将会回到托勒密地心说系统,地球是宇宙的中心,不可能有其他情况,因为人类堕落与救赎这场大戏就在此上演。

赛特姆布里尼:请回答我,请在这两位年轻的听众面前回答我。

(他们在争夺卡斯托尔普(Castorp)的灵魂,一位“简单的年轻人”,小说的主人公的灵魂;他的兄弟乔吉姆(Joachim)也在场。)

您相信真理吗? 相信客观的科学真理吗? 为了获

得科学真理的努力是所有道德中最高的道德,科学真理战胜宗教权威取得的成就铸成了人类精神历程最光辉的篇章。

纳夫塔:根本不可能有任何您说的那种成就,因为权威就是人自己,他自己的利益,他自己的价值,自己的救赎——这与真理不可能冲突。它们是一致的。

赛特姆布里尼:让人获利的就是真理。教堂里的神父憎恶商业、金钱和利润,因为他们崇尚按需生产,对大批量生产深恶痛绝。现在好了:经过长达几个世纪的厌恶,这种原则和标准被共产主义运动重新复活起来。完全相似,甚至连宣称世界要由国际劳工反抗国际工业家和金融家来赢得主宰权这点都一样:这就是全世界无产者,他们如今维护起《上帝之城》[①]的理想来了,并且反对资本主义布尔乔亚们的腐朽和颓废的准则。

那年是1908年。20世纪已经平淡无奇地开始了。纳夫塔,那个犹太人,改宗皈依天主教和共产主义两种信仰,他一点也没有想到犹太教信仰与时俱进并最终成就了一个民族主义的完全军事化的国家,并在半世纪内三次完胜自己的敌

---

① 《上帝之城》(*Civitas Dei*)为圣奥古斯丁所著。圣奥古斯丁在书中说明,罗马的衰退是由于道德的衰退;基督教不但不是罗马衰退的原因,反而有助于道德的提升。

人。他也没预计到共产主义虽然在战争中取得了胜利,但却因内部腐败而垮掉了。更没有想到天主教因拜倒在布尔乔亚的自由主义脚下而变得枝繁叶茂,促成基督教各派大联合(任何信仰都是许多信仰中的一种,所有信仰都是平等的),谴责宗教法庭,并把科学作为寻求真理的合法途径。

那您的人文主义者赛特姆布里尼呢,他怎么样了?

一战爆发,他离开了疗养院并在他的有生之年致力于促使意大利加入战争,协助同盟国。(意大利复兴运动[①]的结果。他憎恨奥地利。)

您那"简单的年轻人"怎么样了?

我们最后一次看见他是在战场上,戴着防毒面具的他飞驰在战场上,并用最大的声音唱着《菩提树》——舒伯特的一首曲子。

犹太—天主—共产者又怎么样了呢?

纳夫塔向赛特姆布里尼发起了决斗的挑战。赛特姆布里尼朝天空开了一枪以示羞辱。纳夫塔骂他:"懦夫!"然后,为了表明自己对布尔乔亚人文主义者的轻蔑,他开枪击穿了自己的脑袋。

---

① 意大利复兴运动是一场社会政治运动,以统一意大利半岛,并将其强化为单一国家为目的。这场运动没有准确的开始与结束的时间点,历史学家们普遍认同是从1815年维也纳会议开始,到1871年罗马成为意大利王国的首都结束。

这个故事的寓意是什么？

啊，您把我问住了。我不知道。可能没有表达什么寓意。可是我被它抓住了，几乎就像被您的《卡拉马佐夫兄弟》抓住一样。

为什么？

因为托马斯·曼让我体验到了那些人物的生活。

您也被《卡拉马佐夫兄弟》抓住了？

抓得更紧。

这样一来，尽管您是不信教的人，您最终还是明白了，经受苦难的高尚性与经受苦难的必要性是通往救赎的路。

完全不是这样。我不把经受苦难看得多么高尚，并且讨厌看到别人经受苦难。我喜欢不是道德败坏的那种肉体的欢乐。比如说，我喜欢看到婴儿吸母乳时的小样子，喜欢小孩子贪婪地吃食物的样子，喜欢情侣们温柔做爱时享受对方那心醉情迷的样子。

这就是您给列夫·尼古拉耶维奇看那部俄国电影里面的性爱镜头的原因？

我承认我做错了，我感谢您及时制止了它。

为什么？

因为我现在意识到，我无法驱除托尔斯泰的自我憎恨的心理。

自我憎恨?

深深根植于内心的罪恶心理,可能是在童年时代植入的。我觉得这是基督教致命的缺点。

我还以为您会说对一个不存在的上帝的信仰是“致命的缺点”呢。

不会。“上帝”就像其他词一样就是个比喻。一个词和它的所指之间没有永远的捆绑。托尔斯泰直截了当地拒绝了把飘在云端的老头儿作为“上帝”的形象,但他却把这个形象当成良心的一种象征。我想,他错误地认为这是人类心理普遍存在的成分,但这种想法并非荒谬。不,基督信仰中恰好有四个缺点,其中三个是微小的,我认为是容易纠正的。第四个是邪恶的,不幸的是它是核心。这一点确实降低了基督教作为统一人性而又不损害个人自由的基础的资质,我相信,这就是您讲述的“救赎”。

我的出发点是托尔斯泰和您对基督教的解释,把它作为理解人类状况——弊端和治愈——的唯一的助力。对托尔斯泰来讲,最终的邪恶是暴力。他把人类当中无处不在的暴力与基督第二条教义“爱邻人如爱自己”联系到一起。在公元1世纪的时候,这条教义可以简单地从字面上理解。因为那时候绝大多数人只认识他们的邻居。这种情况在托尔斯泰那时候——19 世纪的俄国农村也是一样，他幻想着这代表着人类生活的主导形式。如今每个人都能跟成千上万人发生联系，他们互相并未见过面，也许永远不会见面。“爱”上这些人简直就是不可能的，因为我们通常意义上的爱，是爱自己的直系亲属或者是亲密朋友圈子里面的人。但在全球社会层面，人与人之间保持“文明”相待是可以做到的，也就是把他人当作在需要的情况下的潜在的合作伙伴或者可信任的提供帮助的人，而不是把他们看成敌人、竞争对手、下级或者是上级。现代人文主义的社会哲学——带人性的社会主义——就体现这样的憧憬。

无神的社会主义？人类社会岂不是要变成个蚂蚁窝了？重启建造巴别塔的项目？

您冷静点。不是这样的。让我继续说。在基督教诞生前的《旧约》中有条格言：“以牙还牙，以眼还眼，以命抵命。”托尔斯泰将它与下面的段落联系到了一起：

> 你们听见有话说，
> “以眼还眼，以牙还牙”，
> 只是我告诉你们，
> 不要与恶人作对。……（《圣经·新约·马太福音》5:38—39）

又一次要求太过了，但容易纠正。其实第一次与列夫·尼古拉耶维奇对话，我就问他能否接受非暴力反抗，就像是杜霍波尔教派，马丁·路德·金（美国殉道者）和甘地（印度殉道者）他们所做的一样。我知道列夫·尼古拉耶维奇会说他会的。

基督教的第三个次要缺点就是谴责所有肉体之欢。基督教早期的僧侣和隐士们，还有托尔斯泰，都成为这条残酷禁忌的受害者，但可以把它当作误导人的强制禁忌而不理会。

不幸的是，基督信仰的中心信条与人文主义描绘的前景是不相容的。最不幸的是，它还是您心目中基督教作为拯救人类免于全面堕落——如您不厌其烦一次一次描述的“同类相食”——的途径的中心信条。

为遭受苦难而欢欣鼓舞？

没错。其来源很明显。给诸神献祭如同贿赂。

但是耶稣把贩卖鸡和羊的小贩赶出了庙宇。

但不管怎样，他的使命受到称颂，因为他以自己一个人的牺牲来“偿还”亚当的罪过。托尔斯泰却不同意这样的解释。他把耶稣的自我牺牲当成不反抗邪恶的榜样。但是您，费奥多尔·米哈伊洛维奇，在您的基督教信仰的告白中，您把经受苦难说成是这信仰的中心美德。您对它的解释是低下的。您认为一旦意识到了自由就不可避免地会走向堕落（“可以做任何事情”），这又会导致遭受苦难，从而为堕落“付出代价”，并最终通过信仰达到救赎。这就是您为基督教描绘的前景,它跟人文主义是不相容的。

那永生呢?否认上帝等同于否认永生,如果没有永生,人的生命将没有意义。假如在地球上的生命是有限的,那么跟永恒比起来,它就成了无穷小的一瞬间。这究竟怎么才能证明呢?

假定我回答了这个问题。那您又会问我,怎么证明人被放在地球上的目的呢?然后还会问,是什么目的?

我不会试图为上帝的意志做证明。对我来讲最重要的问题是,上帝的意志是什么?

可以假定您找到了答案吗?您怎么知道这答案恰好是正确的呢?要是撒旦提供给您答案呢?

我会知道的。上帝不会让我被撒旦欺骗。

为什么不会?他不是让撒旦怂恿约伯么,然后浮士德恰好证明他们是不会受腐蚀的。

但是撒旦输掉了两个赌注,不是吗?如果还有类似的赌注,他还是会输掉的。

为什么他一定会输?

哎呀,我告诉了您我的信仰,如果您也有信仰,为什么不告诉我呢?如果您没有,就说没有嘛。我们怎么着都得结束这话题啊。

您说得有道理。我要是说我有信仰,那是在扯谎,但是我怀有希望,我会告诉您我的希望是什么。我提到过人文主义,您也提到过,而我们俩对它的解释和态度却是大相径庭。您的观点和态度是明确和坦率的。人文主义的路线是由信仰人—神的反基督教的人文主义者提出来的;而信仰神—人的路线则是由正统基督教通过神—人基督提出来的。两条路线都给人留下了同样的选择——自由意志。现在让我来告诉您,我接受人文主义。我同意您的观点,它的起源是文艺复兴。它最直白的表述是由勒内·笛卡儿用三个词讲出来的:cogito ergo sum。笛卡儿通过宣布他怀疑所有事情开始了他的冥想,进而寻求某种确定性的支撑点,也就是他不能怀疑的某种事情。"我思,"他悟到了,"故我在!"

今天我们会说与其说这是确定性的发现,不如说这是确定性的定义;真理的定义,如果您愿意这么说的话。大约三个世纪之后,维特根斯坦重新解释这句名言。Die Welt is alles, was der Fall ist. 世界是所有发生了的事情。可见作出定义的目的应当是让人们能够交流,就是说,去体验他人的想法,进而弄明白哪些是相互一致的。因此这就是朝人类统一迈进了一步,而你我对人类统一都是同样渴求的。

您对真理的定义跟无神论者赛特姆布里尼的定义是一样的。

是的。但是,请回想一下,我仅将定义视为交流的辅助工具,不像大多数哲学家认为的那样,是对某些事物"本质"的看法。换句话说，我将定义视为约定（在严肃的对话中必须遵守的规则），而非真理的新发现，更别说是真理了。

请继续说。

笛卡儿继续从他的基本前提（从它是什么得出那就是）演绎出结果。确实，他的推理方法主要是演绎的，那是一种专门用在数学上的方法。这清楚地说明为什么笛卡儿对人类世世代代积累的知识宝库最重要的贡献是在数学方面。他发明了分析几何，把代数和经典（欧几里德）几何学融合到一起，大大拓展了数学分支的范围。确定的知识领域拓宽了，那么人类对真实的（也就是，什么是实际存在的）的认同范围就会拓宽，这样人类逐渐统一的潜在可能性，至少在什么是真实和什么是不真实的这个问题上，也会随之扩大。

但是您所说的拓展，还限制在物质世界，限制在感知世界。精神世界，包括终极世界，无穷世界，人类还是一无所知，救赎也是这样。

并不尽然。人类一开始是通过感知（计算、测量）认识数学真理的，但是最终这真理变得完全脱离于感知而存在。想想勾股定理，如果一个等腰直角三角形直角边的长度是1，则斜边长度的平方是2。这个长度数字永远无法从感知的角度理解。整数和小数可以感知，但无理数像是$\sqrt{2}$，或者是π——圆的周长和直径之比——则不可感知。没有方法可以完全得出它最后的值，只能无限接近。所有数学概念，除去从最基本的数学运算演绎出来的,都是可以计算和测量的。

这就是您先验世界的范围——非测量得出的数学概念吗?

比这要多很多呢。我只是举个例子。但是这暗示了许多更深的内容,比如说,人类是一种什么生物,有什么使命。每一个生命体,无论是动物、植物还是微生物,都有对环境的适应能力才存在于世的。在很长一段时间内,造物主赐予了万物适应生活的能力这种说法一直非常流行。捕食者被赐予了尖牙利爪,为了更加方便捕捉猎物。猎物们被赐予灵敏的感官及双脚,能够更快地警觉和逃脱。在科学里面却没有造物主的位置。有大量证据表明生物经历了数亿年甚至数十亿年的进化。在进化过程中,生物遗传机制随机发生微小的变化,这些变化要么让它们易于存活,要么反之。继承有害基因突变的物种最终会灭绝掉;继承了有利变化的,将会繁荣并繁衍更多后代。

接下来您会告诉我人类是从猴子进化来的,所以我们一定要相互友爱。这不是 Vorobyov①(Соловьева)总结出来的人文主义人类观吗——人是怎么来的,他要怎样才值得生存下去?

忘记了吧,费奥多尔·米哈伊洛维奇。Vorobyov 讽刺的是一位低俗、愚蠢的人文主义讽刺漫画家。咱们认真点儿,好吗?

---

① 原文人名出处不详。

如果人类有任何独特之处，与其他生物有什么不同，他应该如何生活来证明他自己存在的理由，如果这些在他自己看来值得花时间追问，那就让我们像大人一样地讨论。让孩子们去编故事去吧。

创世论、人类堕落、赎罪这些都是孩子们编的吗？

就这事儿来说，3000 年前我们都是小孩儿。人类的童年很长。如果一个人可以在子宫中发育长大，为什么一个物种不能从大自然物竞天择的过程中进化出来呢？

让我们看看人类本身，不是从神学家或者“人类学家”（博迪亚夫）的角度想象他是什么。我们看出了什么？他有没有适应周围环境？他会跑，但不如豹子跑得快；他会游泳，但不如海豚游得好；他可以闻到气味，但远没有臭虫灵敏；他的视力无法与鸟类捕食者相比。尽管如此，作为一个进化的物种他的成功是显而易见的。经过大约上百个世纪，在进化时钟的某一刻，人类数量突然激增了几千倍！我们应该把这个成功归于什么？

你们无神论的人文主义者们说“归功于高级智慧”。

看起来是这样，但是很难为“智慧”这个词下一个大家都满意的定义。我们必须寻找能直接观察到的特征。

比如说？

使用双手，使用符号语言而不是信号语言。

猿猴也使用双手。

是的。我们的近亲。要提醒您,不是祖先,而是同时共生者。如果你回溯到远古的远古,很有可能发现跟它们有同一个祖先。是猿猴,特别是猩猩,跟我们有最近的亲缘关系,它们使用双手。但是,它们的双手不像我们的双手那样专门化。猩猩还用双手行走。直立行走将人的双手完全解放出来了。它们得以被用来做更加精细的活儿。

您是说像拉小提琴之类的?

好例子,但这跟生存潜能几乎没什么关系。我想说的是制作工具。

有些类人猿使用树棍。

是的,但是它们不会制作木棒。人类学会了制作工具。那就是生产。您读过马克思吗?

那个不信神的犹太人?读过。他让我们相信人与神之间相连的不是灵魂,不是精神,而是生产。他教育我们生产方式决定社会阶级机构,统治者和被统治者之间的战争最终是不可避免的。他用“生产方式”替代了神的意志……

正是这样。他当初要是加上“除了别的事物”,那就是另一回事了。

别的事物是什么?

可能有很多，但我只说一个我认为非常重要的：符号语言。很多物种都有语言。有些鸟，通过声音来交流；另外一些，昆虫之类，通过气味来交流。猩猩有一套指令手势。但所有这些都是“信号”语言。只能在此时此地进行交流。跟信号不同，符号同语义没有固定的捆绑，这有事实作证，譬如同样一种东西、情况、财产、行动，不同语言可以用完全不同的发音联系在一起：在英语中叫“table”（桌子），在德语里就是“Task”，在俄语里是“стол”，但所指的是同一样东西。

这很重要吗？

我认为这非常重要。这使人们能够不仅仅交流此时此地正在发生的事情，还能交流过去曾经发生的以及未来预计会发生的事情。甚至交流从来没发生过的事情。这让他们能够想象存在的事物存在的条件和那些不存在的事物不存在的条件，以及怎样创造条件让它们存在或让那些事物不存在，包括那些带来福祉的以及那些会遭致苦难的。最重要的是符号语言让人们不仅通过经验学习，还能传授知识给他人，给那些没有这种经验的人，而这就是教育。

狗也能学习，猫还会教小猫。

是的，狗只会做得到奖赏或受到惩罚的行为，猫通过模仿母亲的动作来学习，而不是通过语言。没有狮子能对狮仔说：“羚羊一定要顶风追击；找那些脱离了群体的猎物……在水边不要攻击猎物，那样会把它们吓跑；它们跑了，我们就会挨饿……现在这只角马,情况不太一样……"

当书写发明之后,人们得到的知识不但可以传播,还能积累。知识终于可以不用只局限在人脑中。知识库——潜在地属于全人类——可以无限增长。

出现一种新型的进化——社会进化。社会进化机制的某些方面类似生物进化。例如,在进化驱动力当中,有些跟自然选择非常相近。最鲜明的例子是书面语言的进化。您懂英语,也知道它奇怪的拼写特点。您有没有想过,为什么"daughter""though""night""eight""brought"这些词里面都有不发音的"gh"呢?

英国人讲话是出了名地草率马虎。他们只顾跟自己人说话,完全不顾其他人,特别是我们这些俄罗斯人是否能听懂,他们轻蔑地把我们当成亚洲的蛮族。

不靠谱。"gh"虽然这样写但并不发音,是因为孩子在小时候学说话没有人教,全靠模仿他们听到的大人的话,但书写是在学校里面教会的。

这有什么关系?

德语比英语古老,在德语中,"daughter"这个词是"Tocher","though"是"doch","night"是"Nacht"等等。所有这些词中,"ch"是发音的。在英语演变过程中,"gh"一定是逐渐被弱读,最后完全不发音了。孩子们没有听到那个音,所以他们就不发那个音。书写是正规教出来的;所以"正确"(就是跟以前一直写的一样)的写法就保留下来了。再说,孩子们没有写对是要受到惩罚的,所以不发音的"gh"就一直保留下来了。与之相同的还有"k",在"knowledge"当中是不发音的,但是在"acknowledge"中是发音的。

但所有这些跟自然选择有什么关系?

想想"k"在"knowledge "中是怎么变成不发音的。在"n"前面发"k"的音很困难,所以有些人就不发了。随之就有人模仿他们也不发了。越来越多的人都不发"k"这个音了,他们的人数就增加了,他们人越多,您可以这么想,他们就在"繁殖",不是生物学上的而是社会层面的"繁殖",并且"繁殖"得越多越会加速"繁殖",直到发"k"这个音的人完全消失。

您怎么知道事情是这样发生的?

问得好,费奥多尔·米哈伊洛维奇!这正是人文主义者们愿意听到的问题:"您怎么知道?"我们不会装成肯定知道所有事情。我们一直寻找确实的证据或推翻这证据的事实。这类行动不是谁掌握着"真理"的争斗。它是指导我们追求真理的齐心合力的行动。为回答您最喜欢问的问题,我可以讲述一些例子,一些类似的例子。出于某些原因,西班牙人发现一个单词连续以辅音开头,发起音来非常困难。英语里面的"state",在西班牙语里面就是 estado;英语管他们的国家称为"Spain",西班牙人就叫它 Espagna;"spasm"变成

“espasm”,“special”则变成“especial”。在这些例子中,我们发现在用连续两个辅音开头的单词最前面加一个元音,就变得好发音了。法国人更甚,他们索性把“s”去掉了。“state”变成“etat”,“Stephen”变成了“Etienne”等等。

我还是没看出来这跟人文主义有什么关系。

对人文主义者来讲,他们集中关心的是人,对了,费奥多尔·米哈伊洛维奇,您也是这样。然而,您的出发点是对选定的基督教教义的特殊解释(或者说是您自己的解释),对我们来讲,出发点简单得多,它是像笛卡儿的“我思,故我在”这种无可辩驳的命题。最重要的是,我们确认是真理的大部分内容并不是我们自己个人的经验,而是几乎所有人共有共享的经验(例外可以稳妥地归因于不正常的情况)。最后,共识必须是自由地达成而非权威强加,无论这权威有多高贵。在这点上,我们的自由观跟您的是相似的。

通过在过去三个世纪中这些体验,我们可以得出结论,人类原则上可以统一于从科学实践中诞生出来的真理观。“我们知道什么是真的?”不是一个恰当的问题,不如问“我们怎么知道什么是不是真的?”或者还有,“我们能将多高的可信度赋予断言什么是真的?”

你们的这些问题直击人们信仰的心。您觉得你们能剥夺人们的信仰吗?

我没有说科学的认识模式将会被大多数人接受。我也没有说,人类将会由于对如何达到真理的认识一致而统一。我说的是在这个基础上它能够被统一。我从一开始就跟您说,我对人类没多少信心,就是说对它凭借自己的能力能再存活几个世纪没多少信心。我只说我希望它能。

更重要的问题是,人类是否有可能基于对善(恶)的认识而统一。在这点上我就更没有信心了,但我还怀有一定希望它能够做到。其出发点,我想不应该是探讨"善",相反,应当是探讨"恶",恰如医药研究,着力最多的不是健康的"本性",而是在具体病案中药品的治疗效果。这类知识提供给我们对抗疾病的手段。我认为把健康看成是没有病就行了,同理把善看成是没有恶就足够了。我不会去列出长长的单子,写什么行为、情况等等,这些是恶,或大多数人认为是恶,那些毕竟只列出若干种情况。

我认为几乎每个人都把剥夺生命视为恶,您不这么认为?

不,服从上帝意志而奉献生命的某些个人就不是恶。

除非他相信在那个地方那个时刻免不了一死了。此外,为什么大多数忠诚的信徒围着耶稣(重复提到过这个场景),期望他能救他们脱离苦海?您不会否认一个垂死的孩子的母亲急切希望她的孩子能好起来而不是死去?

是这样。继续说。

遭受苦难与此同理。我不是说您如此热情关注的那种苦难、自我纠结、悔恨之类。我指的是普通的身体上的疼痛，比如牙疼。同样的道理适用于饥饿、剥夺，当然还有侮辱人格，侵犯一个人作为人的尊严。

是这样。

好的，那么我就不用再多举例子了。请注意，信教的人和不信教的人双方都同意什么是恶；我提醒您，我说的不是恶的“本质”，而是恶的具体事例。

人文主义的基础是确信人类能够同恶抗争，而不用借助“外界的”力量。可以把它叫作“信仰”，如果您愿意。但是，这是一个通过它主张要采取的行动而得到强化的信仰。您知道您那时候俄国的疟疾是什么样。小孩死得很多。正当年的大人也在恐惧中死去。没有证据证明做祈祷的期待神灵显灵的人群能逃脱苦海。流行病任意肆虐横行。讲卫生和医药彻底根除了疟疾，只剩那些卫生宣讲和医药无法到达的地方。把人变成负重的牲畜是恶。由此可见，奴隶制和农奴制是恶。指望奴隶主和农奴主发善心是徒劳的。社会结构必须发生根本性的重构，那种恶才能根除。

所以人文主义者就宽恕了革命？俄国革命真的把您诅咒的祸根结束了吗？在集中营里面的人们没有被判定当奴隶吗？饥饿消除了吗？那些拒绝加入集体农庄的乌克兰农民不是被人为地饿死了吗？人类尊严不是由秘密警察伺候，由瘫痪精神的审查制度伺候,由持续的恐怖伺候吗?

那么,拿撒勒的耶稣宣传的美好理想,不也是由抓住政治权力不放的天主教会用宗教裁判、折磨及酷刑伺候吗?

罗马天主教会把自己出卖给了反基督的人。

那东正教呢?您赦免了俄国东正教反人类的罪行。但正是这个教会将托尔斯泰逐出教门,而托尔斯泰对拿撒勒的耶稣宣传的理想——无条件拒绝暴力和所有形式的社会不平等——有最敏锐的洞悉(只是还有些盲点)。

托尔斯泰拒绝基督。

您怎么知道?

他拒绝接受基督的神圣。他自己说的。他说没人知道耶稣的父亲是谁,这就是为什么他管自己叫上帝之子。

您怎么知道事实不是这样?

您怎么知道是这样?

我不知道。这是关键。没有人知道,也没有方法找出真相。没有办法说服人们相信是这样或不是这样,或许,除非是在人们很小还不懂事的时候就给他们灌输信条,要不就是通过恐吓和威胁。所以任何基于教义的宗教都有这类信条,也就是公开宣示的既不能被证明也不能被驳倒的信条,它们永远不会受到跟真理有关的最基本问题的拷问:我们怎么知道?

那您的人文主义者们知道怎么拯救人类?

拯救他们什么?

免下地狱。

什么是免下地狱?什么是救赎?什么是赎罪?我真的不能理解这些词。我没有过任何跟这些词语相对应的体验。

您也没有体验过死亡,对吗?但是,您非常希望能避免死亡,或者起码是将它推后。

这您是对的。但实际上我跟每个人一样都有这种感觉。我不需要有人引导我去体验这种感觉。在我看来,实际上,似乎我跟地球上任何有生命的东西一样都有这种感觉。因此,这就造成一条纽带,把我同世界上所有生物维系到一起。

您怎么知道?您曾经钻到其他生物"里面"去体验过它们的感觉吗?

好问题。我当然没有。但我知道其他人有同感,因为我可以跟他们交流。至于说其他的生物,那只是个假说,但是个合理的假说。其实,这可以从达尔文进化论推导出来。至少在生育以前,在延缓死亡方面没有什么有效机制的生物,都已经不存在了。它们被选择,就是要对抗死亡。

至此,我们树立起一件事。生命是好,死亡是坏。接下来的问题是,人类最重要的生存机制是什么?我们已经明白,人类的身体不能特别好地适应环境。然而,人类产生了两种强大的生存机制,没有任何一种地球生物拥有过。一是符号语言,它使知识的无限积累成为可能,由全人类而非个人积累,并且共同分享而不遗失。二是精工细作的双手。两个器官——手和大脑——使人类得以发明、制造并改进工具。凭着这些,他学会改造环境以适合他自己,而不是自己只能适应现有环境。这导致人类在很长一段时间(直到最近为止)相信,自己是“创造之王”。他让老耶和华说:

> “要生养众多,遍满地面,治理这地;也要管理海里的鱼、空中的鸟,和地上各样行动的活物。”(《创世记》1:28)

因为有这般鲜明的祝福,人类中脱离蒙昧的人们现在明白了必然到来的末日审判会审判什么人。有符号语言,特别是发明了书写,他们致力于保存积累起来的知识。于是,脱离蒙昧的人们得以勾画人类的“事业”。看他们是怎样做的吧!他们造出犁和斧,用来强暴大地母亲,化森林为牧场与农田;财产观念兴起,他们制造武器掠夺他人财产,保护自己的财产;给别人加上重担,并把那些人变成自动机。

自动机?

您跟我讲过,德累斯顿的德国小伙子们,行军走步跟一个人一样,是为什么。当他们走进1870年代去屠杀法国人的时候,您钦佩他们,等到他们凯旋归来,您对他们产生了恐惧心理。

一切都在记录当中——帝国的兴起与衰亡，大屠杀的盛会。伴随着仇恨、残暴、死亡与毁灭，另外一个过程也在推进。知识的积累呈指数增长。宏观世界与微观世界都展现出自己神奇和精妙的奥秘。浮士德该是多么妒忌爱因斯坦啊！还有美！米洛斯的维纳斯、泰姬陵、赋格曲的艺术、中国的书法，还有您，费奥多尔·米哈伊洛维奇，对人类灵魂的神秘探究——从最谦卑到最神圣，从最丑恶到最痛苦——简直就是一个令人神往的充满矛盾的热带雨林。

人文主义是承担重负答应要让人类历史有意义的思维方式，不是靠奇思妙想，比如您的“人类学”，博迪亚夫是这么叫的，而是靠试验，靠寻求真相的观察、归纳法和演绎法。这才真正是我看重的启蒙者们的思维方式。

人文主义者？

我管他们叫人文主义者。标签并不重要。人类的危机迫在眉睫，要么全部被大规模摧毁性的武器暴力摧毁，要么因为环境破坏得太严重人类不能生存下去。有很多事实证明这些威胁真实地存在着。如果生命是一种价值，这些问题就必须得到解决。只能通过大家共同努力来解决，因为大自然不区分“种族”，不区分宗教，不区分阶级，不区分朝代，乃至不区分边境。换句话说，这些把人们区分成“我们”“他们”的各种意识形态必须被限制在个人生活中，必须从政治中排除出去。这既包括已经扩散到全球的像基督教这样的大宗教，也包括仍然局限于单一民族的像犹太教这样的小宗教。我深信，人文主义者们面对有组织的固守教义的有军事武装的那些宗教，冷峻应对的力量源泉是上面这个办法，而不是要人“不信教”或要人放弃对反基督的人的“忠诚”——这两个词儿您前面多次提及。

您说的威胁是什么？

对于肯花时间读读科学家们关于这方面问题的报告的人来说，这些威胁是显而易见的。其中一个就是往大气中排放二氧化碳过多。这种排放之源是燃烧化石燃料（煤、石油）取得能源。大气中增长的二氧化碳很容易使地球温度上升，致使格陵兰和南极冰盖融化，从而海平面上升。所有汇聚世界贸易的大型港口都会被淹。现在肥沃的地区会变成沙漠……

地球上的水被污染得越来越严重，而水是我们这颗行星上生命的源泉。对森林的砍伐（为木材行业盈利）损害地球的“肺”，而地球生命得以维持是靠植物吸收二氧化碳释放氧气，动物吸收氧气又为植物提供肥料……除了地质圈、水圈和大气圈，生物圈现在被看作是人类家园富有活力的组成部分。我们是其中的一部分，所有那些生机盎然的造物也都是。我们这个物种的“健康”与“生机”取决于生物圈的“健康”与“生机”。这些全都需要保持生机勃勃与多样性。所以，个体生命的认同区间一开始局限在他自己的躯壳，然后扩展到他家庭的直系亲属，继而可能扩展到宗族、部落、国家，如果人类要存活至新千年，乃至再下一个世纪，那么他就必须把自己的认同区间进一步扩展到生物圈。

最重要的是，必须认清，社会极度不平等造成的人与人之间的鸿沟是致命危险的另一根源。战争现在几乎被普遍看作是令人憎恶的灾难。战争的荣耀，像您在《作家日记》中某些地方讲得那么雄辩的，在对人类生存状况的任何严肃的讨论中，都不会被提到了。战争一直在剥夺千百万人的生命，其中70%—80%都是普通百姓，无论男女老少。这种大屠杀不是来自于仇恨，或者是来自上帝的旨意，像那些基督教和平主义者们经常说的。结果追随基督榜样所做的表面文章大都徒劳无益。今天无须仇恨谁才去杀人。杀戮被授权给装置，它模仿人类智慧技能的能力不断增强，当然没有任何良知与同情心。最凶残的事情是，新近研制的枪械可以由11岁的男孩轻易使用。提醒您一下，现在的战争跟您的时代不一样，不是由富裕国家为了夺取土地、更大的市场、更广阔的势力范围而打仗。在过去的半个世纪，主要是穷人中最穷的人打另外一些穷人中最穷的人。所有这些暴力，追溯其最终根源，都是强权和暴富的一方同无助和赤贫的一方的巨大鸿沟。正是在这大裂缝当中社会主义插入，成为人本主义的社会哲学。对它，你既不能看成是乌托邦式的梦想，也不能看成是跟蚂蚁窝相似的社会，也不能看成是您描述过的暴政，而是家庭的放大——一个养育、整合、善意合作的联合体——并扩展到全人类和不可知的彼岸。而且，它不是想要有就有的，也不是自封的“先锋派”强加的，更不是由想象中的造物主预定的，而是由成熟起来的人类充分利用它最重要的生存机制——符号语言形成的理智以及每个普通人紧密接触所观察到的活生生的现实——建立起来的。

第五章　命定扩张说[①]

我给您读点东西，然后您来告诉我您是怎么想的。

> 我们不会拒绝承担我们的责任……我们不会放弃我们在东半球的机会。作为这一种族的一部分，上帝的委托人和世界文明的一员，我们不会辜负我们身负的使命……我们将会前行……心怀感恩……感谢全能的上帝，将我们当作选中的子民，带领世界重生。

选自哪里？

让我读完剩下的，您再猜猜。

> 我们今后最大的贸易是跟亚洲做。太平洋是我们的海洋。统治太平洋的力量……就是统治世界的力量。对于菲律宾这个力量，现在是将来永远是美

---

① 命定扩张说(manifest destiny)，是19世纪中后期，被美国人广泛持有的一种信条，鼓吹扩张美国在北美洲的领土；扩大美国政治、经济的势力范围。

利坚共和国。

好了,现在很清楚了。是谁写的?

这是大约一百年前美国的一个参议员的演讲辞。

您是说大概在1780年?那时候美利坚共和国还不存在呢。他们当时还在为独立跟英国人打仗呢。

为什么是1780年?我说的是大约一百年以前,应该是19世纪90年代晚期。

我没懂。我是1881年死的,不是吗?为某种原因您把我吵醒了。首先,您欠我个解释:谁给您的权利?您在跟我玩某种游戏?

谁在跟谁玩游戏?费奥多尔·米哈伊洛维奇。您来的时候自己告诉我,那是因为我提到了您的名字。您告诉我您自己选择去地狱,并在那里饶有兴趣地看着100年来发生的事情。所以干吗说我"吵醒您了"?

您说的我完全听不懂。您是谁,您想要我干什么?

我们没有任何进展啊。别管我刚说的话了,很显然您不记得上次我们聊天的内容了。就当是我相信您。我们重新开始。您早就去世了,我通过某种方法把您召唤到这里来了。请相信:我们现在是在20世纪末,不是19世纪。就当是您睡了整整一个世纪。现在您(或者是您的鬼魂,或者是您的灵魂,无论您想怎么叫它)可以回想起以前的事,重新思考并跟我对话，好吗？

我有选择么？

没有，因为您当前的存在只在我思想中。但假装您存在。您觉得这样会舒服点。同意吗？

假如像您说的，我真的没有选择，那我还能做什么呢？

我们最好不要走进关于“自由意志”的神学讨论。在谈论宗教的时候，那些我们之前都讨论过了，显然您忘记了。回到现在的话题，您认为刚刚那个美国议员的宣示怎么样？这个宣示是在您去世后没过多久做的。

每一个伟大的民族都相信，而且必须相信，如果想要存活下去，世界的救赎就取决于它，而且只取决于它。更重要的是，为了相信这个，一个伟大的民族必须相信它是为了领导所有民族而生，要让它们追随它向命定的最终目标进发。

那么，在那个美国议员的宣示的启发下，您相信美利坚合众国当时是“伟大的民族”吗？

“按照这个宣示”，我无言以对。这段讲话后面有一个意图吗？美国要强迫其他民族，带领它们，让它们跟随美国朝命中注定的目标前进吗？

那个时候还不是。但是半个世纪后就是了。

发生了什么？

它同苏联对抗。

苏联是什么？

由俄国统治的 15 个加盟共和国的联盟。

俄国是个共和国吗？这是怎么发生的？

我们第一次见面的时候您还都知道，现在您倒不知道了。要对您讲清楚这个，需要很长时间。当我们讨论您曾热情地赋予俄国的这个“使命”的时候，您会了解到一些您死后发生的事情。苏联和美国对峙了 40 余年，在这期间，双方都随时准备完全摧毁另一方……

之后发生了什么？

苏联解体了。一个接一个的共和国退出了。当俄国退出的时候，苏联就解体了，在美国的霸权道路上从此没有阻拦。美国宣称自己是唯一的“超级大国”，而且得到了其他国家的认可，因为苏联解体了嘛。现在您有足够的信息可以说美国成为了一个“伟大的民族”吗？

这取决于美国抱有的“最终目标”是什么？

说得是。这个合众国的政策是“鼓励”（或者像某些怀疑论者说的强迫）其他所有国家都成为想象中的资本主义民主制。但是，看它在世界舞台上的作为，它的目标其实是想取消所谓的“民族国家”。讽刺地说，这个目的跟苏联在成立的第一年的目标是一样的。那个时候苏联的目标是发起全世界的革命,来推翻资本主义的统治,最终使国家“消亡”。

为什么您说“所谓的”民族国家?感觉就像是虚构的一样。

它差不多就是虚构的。“民族”(nation)这个术语,基本上跟您《作家日记》中常用的那个“那罗德”(narod)(Народ,人民)一样。我发现有本英文版的《作家日记》,把里面“人民”(People)这个词首字母都大写,跟“上帝”(God)及其宾格“他”(Him)的首字母大写一样。也许是译者想把您对这个概念的敬畏传达给读者。但是通常对“民族”的定义并没有“人民”的含义在里面。它只是意味着人的集合体,他们讲同一种语言,有同样的文化特征和共同的历史记忆——无论是真实的还是美化过的历史。现在“民族”这个词在北美地区一般是指现存的印第安部落。民族这种集合体现在在全世界有 2000 多个。目前经常用到的词是“民族国家”(nation state)。但是“国家”现在有不一样的含义。它是从政治角度定义而非民族文化角度定义。它有清晰的地理界线。有些地方的界线经常被邻国干扰,但总体来讲疆界大体是稳定的。在疆界之内,国家的领导机构可以实施法律强迫或阻止某些行动。国家还有武装力量执行政府命令。这样的国家现在有 200 多个。

这么多?

是的。随着第二次世界大战结束,欧洲主要强权以前的殖民地都成为了(正式地位上的)独立国家。现实情况是它们都属于联合国，一个为通过各国间的合作来解决各国间冲突而成立的实体组织。这200多个国家当中，只有二十来个可以充分合理地被称为“民族国家”，该国的居民属于某类人，他们构成一种文化—宗教—语言意义上的民族实体。格陵兰岛独立之后，丹麦就是这种“民族国家”的国家了。也许瑞典和日本也可以算成是，如果不考虑瑞典北部的拉普人（Lapps）和日本最北部的群岛和最南部的冲绳。俄罗斯帝国和苏联都不是特别显然的“民族国家”。连俄罗斯联邦——苏联解体后留下的最大一个共和国——都不是。它包含了一百多个文化—宗教—语言意义上的民族实体，其中一个最近闹独立未果。告诉您这些，我是想让您重新弄清您说的“俄罗斯”和它的“使命”还有这“使命”的“最终目标”。

告诉我，您是犹太人么？

是的，您怎么猜到的？

这不要紧。但是如果您是犹太人，那您就不会理解我说俄罗斯和它的使命是什么意思。

好吧。但是，至少告诉我，您用“那罗德”表达什么意思？想必您不会坚称，我因为是犹太人所以不明白。如果您读过《旧约》，您应该知道实际上是犹太人发明了“那罗德”这个概念。想想《出埃及记》——6万人结成一个整体穿越沙漠，越过海洋，这两种地形让他们顺利过去，却阻挡了紧追不舍的埃及人。这里无可争议的有一个“那罗德”。他们还有一个最终目标:永远占据他们的上帝指定给他们的那片土地。然而,他们不指望其他的“那罗德”加入他们的事业。相反,居住在应许之地的其他那罗德们将被完全摧毁。正如您在《申命记》20:16—18 可以读到:

> ……这些城市……上帝赐予你们繁衍之地,你们将不留其余任何活口,将之全部摧毁:希泰人、亚摩利人、坎纳尼人、比利洗人、希未人、耶布斯人,是上帝命令你们的。(《申命记》20:16—17)

您有印象俄罗斯人为了完成他们的“使命”也做了相同的事情么?

当然没有。俄罗斯的使命是给世界的其他地方一道光芒,让他们看到真理。

您交替地谈论俄罗斯和俄罗斯人民。您是认真的吗?以前被纳入俄罗斯帝国的“那罗德们”怎么样?它们相处得怎么样?顺便问一句,它们愿意被纳入俄罗斯帝国吗?

基督徒应该愿意——那些亚美尼亚人和格鲁吉亚人。

在理。他们甚至是属于东正教会,是吗?波兰人怎么样,在波兰被分裂成四个部分的过程中,他们大部分人都被纳入俄罗斯帝国了吧?

四个?只有三个。

第四个部分是在您死后。无论如何,那波兰人呢,全都是天主教徒？顺便问一句，您把天主教徒看作基督徒么？不用回答。我们待会儿将讨论天主教。最好先告诉我，鞑靼人（俄国人通常不带歧视意味地称车臣人、切尔克斯人和哈萨克人为鞑靼人）的纳入是不是您设想的一部分——那罗德们加入到俄罗斯去完成“最终的目标”？

时间会告诉。

好吧。我只是很好奇，但我不会活着看到结果了。因此，我们刚才先不讨论命定扩张说（manifest destiny），先讨论那罗德，这个您和列夫·尼古拉耶维奇都特别关心。

命定扩张说？

是的，就像那个美国参议员发表豪言壮语时所称谓的。您自己也写过许多关于俄罗斯“命运”的文字。此处“扩张”（manifest）指的是命运像一项具体政策一样逐渐扩展张开。比如说，这里说的是美国的命运，没有具体讲怎么才能实现。这个演讲是在1789年，美利坚合众国成了一个联邦制国家。

> 众所周知，帝国一直在从东向西推进。她最终的边界极限可能就是美洲了……前所未有的最大的帝国。

从下面的话看，命定扩张说正在变成一项具体的扩张政策，1830年美国总统约翰·昆斯·亚当斯写道：

> 前瞻事情的可能进程，很难抵御这个信念，那就是，

> 将古巴吞并到我们的联邦共和国中来将是对这个联合体本身的发展和团结必不可少的一步。

最后,在那个参议员发表预想的20多年前,海军少将佩里对美国在太平洋扮演的角色发表了类似的观点。

> 不证自明,未来事情的进程会在不久使美国的管辖范围延伸到超越西部大陆的界限,我确信,我们有责任在地球的这四分之一尽快建立立脚之地,这是在东方确立海洋权益有确实必要性的举措。

那么,现在您能想起您类似的陈述了么,譬如将康斯坦丁堡[①]融合进俄罗斯帝国是不可避免的?

我确实记得。那是我在1876年发表的《作家日记》中宣布的:早晚康斯坦丁堡都会成为我们的。那真是个荣耀的时刻:全俄罗斯的人民都激情澎湃,人们为了流着同样血、有着同样信仰的兄弟姐妹们,塞尔维亚人,自发地去支援基督徒和正教徒,对抗那些无信仰的人们。我当时写的那篇文章可能是被定名为《乌托邦历史观》,但我相信在我自己写出来的词句中并没有把他们视为乌托邦人。真的,即使是现在我也准备如实地确认他们。我当时是这样写康斯坦丁堡的:“没

---

① 康斯坦丁堡(Constantinople)是土耳其西北部海港城市伊斯坦布尔的旧称,后名君士坦丁堡,曾经是拜占庭首都。——校者注

错,金角湾[①]和康斯坦丁堡——全部将成为我们的……这个时刻已经到来,如果不是现在,那么就在眼前,所有迹象都指明了。这是自然而然的结局。这是自然自己做出的裁决,原本就该这样。如果这一切在以前没有发生,那只能说是时机还未成熟。”

谢谢。您解释得很清楚。您记忆力太好了,虽然熟睡了一个世纪,但没有受到影响。现在,您能发现美国参议员的观点(“太平洋是我们的海”)与您的观点有什么本质不同吗?

当然。参议员和我都清楚地陈述了我们想扩张的目标。参议员寻求的是跟亚洲进行大宗最能获利的贸易。一个犹太人的目标。我为俄罗斯设想的目标是要服务于基督教和东正教。

您真的相信这个?

当然。当第二年宣布开战的时候,人民怀着狂风暴雨般的热情。是的,正是人民,他们像一个人一样奋起抗击异教徒,沙皇亲自领导他们。当看到沙皇的指令时,他们雀跃地画着十字架冲向教堂和大教堂。

您读过《安娜·卡列尼娜》吗?

当然。

① 金角湾(Golden Horn)是位于博斯普鲁斯海峡南口西岸土耳其欧洲部分的狭长海湾,构成伊斯坦布尔港口的一部分。——校者注

还记得有个场景，是列文、斯切巴茨基（Священнику）王爷（列文的岳父）和列文的表兄弟科兹尼谢夫（Кознышев）在讨论对土耳其的战争。

我当然记得。

特别是王爷对农民在教堂里面听到沙皇的指令之后的反应的描述？

> 牧师被告知宣读指令，他就读了。那些人不认得上面写的字，叹着气，就像他们做祷告那样……有人告诉他们为了某种有益的目的要募捐，于是他们便把自己身上的戈比掏了出来，但是为的是什么——他们一无所知，一无所知！

然后科兹尼谢夫，这位文学名流，支持了您在这个问题上也会采取的立场。

> 那些人没办法弄明白。那些人心里永远有一种命运意识。

这里又是您的命定扩张说，同时还有“那罗德”的神秘气氛，科兹尼谢夫继续说道：

> 我们见过，现在仍然见到成千上万的人，抛下一切去效忠高尚的目标——俄罗斯每个角落的人，公开、清晰地宣布他们的目的。他们捐出身上最后的一分钱，或者报名参军，并直接说出是为什么。这

意味着什么？

列文（列夫·托尔斯泰的化身）回答说：

在我的心里这意味着……在一个8000万人口的民族中，将总能找到，不只是现在的几百人，而是成千上万的人已然失去社会地位，他们是躁动的一群，准备干任何事情——加入普加乔夫的强盗团伙，去基发（Хиву），去塞尔比亚（Сербию）……任何地方。

科兹尼谢夫……他们不是躁动的一群，而是人民最好的代表……不管怎么说这是表达自己意志的全体人民……

列文："人民"这个词意义如此含混……教区牧师们，教师们，或许一千个农民当中有一个，笼笼统统地知道这是怎么回事。我们那其余8000万人，对什么是表达出了他们的意志连最模糊的概念都没有。

您怎么认为，费奥多尔·米哈伊洛维奇？

科兹尼谢夫是对的。他刚开始就说到点子上了，他说那些人没办法弄明白。那就是说，他们明白即便他们大多数人并不明白自己明白。他们必须明白他们的命运，即便那命运的知识在他们心中一直没有苏醒。这是作家、诗人神圣的职责，他们真正理解人民并有责任唤醒他们明白自己的命运。让他们看见真理。

好吧。但您判断谁是人民的一分子，取决于当他被告知命运后他是否接受这命运，您就是在做循环论证了，不是吗？

不管是不是循环论证，反正就是那么回事儿。您不明白这件事，因为您不是俄罗斯人。

您是想说，因为我是犹太人，对吗？

是的，如果您非要这么说。

那怎么定义犹太人呢？

犹太民族性。

那么还有什么其他族群是用同样方式定义？

有的。

这个标准包含跟某个特定“那罗德”联系在一起的一组性格特征吗？

是的。有，尽管有些有可能只是被某种装饰掩盖了的表面现象，当然也有例外。

您那个年代“血统”经常被用来定义一个民族的特征，并被严肃对待。最近我正好得到一本由 В. Л. 维利奇科（В. Л. Величко）写的关于高加索人的小册子，1904 年出版。其中最有意思的就是他对亚美尼亚人的描述。大约在 18 世纪中期，有一些哲学家宣称一切种族平等，这部分就以对这个观点的看法为开端。维利奇科认为，这个看法（他觉得从根本上就是错的）动摇了社会秩序的基础，并点燃了引起大动乱的革命。他写道，东西的名称变了，但新词仍然基于原来的事实。每个人都拥有特定的心理机制，跟他身体的解剖特征一样稳定。维利奇科继续写道：

> 谁是亚美尼亚人？他们的起源并不清楚……按照Д. Н. 安尼奇金（Д. Н. Анучина）教授的观点，亚美尼亚人并不是雅利安人，而是雅利安化了的人（语言上的）。据说亚美尼亚人是吉普赛人的后裔。确实只有两个民族没有他们自己的语言和国家——亚美尼亚人和犹太人。两个民族都没能被同化……于是他们那最不讨人待见的特性就无法根除：一个是对财富的贪婪，另一个是流浪强迫症。在亚美尼亚人、波斯人、阿塞拜疆人、土耳其人中有些非自愿的混血，对部族中的女性缺乏尊重，于是他们早就失去了组建国家并发展随之而来的自豪感和男子气概的自我防卫的能力。异样血统的混合可以解释为什么亚美尼亚人在不同时代都出现过骁勇善战的军事领袖。在高加索诸民族中，纯正血统的亚美尼亚人通常以胆小出名。人们说："亚美尼亚人连只兔子都怕。"这显然是闪米特人的一种特征。总之闪米特人的特征在他们中间表现得

> 很明显:自古以来就没有能力造就任何一种稳定的政府形式,逐渐地富有魅力的贵族阶层消失了,出现了明显的集体主义症候,整个民族喜欢起贸易和高利贷来了,对金钱的掠夺欲望变得无止境;对弱势高傲且残暴,对强势奴性般地奉承,最后在宣传上造假,对空虚的名利场欲罢不能——这些都是犹太人特征。它们在亚美尼亚人身上表现得更赤裸裸和更强烈。

在您看来,维利奇科对亚美尼亚人特性的概括准确吗?

我没有遇到过太多的亚美尼亚人,但是我敢肯定**维利奇科**是错的。他暗示亚美尼亚人继承了犹太人的所有缺点。但是,他们怎么可能呢?他们是基督教徒啊!实际上他们是东正教徒啊!格鲁吉亚人也是一样。我说过,这两种人都与俄罗斯融合了,以便免于土耳其人的攻击。就像乌克兰人为了逃脱信天主教的波兰人而寻求俄国沙皇庇护一样。

啊,是的,有道理。这是您设想的过程的一部分——其他民族加入俄罗斯并被带领着走向“最终目标”?这就是俄罗斯的命定扩张说的实现吗?

您开始理解了。

所以您会说维利奇科对亚美尼亚人有很深的偏见。

无疑是这样。

谈起土耳其人他也许有些好感?

如果是那样,一点都不奇怪。

由于您否定我们第一次见面谈到的每一件事,我认为您在地狱里看到了地球上发生的所有的事情,而您现在坚持说您不知道土耳其人屠杀亚美尼亚人的事情。这件事情是在您那个世纪的最后几年发生的。

不,我一点都不知道这件事情。但我听到这些的时候一点都不觉得惊讶。维利奇科在他的小册子中为土耳其人辩护了吗?

并没有。但是他站在土耳其人的立场上讲了一个故事,想听么?

我有选择权吗?

恐怕没有,听听吧。

> 每一事件,特别是变成历史遗产的事件肯定有详尽的描述。无疑,土耳其人的暴行是可怕的。但可以肯定的是英国乃至全世界的媒体夸张报道了这不幸的事件,在后面多加零,这样十就变成了百,百就变成了千,如此等等。

“穆斯林的宗教狂热”这个短语被不分青红皂白地过分使用。希腊人、天主教徒,甚至亚美尼亚的天主教徒都没有亚美尼亚的格列高里教派遭受那么多的苦难。法国领事对 1896 年

1月25日发生的大屠杀做了如下报告：

> “在大屠杀开始之前，亚美尼亚人就从其他基督徒中分离出来了，这明显就是为了把他们与计划要杀害的人区分开。”
>
> 很显然，土耳其狂热分子当时格杀勿论的是亚美尼亚—格列高里教派和亚美尼亚的革命者，这些人威胁到他们的法律和秩序，并且或许威胁到他们国家的存在。凡是去过小亚细亚的人都知道那个区域的社会—经济状况。他们显然是造成社会混乱的重要因素，因为他们参与对犹太人的大屠杀。不幸的是，土耳其人，特别是库尔德人①，在杀红了眼的时候无法控制住自己。对他们的主要指责是在摧毁革命团伙的时候他们不分男女老幼一齐杀。
>
> 那些真正罹难的人的命运肯定是非常恐怖的。特别悲惨的情况是大部分亚美尼亚富人、他们的牧师和其他政客使他们自己的人民落入亵渎神圣和遭受屠杀的境地。

所以，您的维利奇科是个土耳其人的支持者啦？

您可以这样说。他引述了阿拉弗莱德·柯尔特（Alfred Kuter），一位德国旅行家，在他《安纳托里速写》中的一段话：

---

① 库尔德人是居住在伊拉克、伊朗、土耳其及叙利亚边界地区的一个族群。

> ……几乎每一个见过这些省份的真正土著人的人，都学着尊敬和喜欢土耳其人，把希腊人放在一个很低的档次，然后憎恶和蔑视亚美尼亚人。

我想是这样。我也见过一些亲土的俄罗斯人。信不信由你，他们通常赞扬土耳其人和穆斯林纯净的一神论，仿佛三位一体的教义或者是对圣母玛利亚的崇敬都是背离对一个上帝的信仰的症候。多么邪恶的诽谤！问任何一个俄罗斯农民——他们大多是文盲——"你崇拜几个上帝？"我跟您随便打赌，他们一定会平淡且肯定地告诉您只有一个上帝。至于说土耳其人，我还用再说说他们难以用语言形容的令人憎恨的残暴吗？我还用告诉您那个小女孩亲眼看着土耳其人把自己的爸爸活生生剥了皮吗？或者告诉您另外一个小女孩，被强迫看着自己的弟弟被刑棍刺穿么？是的，有传言说在战争期间俄罗斯士兵强奸土耳其妇女，但强奸不是用棍子刺穿身体挑起来啊……

如此看来，您认为 1877 年对土耳其的战争是俄罗斯命定扩张说的一个组成部分。您把它看成东正教的圣战吗？

这场战争是把我们的基督教兄弟从土耳其的虎口中解救出来，在这个限度内，是的。

但进行战争不是违背基督的神谕吗？

欧洲不是在 1855 年的时候对我们发动过战争吗？他们管那

个叫反泛斯拉夫自卫战。事实上解放战争是特例。的确，战争是不幸的，但也无须俗人发出感伤。精神的激发是前进的冲动，而不是使人变得像野兽般残忍。

坦白地说，是和平而不是战争让人变得像野兽。在漫长的和平时期，刽子手和剥削者被养肥了。淫荡的生意红火，残暴和粗野抬头。

我明白您的意思。在和平时期，俄罗斯人要给自己的性欲找个发泄口，可能会强奸一个俄罗斯姑娘。战争给了他机会去强奸土耳其的女孩儿。您是不是要说战争是改善道德的一个途径？

如我所说，战争净化风气，医治灵魂，赶走不光彩的怯懦，确定明确的目标，澄清理念。没有什么能比一段长时间的和平更能让人堕落的了！在所有民族当中，您说哪个民族一贯地要和平而不要战争呢？

我会马上说爱斯基摩人，他们从来没有卷入过任何战争，事实上，在与文明人接触以前，他们根本没听说过战争。但我觉得他们不应该算在内。您告诉我。

犹太人。犹太人从和平中获益。当欧洲有传言说俄罗斯不对土耳其宣战时，犹太人的心跳都加速了，最重要的是比肯斯菲尔德君主(Lord Beaconsfield's)[1]。还有犹太化的基督徒。

这是为什么,您说呢?

那些大钱——军火工业的利润——提供大宗军需品赚取的利润——不会跑到犹太人的口袋里。他们做的都是小生意,在战争中不会获得繁荣的生意。他们专注的是跟小商小贩竞争,比如说临近街区的一个犹太人,他卖条鲱鱼还赚不够一个戈比。犹太人对占领巴尔干市场不像英国人那样热衷。能骗一个蠢笨的基督徒他们就满意了,还得是在那家伙喝醉的时候。

您对这块研究得挺透彻啊,是吧,费奥多尔·米哈伊洛维奇?

犹太人依恋和平甚至体现在他们的问候语。"Shalom"[2],意思是祝你和平,不像俄语"збравсмвуйме",祝福健康;不像格鲁吉亚语"Gemerdjobe",祝福胜利;也没有法语"bon jour!"或是德语 "Guten Tag"的良好祝愿的含义,而只是祝"和平"。

但阿拉伯的穆斯林不是也用同样的问候——"Salaam"吗?

他们不也是闪米特人吗?

对啊,我没有想到这点。其实之前有个穆斯林给我解释过,

① 这是授予英国首相 Benjamin Disraeli 的头衔。此人出生时是犹太人,但是在童年就成基督徒了。

② Shalom(沙洛姆):你好,字面意思为和平。

穆斯林不可能好战，因为在阿拉伯语中“伊斯兰”这个词本身就是“和平”的意思。您还记得我引用过浮士德在第一次遇见梅菲斯特的话么：

你们所有的人，名字是个检测。
通过它以达本性。

所以您会说犹太人和其他闪米特人希望和平而非战争，因为他们胆小，因为他们要靠和平时期做小买卖来营利，这些是他们“犹太民族性”的一部分。太糟了，您忘记了您得知的有关20世纪的所有事情。如果您得知，犹太人在巴勒斯坦建了个国家，过去几十年他们跟相邻的阿拉伯国家打仗完胜三次，您会感到惊讶吗？

所以，他们，也受您说的“命定扩张说”指引吗？

可以这样说，但只说对一半。他们，或者至少是他们当中的宗教狂热分子，一直认为他们是上帝的“选民”，这一点在《旧约》中有明确的表达。确实，上帝说要将富饶的巴勒斯坦划归他们是严肃地说的，这成为了他们把所谓“以色列人的土地”视为自己拥有范围的律法依据。他们还被命令要消灭当地居民（……你们不要留下活口）。可是，他们从来没有说过一丁点儿其他民族要加入命定的“带领世界复活”的活动，像美国参议员所言或者是您暗示的俄罗斯的使命那样。

我发现当您提到犹太人的时候，您用的是“他们”。您把您自已排除出您的“那罗德”之外了吗？

我说“他们”的时候，这个词并没有排除的意思。它也没想指代任何“那罗德”，只是指代那些认为自己是一个“那罗德”的犹太人。下面我要说一些可能会让您震惊和愤慨的话，费奥多尔·米哈伊洛维奇。我认为，产生那个词的概念不应当再用于任何人群。

您什么意思？

比如说，在任何语言中都有若干词被认作“淫词秽语”，意指说出来或印在纸上太下流。在欧洲人及其后裔当中，一些关于特定肉体功能和性行为的词就被看作是这样。如果必须要说出它们代表什么，就用委婉语和专业术语表达。近年来有几个词被用来代替“种族”（race）这个词，比如说，在文雅的交谈中已经不再用这个词了。在您那个时代，俄罗斯人（不是波兰人）用“жид”来称呼犹太人，这是有贬义的。您随意地使用这个词，大多数是轻蔑的口吻，这表明您是个反闪米特的人。在美国，非洲人的后代逐步获得公民权，“nigger”（黑鬼）这个词先是被“Negro”（黑人）（印刷品首字母大写），继而被“the colored”（有色人种）取代。后来这两个词都被禁用了。现在的说法是“Black”（黑人），这是非洲裔后代自称的用词。

您觉得“那罗德”这个词也有这种言外之意？

好战的以色列人用这个词的方式,还有您一直用这个词的方式,都有这种言外之意。具体说,"那罗德"有两种相当不同的言外之意。一种跟生物学上的近亲相关,另一种跟具有鲜明阶级划分的社会的最底层相关。当您说起犹太人,或者维利奇科说起亚美尼亚人,第一种言外之意就显露出来了。当托尔斯泰说起那罗德的时候,他不是联系血统,只是联系农民的社会地位。您也经常用这个词指农民,但不单是指农民。您头脑中作为一个人的俄罗斯民族涵盖面要广得多,有时好像是美妙地受到神的启示。您能猜到我现在想什么吗?

我的普希金演讲?

是的。一件高雅的杰作。我指的是您对《叶甫盖尼·奥涅金》的女主人公塔季扬娜·拉里娜的栩栩如生的描写。我知道,最初是要让列夫·托尔斯泰发表演讲的,但出于某种原因他没有去,或没能去。所以他们找到了您,我很高兴他们找到了您。列夫·托尔斯泰永远不会去这么描写一位女性。他几乎是厌恶女人。只对符合纳粹式理想的女人例外,您知道的……厨房、教育和孩子……

但安娜·卡列尼娜怎么样?换尿布不正好是她喜欢干的事情吧。

当然。但要注意最终托尔斯泰不得不杀死她。回想一下,他还必须杀了艾伦,因为如果不那样做皮埃尔就不能娶娜塔莎·罗斯托娃[1]。离婚是绝对禁忌。我又跑题了。不过,我会回到这个话题上来的。这与我想说的那罗德崇拜相关。我们还是先说说种族吧。我推测您会同意,维利奇科是个公开的种族歧视者。同意吗?

什么叫种族歧视?

那些人认为人类的性格特点,无论是身体上的还是精神上的都在很大程度上取决于遗传(维利奇科认为全部都是)。我想您也是这么认为的,因为我问您什么是犹太人的时候,您说“犹太民族性”。这不意味着您把犹太民族性的基本特征主要归结于遗传吗?

但犹太人几乎只跟犹太人通婚是事实啊。

“事实”并不能充分保证种族歧视者说的“种族”不变。看看现在的人。就拿婴儿来说吧。一个祖鲁人的婴儿长得既不像中国人,也不像法国人,但是所有婴儿的啼哭听起来都差不多。最终,他们会发出完全不同的语音。一个被法国夫妇抚养长大的祖鲁婴儿,最终将学会说法语,而祖鲁语一句也不会说。

但那是因为他模仿周围的人说话。

是这样。

---

① 《战争与和平》中的人物。

他们的天性不会变。

您怎么知道？

天性是个性的一方面，是不会变的。

我认为您就是这么定义“天性”的。我不讨论定义。我接受您的定义。但我问“您怎么知道？”是问“个性的哪些方面是同一那罗德的成员的特征？”如果您能指明，我就同意那罗德这个术语有意义，就没理由把它从词汇表中删除。

在我看来，您好像恨人民，特别是您自己的人民？

为什么？

那罗德是个充满爱意的词。它有一种归属感。我可以感觉到。当我说俄语那罗德时，我直接知道我有怎样的感受。

我相信您。然而，请让我指出，您这种正面的感情有两个明显的方面。一个是把正面的品质赋予我的那罗德的成员。另一个是亲近感。同样道理，这个术语还有害怕或憎恶的言外之意。

现在来看看另一种言外之意——将那罗德与社会的最贫困最卑微的人联系起来。托尔斯泰多半就是在这种意义上使用这个词。他经常拿农民的看法同贵族和资本家的看法作对比，多数是为了损后者。现在如果您接受这默许的定义，您怎么来回答列文，他指出在某些情况下那罗德不会只追随沙皇，而是追随任何一个人，只要此人被认定是那罗德的一员，只要此人承诺让他们过上更好的日子，譬如普加乔夫。托尔斯泰当然不会对农民阶级当中的一系列个性视而不见——波里库什卡（Поликушка）、普拉顿·卡拉塔耶夫（Платон Каратаев）和科尔内·瓦西里耶夫[①]（Корнеи Васильев）——这些人都来自那罗德。普希金理想化了他的保姆，还有塔季扬娜（Татьяну）和她的一切——您的塔季扬娜。来吧，费奥多尔·米哈伊洛维奇！来背一段我心中的诗句吧。您完全知道我指哪段。我敢肯定那段也铭记在您的脑海中，无法抹去。

对我来讲，奥涅金，这华丽的一切
这不招人待见的纸醉金迷的日子，
人们对放荡世界的顺从
我招摇的住所与宴会
这一切对我来讲都是玩笑。这一刻
我愿放弃我的房子和里面的所有，
令人晕眩的剧本和华丽的礼服，
换得几本书，一些野花和一处陋居，
就像我第一次见到您的场景，
奥涅金，那个熟悉的地方，
有个朴素的小教堂，里面讲述着贫民们的生活故

① 波里库什卡（Поликушка），托尔斯泰短篇小说中的角色；普拉顿·卡拉塔耶夫（Платон Каратаев），《战争与和平》中的人物；科尔内·瓦西里耶夫（Корнеи Васильев），托尔斯泰短篇小说中的角色。

事，那里
在树下，正熟睡着我可怜的保姆……

谢谢您。我自从25年前读了就不曾忘记过。现在来背她离开他的那段。

我爱您（我为什么要掩饰？）
但我将成为别人的妻子
我要一生忠诚于他。

现在告诉我，您脑子里什么是最了不起的？为什么您说普希金是俄罗斯“两个半”天才中的第一个。

因为他是先知。

那是围在普希金墓前，听完您的演讲的人喊的：“先知！先知！”他们在说您，当然也在说普希金。

普希金是杰出的，并且可能是俄罗斯精神独一无二的显现。这是果戈理在我之前很早说的，正当我们开始认识到彼得大帝在俄罗斯历史上的伟大意义的时候。记得普希金怎么讲述彼得大帝对俄罗斯的改变吗？“就像是把大锤一面打碎玻璃，一面锻造钢铁。”

确实如此。那么“玻璃”是什么？为什么是这个那罗德？成千上万的人为俄罗斯开始走上伟大强国之路贡献自己全部力量。对您来说，这种大规模的人类辛劳，跟塔季扬娜用心照管沙龙、醉心于阅读、她对老保姆的爱、对他战场负伤而瘸腿的年老丈夫高尚的忠诚——两者都代表“俄罗斯精神”。但他们有什么相同之处?

他们全是俄罗斯人。

说得是。莫非这意味着——如果是的话——您热爱您自己的?跟您说,这是给您增光。一个人热爱跟他一起成长的,热爱他周围的一切,热爱他的语言,热爱他周围的人,有自己的归属感,这是高尚和健康的。这是爱国主义高尚的一面。相反,卑劣的一面就是憎恶或蔑视或害怕,陌生,疏离,总之就是不喜欢。您还记得您小说《被侮辱与被损害的》的开头么?

记得。

把这段给人描述一下。

为什么我要这么做,谁有兴趣谁自己去读就好了。

一定要描述一下。我想做个小实验。知道在那个德国人经营而通常又是德国人光顾的咖啡馆子发生了什么。

老人像平常一样,带着他那只衰老的狗,走进了咖啡店。他每天都要来这儿消磨几个小时,却从来不点任何东西,也不说一句话。店主,很显然是个能够容忍他的人。今天他的狗突然晕倒并死掉了。老人悲痛至极。

是的,就是这段,然后发生了什么?

在场的客人中正好有个做动物标本的剥制师。他说要帮忙把老人的狗做成标本,不收费。老人因过于悲痛,并没有理会他。这时德国人参与了进来,说这个标本师真的是艺术大家。这只狗将会跟他生前一样,好心的标本师还一直说着“绝对免费,绝对免费”,好像在强调他的慷慨。

好的。但现在还有个要求。您能模仿下口音么?印在纸上的那些德国人的讲话,就像是要发出声音似的——俄语语法、俄语口音的滑稽模仿。您能做么?

为什么您想让我做?

我听了之后就告诉您。

我不能,更重要的是我不愿意。

我能理解。您猜,为什么我想让您模仿德国人尝试说俄语:是为了显示德国人跟俄国人间的差距。

什么俄国人?

为什么问,带着那只狗的老人呀。

您忘了么?他叫史密斯。他是个英国人的后代!

他是这样。这没关系。重要的是您对那些德国人的刻画:那个手艺大师,对自己的高超技艺的自满,对他人的感受极端地敏感。其实,我还有一个更好的例子,证明您对德国人的厌恶。这个例子还牵扯到一个失去了他“俄国灵魂”的俄国人,因而不能称其为是个俄国人。您知道我指哪一个人？那个被鳄鱼吞了的人。名字叫 NADVORNYI SOVIETNIK。一个德国人带着自己的动物园来到了彼得堡,入场费 25 个铜板。表演的明星是那条残忍的鳄鱼。一个观众,就是那个 NADVORNYI SOVIETNIK,离得太近了,结果被鳄鱼吞了下去。他的妻子一直尖叫:“把它开膛！把它开膛!”但是德国人无动于衷。这动物竟成就了耸人听闻的最精彩的节目。于是他的德国主人便把入场费调到了 50 个铜板;更惊人的是,结果被吞下去的受害者竟然还活着,毫发无损。他在鳄鱼肚子里面对外面人说,里面很舒服,他站到了德国人的一边。这个人在乎的不是钱,而是这个传播他的信条的机会。(他显然是个“西方人”—— 像您那样的,费奥多尔·米哈伊洛维奇,守旧的赞赏斯拉夫文化习俗派的人的敌人。)他能从鳄鱼肚子里面发表西方文化优越的演讲。还有什么比从鳄鱼肚子里面发出的声音更能吸引广大听众并赢得他们尊重的呢？至于那个德国人,他在期待着把入场费调到 1 卢布呢…… 您认为这个 NADVORNYI SOVIETNIK 算得上是东正教追寻上帝的守卫者,向世界散发着基督之光吗?

当然算不上。他放弃了东正教,同时也放弃了做一个真正的俄国人。我多次说过有两种俄国人,一种是真正的俄国人,另一种是犹太俄国人。

那正教会呢？它是基督教理念的唯一持有者吗?

是的。

还有列夫·尼古拉耶维奇·托尔斯泰，您会称他为基督教徒吗？

会的。

即使他反对俄土战争，一场反抗土耳其，解救西斯拉夫人的战争？

是的。

那您怎么解释他被正教会驱逐呢？

什么？

1901年。哦，我忘记了，您跟我们见面时不一样了。见面时，您跟我说您在您待的地方跟踪世上发生的一切。现在您什么都想不起来了，连我们以前几次对话的内容都忘记了。因此，我刚才在说，托尔斯泰被俄国的正教会逐出了，您认为这个教会将以基督的名义向世界撒下一缕救赎之光。那么，现在俄国正教会不再是俄罗斯的了？

我死了之后，俄国发生了什么？犹太人的理念流行起来了吗？

我之后会跟您说犹太人的命运。我们还是先来说说彼得大帝，您的普希金讲演对他赞扬有加，称他为俄罗斯强权的奠基人，认定他是俄罗斯完成拯救世界使命的先决条件。

您可能知道,彼得从 1697 年到 1699 年游历西欧。那时候,他采取基督教各派大联合的立场,参加天主教的弥撒,甚至为圣父的健康喝醉了。他暗示天主教和东正教有可能重新合并。随后,在 1705 年,他拜访了波罗茨克①(Полоцке)的圣巴西勒修会,看到了一尊为基督教秩序而现身的殉教者的雕塑。这个雕塑在他的脑海里留下了无法抹去的印象。这个东仪天主教的大主教死于暴乱。彼得问是谁杀害的他,得知是一名教会分裂分子(也就是俄国的东正教徒,追随了东仪天主教)。彼得当即拔出剑,抹了这个人的喉咙,他的随从保镖把现场的另外三个人也杀了。这同基督传达给人类的消息一致吗?这让您想起西班牙人是怎么在中美洲和南美洲传教的吗?

[沉默。]

好吧,别去想了。还是来听听德国人沉醉于命定扩张说干了些什么吧。在您的小说中,德国人主要都是工匠,他们精湛的技艺给人留下深刻印象,古怪而有趣味,经常孩子般地滑稽,特别是当他们试着说俄语的时候。在 1870 年,德国人向法国宣战的时候,他们给您造成了不同的印象。愿意回想一下吗?

那时候我正住在德累斯顿②……我赞赏他们……他

---

① 波罗茨克,白俄罗斯地名。
② 德累斯顿,德国萨克森邦首府。

> 们脸上充满了生气。他们一双眼睛透着宁静、愉悦同时又显庄重。军队里面大多数是年轻人。他们的军事训练无法不让人羡慕,整齐的步伐,笔直的队列,以及那种我从未在任何士兵身上看到过的自由自在……很肯定他们不是被强迫的,他们是自愿的……那是一场受到普遍欢迎的战争,因为在士兵身上隐显出公民的荣光……我为法国人担忧,尽管事实上我相信他们一定会打败德国人。但在看到德国士兵之后,真的就不难想象在一年之后,就是这些意气风发的士兵是以何种笑容凯旋回到德累斯顿的。他们战胜了法国,战胜了那个让他们在一个世纪以来饱尝羞辱的法国,那个自大到去攻打俄罗斯的发了酒疯的法国。那时候当地俄国人很多,不久许多俄罗斯人告发说,几乎每个俄国人都遇上过——连小铺的店主都算上——当德国人走进小铺买东西,就会马上甩出一句诸如此类的话:"好了,现在我们已经跟法国人打完了,我们将做好准备跟你们打?"

是的,真的,那时候在欧洲有种东西在酝酿着。某种不可避免的事注定要发生,它是文明的最后一个词,那在上世纪点亮这种希望的文明的最后一个词。俄国的躁动者们是最先出现的代表,跟18 世纪结束专制暴政的同样的人道主义的代表。他们喊出了人权口号,谴责农奴制度,高声反对贩卖奴隶,创立科学,并用它的力量震动了世界,创造出令人惊叹的艺术陶冶人们的灵魂,并由此赋予人们审美鉴赏能力。此外,正是他们,对成百上千、成千上万同样是人的基督徒极度痛苦的绝望的哭喊充耳不闻,将他们像害虫一样灭绝。他们等待着灭绝完成,啜泣消停后的安宁。

这些灭绝者是什么人?

您不知道吗?是穆斯林游牧部落。别以为他们是发了疯的强盗团伙。这个灭绝行动是由一个庞大帝国系统性地在做。命令来自神职人员、苏丹他自己。基督徒们的妻子、女儿被玷污。母亲被强迫看着自己的婴儿被扔起来用剑刺穿。为什么当时文明的欧洲置之不理?到处都在说,俄罗斯人是野蛮人,他们志在荡平欧洲。他们不是占领了康斯坦丁堡了吗?之后呢?他们将会向地中海进军,占领港口,在当地经商……这是英国的商人和手工业制造者们最担心的。至于说德国人,他们恨俄国,因为只要俄国还在给法国撑腰,德国就无法一举灭掉法国。但是只要法国还在,你怎么可能清除俄国?是的,这全是俄国的罪过。就是她的罪过,她就是俄国。就是俄国人的错,因为他们是俄国人。斯拉夫,您知道,那就是说斯拉夫人。大量这种"斯拉夫人"都处在德国和奥地利的蹂躏之下。要是有一天他们反叛了怎么办?

再有,什么是正义?什么是真理?或者真理将终究被确立以结束人们的思绪混乱、愤世嫉俗和自我主义吗？或者谈论真理、正义只是为了炫耀“精神价值”，当行动的时机成熟，就让它们同理想之类一起见鬼去？或者情况会是犹太人已经再一次受到尊崇？或者情况会是他们从未受到过尊崇？

啊，是的，犹太人。我给您讲一个在您的时代之后展开的犹太人的故事，并且也是德国人的故事，后者的故事紧紧地同犹太人交织在一起。我们第一次见面的时候，我以为您知道，因为您跟我说您在地狱的避难所中注视着历史的进展。我还指望您给我讲那个故事，然后拿您的看法同我看那些事件的方式做对比。现在我只能指望听到您对我讲的故事中的德国人和犹太人作何反应。但我猜我不得不满足于此。

您从哪里讲起？我是1881年离世的。

我记得，可是，我要从1908年前后讲起。那时您正确地感觉到“不可避免”的事开始展开。行动的中心是在巴尔干半岛，正是您预测的地方，您当时一直在紧张地关注着“东部问题”。然而，现在问题不是解救东正教斯拉夫人免于被摧毁。异教的土耳其人已经被赶出半岛，只剩包括康斯坦丁堡在内的一隅之地。保加利亚此前已经赢得独立，并把疆土延伸到了爱琴海。那片地区是德国人最感兴趣的，他们想穿过这里修筑柏林至巴格达铁路——一条陆路通向神奇的东方。奥地利，德国最可信赖的同盟，或者您爱说的初级伙伴，要共同完成这项计划。1908年，波斯尼亚和黑塞哥维那也正式被奥匈君主国吞并了。冲突依然存在。斯拉夫兄弟之间兵戎相见——信奉东正教的塞尔维亚人跟同样信奉东正教的保加利亚人打起来了。保加利亚人失去了爱琴海岸……然而火药桶却是塞尔维亚的民族主义,民众被动员起来反对该地区的“条顿化”。导火索是奥地利王子和他的妻子在萨拉热窝——波斯尼亚—黑塞哥维那首都——被一名塞尔维亚爱国者或恐怖分子刺杀,对刺客如何定性取决于从哪个视角看。很久以来塞尔维亚人一直都是麻烦制造者,这次刺杀给了奥地利难得的机会,好一次性地跟他们算总账。德国给予奥地利自由处置权。俄法已经正式结盟对抗德国,而英国也加入了这个协约国集团。在刺杀发生一个月之后,奥地利对塞尔维亚宣战并开始轰击贝尔格莱德——这个城市正好在它的大炮射程内。俄国开始动员起来对抗奥地利。德国对俄国宣战,法国对德国宣战。在德国实行对法国的入侵计划(他们准备20年了)之后,英国跟进入侵中立的比利时。

在这场战火还可以被扑灭的时候,没有人试图扑灭?

有。

是谁?

尼古拉二世,俄国东正教沙皇,也是德国皇帝威廉二世(Wilhelm Ⅱ)的表兄弟。碰巧英国的乔治五世也是两人的表兄弟……

所以有，是有人试图执行俄罗斯的真正使命——您所说的俄国“命定扩张说”——去统一信奉基督教的所有国家。

这就是您对俄罗斯帝国从莫斯科扩张为横跨欧亚十个时区的意图之解释吗？

我想的是彼得一世；就是您诋毁过的那个彼得，因为他在怒不可遏的时候杀死了与东正教不共戴天的敌人，也是基督的敌人。

彼得怎么符合“基督教所有国家统一”的理想？

在彼得那个世纪和之后的半个世纪中，我们大家确实尝试去爱法国人和德国人还有其他每个民族，仿佛他们是我们的兄弟，尽管事实上他们从没有爱过我们，而且实际上他们决心永不爱我们。但是我们依旧尝试着拓展我们的视野。这是彼得改革的核心和支撑点。没有任何其他那罗德尝试过。在彼得以前，俄罗斯就逐渐变得强大和内部团结。俄罗斯明白她携带着一块瑰宝，那就是她是基督真理的守卫者。托付给俄罗斯的这个真理，在某种程度上解除了俄罗斯用其他方式进行启蒙的义务。更重要的是俄国清楚，同欧洲的亲密接触会腐蚀她自己，还会腐蚀东正教。所以俄国进而自我孤立。这种做法使她不能公正对待其他民族，视他们为未能受到那真理的启蒙，未能受到基督真理启蒙民族。现在，这都成为过去，彼得的伟大功勋拓展了我们的视野。我们已经做好了准备，向其他国家传播我们的理念。只有俄罗斯人民能做到这点，因为只有他们培育出这种理念——以基督的名义如兄弟般地去爱！

我明白了。好吧，尼古拉给他的表兄威利(Wilie)(他管尼古拉叫Nicky)发电报，提议说，要是威利终止针对法国的动员令，他就会终止针对奥地利的动员令。威利给毛奇(Moltke)——德军的总司令——发电报礼貌地(或者可以说是怯生生地)问是否可以撤销动员令。毛奇回答不可能。在施特拉斯堡每隔十分钟就从莱茵河上通过一辆军用火车。任何中断这精准行动的干扰都会在全德国造成混乱，从而引发无法弥补的灾难。在这个沟通当中，似乎既没有提到真理，也没有提到基督，更没有提到兄弟般的爱。这样一战就开始了。

结果呢？

在四年徒劳无益的大屠杀之后，四个帝国垮掉了：俄罗斯帝国、德意志帝国、奥匈帝国和土耳其帝国。

那俄罗斯的理念呢？

啊，是的，俄罗斯的命定扩张说。它持续了数年，由不同势力推波助澜，尤其是无神论者们，您《群魔》中的斯塔夫罗金的精神继承人。但我现在不能钻进这个题目不出来。我起先说要告诉您德国人和犹太人相交织的命运，记得吗？所以，让我继续这个主题吧。

回想在1870年走向反法战争战场的德国年轻人,他给您留下多么深刻的印象。您没搞错。这里有段节选,选自一位德国下士在一战刚结束就写的书,回忆他第一场战斗的感受:

> 在佛兰德斯湿冷的夜晚,我们悄悄地行军穿过那片地方,天在雾霭中明亮起来,突然一颗炮弹迎面飞来,在我们头顶呼啸而过,随着刺耳的炮声一些霰弹飞进队列,在地面的积水上溅起水花,甚至没等轻淡的硝烟散去,就听到200人的喉咙发出"好啊!来吧!"的喊声,与此同时第一批阵亡的消息也传来了。接着是一阵噼啪声和怒吼声,我们每个人都紧绷着脸,两眼冒光,快,更快,更快,快速穿过一片芜菁地和灌木丛,战斗开始了,面对面的肉搏战。从远处传来一阵歌声,震耳欲聋,声音越来越近,在队伍中此起彼伏,就像被死神追赶着似的。歌声到达我们这儿,我们又把它传下去:德意志,德意志高于一切,高于世界上的一切。
>
> 四天之后我们回来了。甚至我们的步态都变了。17岁的男孩儿看上去像一个男子汉了。

这是那个德国下士写的?

按出生地他其实是个奥地利人。但他憎恶哈布斯堡帝国,一个混血的"种族"稀释着纯正"雅利安人"的血统,而据信只有纯种的德国人才是雅利安人。他移民到德国,成为德国公民，在一战中跟法国人作战。战争的其余时间他是在医院度过的，因为他中了毒气，在那场战争中毒气是一种威力强大的武器。他是同一种观念强迫症的受害者，跟您一样，费奥多尔·米哈伊洛维奇——对犹太人既恨又怕。当我问您对犹太人的定义是什么的时候，您说“犹太民族性”。但自那以后，虽然您把犹太人当俄罗斯人的对照提到过，但您没有提及这种民族性格的“物质的”基础。对于希特勒（那个下士的名字，他最终成了德国的超级独裁者）“血统”是他的强迫症。其实“血统”（通常等同于“种族”）在决定民族命运和历史进程中起的作用，欧洲特别是德国的教授们曾经用严肃的确信态度讨论过。这种理念也渗透到俄国。我曾经让您注意维利奇科讲的亚美尼亚人的民族性的形成，以及种族作为民族性的决定因素所起的作用。事实上，“种族”在希特勒世界观中扮演的角色类似于宗教在您的世界观中扮演的角色。正像您深信基督教的东正教分支是唯一的“真正的”宗教，希特勒也同样肯定雅利安人种——德国人是其最纯正的代表——命中注定要统治所有其他民族，而这统治要通过军事征服来实现。

我理解，您说的是希特勒成了德国的超级统治者，是吗？

他真的成了。

怎么成的？

他是一个蛊惑人心的大师，有点像您。

您指责我蛊惑人心?

我的意思并不一定是贬义。蛊惑人心还能是一种直达人心最深关切的能力。这就是您在普希金演说中所做的。

那么您同意我在演说中关于俄罗斯灵魂、俄罗斯天才和俄罗斯使命所说的了。

让我来解释一下。直白地说,所有"民族特征"的谈论都是胡扯。不,我收回这句话;不完全是这样。不如准确地说,那些把这类"特征"赋予人口的全部或者是大多数,然后又归结为一种"民族性"(这里指的是政治意义上的,而非生物分类上的)的说辞全是胡扯。这个理念内涵的一点真理是,有时我们发现某个国家的国民有一些占主导地位的突出特点,但这绝不能等同于说,一个国家的大多数人(更不能说全部)都是具有这个民族特征的人。然而,如果某种民族性轻易地被承认了,又轻易地不招人待见,那它就要起作用了。一旦某个受害者成了别人发泄怒火的出气筒,这种特点就变成仇恨的触媒,而这种仇恨还不断自我保持并自我增强。同时,这种对敌人的仇恨在那些只爱他自己的人身上又会翻倍。所有这些都适用于您,费奥多尔·米哈伊洛维奇。您具有用同样程度去爱和去恨的本领。您热爱在您看来是俄罗斯的每一样东西,您仇恨或鄙视您看出来是非俄国的每一样东西。您有令人惊异的雄辩天赋。是的,您能诱导人民像您一样去爱和恨,受到您诱导的人数量巨大,特别是在俄国知识分子当中。

这也是希特勒的天赋?

不,希特勒只有恨的能力。西格蒙德·弗洛伊德有一次评论说,如果一个小孩儿有必要的身手,他会把横在他路上惹他生气的一切东西打得粉碎。那就是说,恨的能力先于爱的能力发展出来。我不知道这是不是真的;弗洛伊德通常并不列举具体的证据去支持他自己关于人性的观点。但是,毫无疑问,希特勒所有行动都由一种热情——毁灭的热情推动。在他的讲话中,他经常给德国人冠以“主宰种族”的美誉,他们命中注定要去主宰、奴役和杀戮那些“低劣的”种族。但这只是为了锻造强大的毁灭机器的一种方式,用这部机器便可以“把横在他路上惹他生气的一切东西打得粉碎”。

他的毁灭强迫症伸展到他曾经想要用自己的天才在世上崭露头角但遭受挫折的每一个地方。他制定了摧毁维也纳城的计划,因为当地的艺术学院和建筑学院都曾拒绝了他的入学申请。林茨(Linz)[①]将被并入德意志帝国作为德国东部的首府。

他在1939袭击并摧毁了波兰,发动了第二次世界大战。随后他转向了西面,攻占了比利时、荷兰、丹麦、挪威和法国。

---

① 林茨(Linz)是北奥地利首府,希特勒的家乡,他17岁赴维也纳求学以前在该地读小学和中学。——校者注

在1941年6月21日,几乎是拿破仑侵犯俄国119年后的同一天,他进攻俄国。至此他的毁灭强迫症没有任何限制了。他宣布要将"这该死的城市(莫斯科)夷为平地",并在此地建造人工湖为水力发电厂提供能量。

他这种狂热还表现在杀人的冲动上,不是杀特定的明显是敌人的人,而是杀被判定为罪人的某些类别的人。这些类别有吉普赛人、精神病人、共产主义者,最重要的还有犹太人。俄国人,也要被灭绝。在侵略俄国一个月以前,戈林发布了一道命令,宣布俄国产出的所有食品都将被运往德国,俄罗斯所有的人会被饿死。但是,正是在俄国,德国人第一次尝到了战败的苦头。

在哪里?

实际上,他们的推进在莫斯科外围就停滞不前了。可能就是这个挫败让希特勒想寻求报复,灭绝他最痛恨的人。回到"犹太人的问题"上,恰如希特勒及其侍从们所说,按他们领袖的摆脱不掉的想法(idee fixe),对犹太人的大规模灭绝在二战开始的1939年9月就展开了。"犹太人问题的最终解决"的意思就是保证完成对犹太人快速的、系统的、彻底的灭绝。我给您读读为在靠近柏林的万湖(Wannsee)召开的研讨会准备的文件。

实际上,灭绝犹太人早在二战前就开始了。在万湖会议上构想出计划用"有组织的可实施的方案"完成这件事。

在被德国人占领的所有国家，犹太人都被驱拢到一起，再用运牲口的车皮运往集中营，到了那儿，还有能力干活的人，会被强迫干到体力不支。然后把他们锁进笼子里，装够2000人就放毒气。他们的衣服被整理归类并出售，金牙也会被敲下来。裸尸被扔进专门制作的焚尸炉中。估计有600万犹太人被这么迅速处理掉了，一开始是慌乱无序的，后来就变得系统化了。

孩子们呢？

孩子们是第一批处理的。到了集中营他们就被从父母身边带走了，说是带他们去洗澡，然后就用毒气把他们杀死了。

您为什么要告诉我这些？

不知为什么，我觉得您在您现在的住处可能不知道这些事件。

您在说什么？

别介意。让我说完。德国武装力量在1945年5月8日向西方盟军无条件投降，9日向俄国投降。希特勒和他的亲信们选择了自杀，包括宣传部长戈培尔和他的妻子，他们还给自己的孩子强迫性地注射了毒药。那些不知怎的没能用自杀逃脱的人受到审判并被处以绞刑。

我再问一遍，您为什么要告诉我这些？

我告诉您，当一个“伟大国家”认定它的“命定扩张说”之后，

发生了什么。

什么伟大国家?

德国,大概是吧。

谁说德国是个伟大的国家?伟大的国家不是由盲目的仇恨鼓动起来的,即使是恨那些该恨的人。伟大的国家由爱鼓舞。您跟我说的符合宗教大法官的预言,尽管他追随反基督者,但是是个有智慧的人。喔,是的,他说过,上岁数者甚至更会被他们的科学的自由思想搞糊涂……他们着手建造他们的巴别塔而无视教堂的存在,当然他们会以食人肉告终。因此,德国人打犹太人是一报还一报,但双方都倒在自己的血泊中。

您认为德国人和犹太人在这场大屠杀中有同等的罪?

我不是在说罪孽。所发生的事情是兑现,因为它是注定的。是犹太人把所发生的事归因于他们受到憎恨。他们无视他们自己曾憎恨他们生活于其中的人民。您觉得犹太心怀反俄罗斯人的偏见要比俄罗斯人心怀反犹太偏见少吗?

您看,总共40个世纪,即几乎跟人类的全部历史时期一样长,为了在这个地球上生存,失去领土那么多次,失去他们的政治独立,失去他们的律法,至多甚至失去他们的信仰——而每一次失去这些东西,他们都将按他们原来的理念再一次团结起来……再一次创立他们的律法,甚至几乎是创立他们的宗教——不，一个如此富有生命力的民族，一个如此强壮和有活力的民族，一个世界上如此前所未有的民族，除了国中之国(status in statu)就无安身立命之地，而还算幸运的是在长达千年的最可怕的大流散(Diaspora)和迫害过程中，无论何时何地他们始终维持这种地位。我说的国中之国，我并没有指责之意；这个世代相传的不变的理念是什么？这个理念的精髓立在何处？

不探究这个主题的精髓和和深入其底里，我们起码也能概括出国中之国的某些特点，即便是肤浅的。这些特点是：在宗教教义层级上的乖离和疏远；不混合；相信世界上存在且只存在一个民族的个体性——犹太人；即使有其他人存在，也要把他们想象成是不存在的。

“到其他民族那里去，建立你们自己的实体，因为你们要知道在上帝面前，只有你们；摧毁其他人，奴役他们，剥削他们。对征服整个世界要充满信心；对所有人都会臣服于你们要充满信心。完全避开所有人，在日常生活中不要跟他们有任何交流。即使你们被剥夺了土地、政治独立，即使其他人把你们分散到世界各地——不要担心；对许诺给你们的事情要充满信心；信笃一生；……与此同时，你们要尽量低调，要团结一致，要去开拓和等待、等待、等待。”

您联系的这些人是无神论者？

不，不，您误解我了。我重复，甚至不可能想象不信神的犹太人。但是他们把神看作他们的神。小时候我就听犹太人讲过，无论是最底层的意地人(Yid)还是学识渊博的哲学家，他们从未间断地耐心地等待着他们的神的降临，他会将他们团结到一起回到耶路撒冷，会赋予他们打败所有人的力量。我承认我把这些当成故事听，像其他故事一样，但这个故事也有个真理在里面。在所有行业中，犹太人最喜欢跟黄金贸易有关的工作，或者说是银行业，这会不会是个巧合呢？即使他们工作是为了养家糊口，他们也会偏向于做跟黄金相关的工作。很多制表人都是犹太人。他们最伟大的哲学家，巴鲁赫·斯宾诺莎靠着打磨镜片勉强过着日子。当然玻璃不是什么稀有石头，但它很像钻石。犹太人对黄金和珍贵的珠宝非常热衷(很多人都在做钻石贸易)。他们期待着(也许是在不自觉地)当他们的弥赛亚来的时候他们会拥有一切。

宗教大法官明白大屠杀的意义，但是他没有看到结局。结局既不会是您跟我讲的全灭绝，也不是人类亲吻教皇的脚，也不是您"勇敢新世界"的反乌托邦，也不是您的不信神的人道主义的大乐园。结局将是通过基督认识真理，通过与基督结为一体达到不朽。

俄国人注定会给这个堕落的世界带来救赎？

为什么你们西方人就不相信我们呢？

我们应当相信什么？

为什么对我们如此憎恶？为什么他们不能完全相信我们，相信我们是无害的，相信我们是他们的朋友和仆人——好的仆人——还有相信我们在欧洲的使命是拯救欧洲和它的福祉？……这些不都是我们在整个世纪一直在做的吗？我们真正为自己实现了什么？……不，他们绝不会相信我们！最主要的原因是他们不能把我们当成是他们的自己人。

他们永远不会相信我们会真诚地加入，跟他们平起平坐，为他们的文明的未来命运一起工作。他们一直把我们看成跟他们不同的异类、外来者和骗子。把我们当成偷了他们的文明教化的小偷，然后穿上他们的衣服装样子。造成这种状况有一个显而易见的原因。在他们眼里，土耳其人、闪米特人要比我们雅利安人更亲近。

费奥多尔·米哈伊洛维奇，您也这么说？闪米特人对雅利安人？

别打断我！

关于这一点，有个显而易见的原因：我们对人类抱有的想法跟他们的完全不一样——这就是原因！……但是我们很难撇开朝向欧洲的这扇窗；这是命运的问题。可亚洲也许真是我们未来的宣泄出口……当我们带着对她的新观点转向亚洲的时候，一旦被美国发现，我们会遭遇在欧洲发生的同样的事情。随着推动亚洲前进，我们在精神与力量上会有新的提升……在欧洲我们寄人篱下并像奴隶般工作服侍他人。在欧洲我们是鞑靼人，但在亚洲我们就成了欧洲人。我们的使命，我们在亚洲传播文明的使命将振奋我们的精神，推动我们积极向上；这场运动只待开始。只需要修筑两条铁路并以此作为起点——一条通向西伯利亚，一条通向中亚，然后你就会马上看到结果。

费奥多尔·米哈伊洛维奇！您跟我说，您在度过冥寿的地方注视着地球上发生的事情。您不知道通往西伯利亚的铁路在您去世不久后就已经修筑好了吗？

您让我告诉您俄国的命定扩张说。您现在听吧！

现在还有地方我们知道得要比对非洲内陆知道的更少，您知道吗？我们确实知道，在那些无垠的土地的纵深，会发现许多宝贵的金属、矿物和难以数计的煤田。人们会被吸引到这样一块收获之地；不用担心，会有消费者，也会找到通向这种地方的路：人们会在亚洲腹地发现它们，在那里它们已经沉睡了千万年，新开辟的道路将通向那里。

费奥多尔·米哈伊洛维奇！您知道，1904 年在满洲里，“睡眠”的日本人对俄国军队做了什么吗？

我们向亚洲进发，会为许多躁动的人找到宣泄之地。给水一个出口，所有浮垢与恶臭都会顺流而去。即便某些家伙没有天分，他的虚荣心受到严重挫伤，但伤痛也会在那里找到宣泄口，常常有这样的情况，以前在一个地方被认为是没有天分的家伙们，到了某个另外的地方会重生变成实实在在的天才……但要想让这一切发生，我们需要一个新的原则和改换一个新的方向。这样的事情要求最低限度的打乱与变动。只需要让人们开始理解(他们会理解)这个宣泄之地是在未来的亚洲,我们的财富在那里,我们的海洋也在那里。

费奥多尔·米哈伊洛维奇!请听我说一句。我们开始对话的时候,我给您读了美国参议员的一段演讲的节选,演讲是在您《作家日记》停笔20年后做的。您还记得他说了什么吗?

我没有在谈论美国,我在谈论亚洲。

他也在说亚洲。他说:"从今以后,我们最大的贸易将是跟亚洲。太平洋是我们的大洋……"

请不要打断我!

俄国不会一下子就被掏空了,请相信我;这一切将会循序渐进地发生;先有一批人出发,不久他们的消息传来,就会吸引更多的人前往。当然这在广阔如大洋的俄国没有多少人能注意到……但是在那边,一定会被注意到。俄国人在亚洲定居的每一个地方,都会变成俄国的土地。一个崭新的俄国将会被创造出来,还会复兴古老的俄罗斯并让它焕发青春,将清清楚楚地显示给它未来的路。

在这前景里,基督在哪里?您知道——曙光将从东方照亮世界。

我们有一位年轻的学者发现了一份非常古老的纸页(folio),

一本“预言书”，约翰·利希滕贝格[①]（Лихтенбергера）著，1528年用拉丁语出版的。这本书描述了欧洲的未来和人类阴暗的画面……我只能背出提供给我的那几句……先预言了法国大革命（1789）和拿破仑一世，书中称他为“伟大的雄鹰”（aquila grande），接着说的是将发生在欧洲的事件：

> [拉丁文]
> Post hoc veniet altera aquila quae ignem fovebit in gremio spousae Christi et erunt tres adultery unusque legiutimus qui alios vorabit. Exsurget aquila grandis in oriente, aquicolae occidentales moerebunt. Tria regne comportabit. Ipsa est aquila grandis, quae dormiet annis multis, refutata resurget et conremiscere faciet aquiccolas occidentales in terro virginis et alios montes superbissimo, et volabit ad meridiem recuperando amissa, et amore charitatis inflammabit dues aquilam orientalem volando ad ardua alis duabus fulgens in montibus chrstinitatis.
>
> [在这之后会出现另一只鹰，他将在基督新娘的芳心深处点燃欲火，将会有三个自然之子和一位婚生子降生，后者将吞噬掉其他人。那只伟大的雄鹰将从东方飞起，居住在西方诸岛屿上的人会因痛苦而哀号。他将攫取三个王国。这只伟大的雄鹰将沉

① 约翰·利希滕贝格（Johann Lichtenberger），1503年去世，俄国占星家。

睡多年;即使他受伤了,他也会飞起来,会让居住在西方几条河边圣母玛利亚的土地上以及几座骄傲的高峰上的人发抖;他还会飞到南方,重拾之前失去的一切。上帝会点燃这只东方之鹰身上的博爱;他可能会为这个艰难的任务而飞,他的双翼将从基督教教义的顶点掠过。]

太厉害了。引起您注意这预言的"年轻学者"是谁?有可能是弗拉基米尔·谢尔盖耶维奇·索洛维约夫①(Вл. Сер. Соловьев)吗?

您怎么猜到的?您是谁,不管怎么说?

引用梅菲斯特,曾经被歌德引用过,"Allwissend bin ich nicht, doch viel is mir bewusst."[我并非无所不知,但大多数我都知道。]

回答我!您是……您知道我说的是谁?

什么让您想到……您在开玩笑吧?这相当简单。我查了很多资料。在您《作家日记》的英文版中,有列顿博格给这则"预言"的注释,从那儿我了解到,引起您注意这则预言的"年轻学者"是索洛维约夫,那时他刚二十岁出头,1875 至 1876 年间他在大英博物馆工作。索洛维约夫复述的应该是

① 弗拉基米尔·谢尔盖耶维奇·索洛维约夫(Vladimir Sergeyevich Solovyov, 1853—1900 年),是俄国著名的宗教哲学家、诗人、政论作家。

利希滕贝格 1528 年拉丁文版的“预言”作品。

您为什么说“应该”？

因为我查阅了 1528 年的版本，原来芝加哥图书馆藏有一本。他们寄给我一本复印本。我发现了“预言”星星点点散布在整部书里。为明白这一点，让我们按照那位年轻学者提供给您的内容的次序来拆分“预言”的句子或短语：

（1）POST HAEC VENIET ALTERA AUILA QUAE IGNEM FOVEBIT IN GREMIO SPONSAE CHRISTI ET ERUNT TRES ASULTERI UNUSQUE LEGITIMUS QUI ALIOS VORABIT.
（2）EXSURGET AQUILA IN ORIENTE, AQUICOLAE OCCIDENTALES MOEREBUNT.
（3）TRIA REGNA COMPORTABIT.
（4）IPSA EST ILLA AQUILA GRANDIS, QUAE DORMIT ANNIS ADHUC, REFUTATA RESURGET QUINCE ET CONTREMEISCERE FACIET AQUICOLAS OCCIDENTALES IN TERRA VITGNIS ET ALIOS MONTES SUPERBISSIMOS.
（5）ET VOLABIT AD MERIDIEM RECUPERANDO AMISSA.
（6）ET AMORE CARITATIS INFLAMMABIT DEUS AQUILAM ORIENTALEM VOLANDO AD ARDUA ALIS DUABUS FULGENS IN MONTIBUS CHRISTIANITATIS.

我在 1528 年的版本中找到了这些片段。他们分散在书中的许多页中，并以不同的顺序出现。

1）VOLABIT AD MERIDIEM RECUPERANDO AMISSA.(第

39 页,第 7—8 行)

2)TRIA REGNA COMPORTABIT.(第 39 页,第 13 行)

3)POST HAEC VENIET ALTERA AQUILA, QUAE IGNEM FOVEBIT IN GREMIO SPONSAE CHRISTI, ET ERUNT TRES ADULTERI, UNUSQUE LEGITIMUS QUI ALIOS VORABIT.(第 62 页)

4)ET AMORE CARITATIS INFLAMMABIT AQUILAM ORIENTALEM, VOLANDO AD ARDUA ALIS DUABUS, FULGENS IN MONTIBUS CHRISTIANITATIS.(第 72—73 页)

5)IPSA EST ILLA AQUILA GRANDIS, QUAE DORMIET ANNIS ADHUC QUINCE REFUTATA RESURGET, CUM LILIO GARRIRE INCIPIET, ET CONTREMESCERE FACIET, ET ALIOS MONTES SUPERBISSIMOS.(第 39—40 页)

"EXSURGET AQUILA IN ORIENTE"唯有这句没有找到出处。

6) IN AQUICOLIS OCCIDENTALILBUS IN TERRA VIRGINIS(第 40 页,第 9—10 行)

这些有什么用?

在最近出版的 Bolshoy Encyclopedicheskiy Slovar(《大百科辞典》)有下面这样一个词条介绍索洛维约夫:

> 索洛维约夫,Ⅵ,谢尔盖。(1853—1900)。俄国宗教哲学家……他教学的理念涉及宇宙作为基督教精神万象统一体连接……与 F.B.谢林①的那些……

① 弗里德里希·威廉·约瑟夫·冯·谢林(Friedrich Wilhelm Joseph von Schelling, 1775—1854),德国哲学家。

> 科学的进化主义同新东正教神秘主义的混合(“世界灵魂”概念)……发展出一种宇宙神权政治国家的乌托邦理想……影响了俄国宗教哲学。

我看出了您与这位“年轻学者”的密切相关性……有没有可能,这所学院向您展示列顿博格的预言,目的是为了让别人看到他对前景的展望跟一位文学巨匠的极为相似,从而引起对他本人的关注?这所学院是否是俄罗斯命定扩张说打动人心的代表呢?“来自东方的鹰”很明显就是指俄国。他的三个继承人是他吞并的三个帝国——英国、法国和土耳其——俄国在克里米亚战争中的敌人。在沉睡多年之后,他飞向南方“重拾之前失去的”——康斯坦丁堡——从而澄清这一固有观念(“康斯坦丁堡一定是我们的!”)。“Terra virginis”(圣母玛利亚的土地)指的是英国——“西边的诸岛”。(“那鹰会让居住在西方几条河边圣母玛利亚的土地上的人发抖。”)这个“预言”实际上起的作用是被用来发出号令。只需要找到合适的短语将它们按适当的顺序连接起来就行了。这种技巧被冒充内行的骗子们采用多年。

[陀思妥耶夫斯基沉默了很长一段时间,望着天。在那一刻,他转过头,充满仇恨地凝视着我。我问]

怎么了,费奥多尔·米哈伊洛维奇?您不舒服么?

您想我是生病了,是吧?或者是疯了?那个疯狂的俄式茶炊呢?还记得那个俄式茶炊吗?

什么俄式茶炊?

您知道。那些西方人说的,俄国的唯一的发明。

那它怎么了?

蜡烛安放在茶炊后面。闪烁着火苗;我身后墙上,恶魔的影子在晃动着——胡乱地、疯狂地晃动着。它在我后面,所以我看不到。但是您能看到。您坐在沙发上,在茶炊后面,给我讲着关于那个罪人,为了消磨永世,走一百万的四次方千米路的傻故事,您的呼吸吹动着蜡烛,让后面的影子晃动着。

您不记得了么?我给您讲的是莫斯科艺术剧院演出的《卡拉马佐夫兄弟》。坐在沙发上的是卡察洛夫,不是您。他既扮演伊凡(Иван)又扮演伊凡双重人(Ивана),恶魔坐在他对面,中间隔着那个茶炊。这场戏代表了伊凡的噩梦,就在他兄弟进来宣布斯莫迪雅科夫(Свямого Духа)自杀之前……

伊凡是我的双重人,您不知道?那就是我。现在我知道您是谁了。在茶炊后面把脸藏起来的是您。但是,不管怎样,我认出了您!

[画了个十字]

以圣子、圣父和圣灵的名义——走开吧!

原书后记

记录在此的对话确实发生过——在我的脑海里。我既为自己说话，也替我的对话者列夫·托尔斯泰、费奥多尔·陀思妥耶夫斯基、弗拉基米尔·伊里奇说话。在我看来，他们是把“俄罗斯思想”表达得最清晰和最雄辩的代表。有人或许会问我，真的存在或曾经存在过所谓的“俄罗斯思想”吗？我相信，任何一个人，只要好好读过这三个人的著作，都会回答“存在”（或在他们活着的时候曾经存在过）。任何熟悉俄国文学——虚构的也好，非虚构的也好——的人都会得出相同的结论。对我来说，俄国文学具有非凡的意义，这点读过本书的人都看得出来。

从某种意义上来说，这本书是我的自传（《确定与疑惑》，蒙特利尔：黑玫瑰图书）的续集。我从六岁起就开始阅读俄国文学，而且读了又读，一有时间就读，一生如此。现在，我已经很老了，我产生了一种强烈的欲望，想要同作者们谈话，告诉他们，他们的写作方式给我留下了多么深刻的印象，以及当我读到他们写的某些东西的时候，我是多么地惊愕。在托尔斯泰那里这种东西很少,在陀思妥耶夫斯基那里则很多,而列宁的全部作品都令我感到震惊。问题在于怎样让他们开口。我该怎么做?看起来,似乎只能由我代替他们说话,这样才有机会指出他们对人类生存状况看法上的欠缺,显然,我占据一项优势——我比他们分别多活90年、130年和70年。我决定让对话(大部分)变成一场持续的辩论,我很清楚我要说什么。然而,我还得虚构出他们的回应,用美国杂耍团的行话来说,就是得让他们成为合格的"搭档",这给了我很大压力。这么做会让这项艰苦、复杂而又有冒险性的事业显得像是我一个人在演独角戏。我寻找一种方式,尽量让他们坚持自己的立场,保持自己的尊严,尽管在得知身后发生的事情之后或许会令他们的信念动摇。于是我试着从他们的角度来思考。假如我被某人召唤到22世纪,他会如何向我解释那个世界的事?关键在于向我指出,我的世界观和对那个世界的猜测有哪些合理和深刻之处,又有哪些幼稚和荒谬的地方。因此,作为有后见之明的当事人,我能怎样复制我自己身在其中的当年的场景呢?我思考这个问题,费了很多时间,但一无所获。

有一阵子,我想过把这本书改成一部书信集。我想找一个能为我那三个俄罗斯人的思想体系做辩护的对话者。我尤其想找一个陀思妥耶夫斯基说的"俄罗斯灵魂"(the "Russan soul")的优越性的捍卫者,捍卫耶稣的话代表的绝对真理,捍卫俄国东正教培养出来的拯救全人类的希望。现代俄国作家当中有谁最像陀思妥耶夫斯基？很多人会说是索尔仁尼琴。他与陀思妥耶夫斯基的共通之处在于强烈的爱国主义。他或许会挑战我的世界主义，或许会很难对付。但是，当然啦，要想同索尔仁尼琴保持长期的通信联系又是不可能的。此外，我还得再找两个人：一个为老年托尔斯泰在科学、艺术、政治以及两性关系上的观点辩护；另一个为列宁的执着辩护。托尔斯泰意识形态的继承人除了和平主义者就再也没人，但是他们的观点对我构不成挑战。至于列宁的后继者，或许还有几个“强硬派”留在“后公开化”的俄国，但我实在不认为自己能从这帮人里拽一个过来跟他认真探讨列宁主义。

我放弃了同活人进行辩论或者利用当代作家的想法。我读了三本不同的托尔斯泰传记，都写得很棒。评论陀思妥耶夫斯基的文章很多，有俄语的也有英语的，够我读好几年呢。至于列宁，我找到了一个开明的前苏联高级官员写的两卷著作，这个人从莫斯科的俄罗斯近代史保存与研究中心(RTsKhIDNI)收集了很多资料。

最后，我从被我忽略的东西里找到了解决方案。多伦多大学罗伯特图书馆里藏有托尔斯泰全集(共90卷)、陀思妥耶夫斯基全集(共26卷)以及列宁全集(共55卷)——都是俄文的。这些作品集充分显示了只有俄罗斯人才具备的“俄罗斯灵魂”：托尔斯泰有整整一本文学、科学、艺术与信仰方面的专题论文，陀思妥耶夫斯基有一部热情洋溢的《作家日记》,列宁三十年间一直在写批判文章。

这本书的格式现在已经定形。对话者的台词要么是他们著作里的原文,要么是原文的概括。托尔斯泰和陀思妥耶夫斯基的信仰、偏好和烦恼都可从他们的非虚构作品里看出来,也可从虚构作品里推断出很多。列宁当然没写过虚构作品。他不像托尔斯泰和陀思妥耶夫斯基那样喜欢倾泻出自己的思想感情,他几乎从来不用第一人称。然而,“俄罗斯灵魂”(一用到这个陈腐的词我就忍不住想放弃,然而它很切题)依然闪耀在列宁一泻千里的说教里,跟在另外两个自我剖析者的“忏悔”里一样明亮。

现在有必要对“俄罗斯灵魂”下个定义了。这很不容易,因为这方面的著作甚多,内容繁杂,牵涉很广,更不要说从中找出某些共同元素了。在我心里冒出来的有“感情强烈”“斗争”“几乎人人都有对悖论式矛盾的看重”“赞美苦难”“沙文主义”等等。但是,怎么能保证这些词语恰好就是要定义的这个概念的涵义呢?“俄罗斯灵魂”最频繁地出现在陀思妥耶夫斯基的小说人物以及契诃夫的戏剧角色身上,现在看来尽现陈腐。德米特里·卡拉马佐夫和他深爱的格露申卡(Грушенька)当然是其最鲜明的代表。另一个明显症候是把受苦受难明确地等同于救赎之路,特别是在陀思妥耶夫斯基的全部创作中。托尔斯泰在他的几次“忏悔”中做出的令人困扰的自我考问,显然是他内心挣扎的表露。至于列宁,在每种所能想象得到的情况下,他所做的全力以赴的、毫不回避的、无尽的斗争，构成他留下的文字的内容。然而，如果“斗争”被确认为是这三个人都有的强迫症，那我们也必须把它同荷马、伯特兰·德·波恩、H.冯·特赖奇克或者丁尼生（Tennyson）所歌颂的英雄豪情区别开来。我的对话者们痴迷的“斗争”是形而上学的斗争，是经院哲学家们辩论的现代延续。实际上，它一直是俄国知识分子那无休无止的争论的重要成分。列宁的《唯物主义与经验批判主义》——本书用了整整一章来讨论它——就是这种争辩的奇妙个例。

内心的矛盾（斗争的一个方面）还清楚地表现在三个人物身上，即表现在他们直言不讳的爱憎强迫症上。在对死亡的恐惧和对死亡的否定之间挣扎多年之后，托尔斯泰最终认同上帝不朽和归顺上帝之爱。然而，他对娶为妻室的那个女子最初狂热的爱却转变成了憎恨。从写的东西判断，列宁明显是不满于社会现状者。理查德·派普斯（Richard Pipes）在他的著作《不为人知的列宁》（*The Unknown Lenin*）里也是这么确认的。他还提到高尔基的判断，在后者看来，列宁“一般来说”是爱人的，但带有自我限定。

> 穿过历史的层层迷雾，他爱注视着遥远的前方。也就是说，他“爱”的并不是人类的现状 ，而是未来的新型人类，因为他相信革命会成功并且会培育出新式的人类。

有一阵子,我曾考虑过用一整章来盘问列宁对私人感情的看法,也许还能将话题引导到他同阿芒之间的关系上去。但我最终还是放弃了这个主意,因为我认为不论他怎么回答都不是"原汁原味"的。我似乎不可能想象出一个谈论普通人际关系的列宁。

"扮演"陀思妥耶夫斯基是最难的。托尔斯泰和列宁都是"完好的人",而陀思妥耶夫斯基在我看来可以说是一个十足的"吉基尔-海德"[①]。吉基尔是个可怜人,他对虐待儿童的行为非常反感,也极为厌恶人们的偏见,因为这些人自己就是些爱与恨、虔诚与不信的古怪混合体;"海德"的精神则体现在尼采的胡言乱语和《启示录》之中,其中还混杂着19世纪欧洲平庸的现实政治(realpolitik)。

陀思妥耶夫斯基的文学生涯是从《穷人》开始的,这本书描写了一个可怜的"终身空有头衔的资政"(俄国官僚等级中倒数第二级)。这个人的情况和果戈理的《外套》里描写的那个阿卡基·阿卡基耶维奇(Акакия Акакиевича)很相似,这两位作者对那些穷苦人的同情心也很相似。阅读N.安德列耶夫(Н. Андреева)为陀思妥耶夫斯基的《死屋手记》所写的序言让我感到震惊:

---

① 吉基尔-海德(Jekyll-Hyde)是英国小说家R. L. 斯蒂文森所著小说《化身博士》中的人物,是具有双重人格的人。

> 作者的处女作不仅为那些“受侮辱受损害”的人做了辩护，还抨击了果戈理及其著名作品《外套》……一部荒诞的讽刺故事——讲述了一个低等文官想要一件新外套……本书以充满感伤色彩的悲剧代替了讽刺，当主人公读到《外套》的时候曾愤怒地指责果戈理的讽刺有损于人类尊严，这也正是作者的观点。

杰武什金(《穷人》里的低等文官)确曾指责果戈理不该对他那种卑微的人生说三道四，但是，在读《外套》之前，他还读过普希金的小说《棺材老板》(讲的也是一个被不幸摧毁的人)，并称赞其精湛独到(“我自己也会这么写。”他在给那位送他这本书的年轻女性写信时这样说过)。不管怎样，我觉得很难相信陀思妥耶夫斯基是在借杰武什金之口抱怨《外套》。我觉得那是人物自己的反应，因为他在这个故事里看到了在接受调查的自己，而不是看到某位棺材铺老板(他不是文官)。我可以用更多的研究来证明此事，但我没有。不管怎样，陀思妥耶夫斯基认为果戈理(而不是托尔斯泰)、普希金和罗蒙诺索夫是俄罗斯的三位实在的天才。假如他因为《外套》而抨击果戈理，那只能证实我的印象，他有多重撕裂心理。

陀思妥耶夫斯基的永恒困境(“自我”的矛盾心理)在《双重人格》(显然受到果戈理《鼻子》的激发)中以最为怪诞

的形式表现出来，又在伊凡(Иване)(《卡拉马佐夫兄弟》)和斯塔夫罗金(Ставрогине)(《群魔》)两人身上表现得最具悲剧性。我选择了从前者入手来集中讨论陀思妥耶夫斯基的这个方面。

最后，我觉得有必要讲一讲陀思妥耶夫斯基那粗暴的沙文主义和种族主义(有一次或两次在发表猛烈抨击时，他提到“雅利安种族”)，还有这两种主义同他的宗教神秘主义的关系。在《作家日记》里有前一方面的大量材料，而后一方面的材料存在于他最伟大的长篇小说里。(自从我在七十年前读了《卡拉马佐夫兄弟》之后，就一直对里面的“大法官传奇”一节念念难忘。)出于某些“技术上的原因”，我偶尔不得不让陀思妥耶夫斯基“忘记”他所知道的(地狱提供了相应的条件)我们这个时代发生的事件——尴尬的手法，但却是我想得出来的唯一的解决办法。

我在“研究”中有一个小发现，它可能是会令研究陀思妥耶夫斯基的学者感兴趣的新发现。在《作家日记》1877 年5—6 月卷上，陀思妥耶夫斯基引用了一个名叫约翰·利希滕贝格的人的一段“预言”，据说此人曾在 1528 年预言，一只强大的鹰将会出现在东方，将从土耳其手中夺回君士坦丁堡，将惩罚西方诸岛(英国?)的居民即惩罚处女(伊丽莎白一世?)领土上的居民，并将把基督的永恒“真理”带给全人类。陀思妥耶夫斯基引用了这则预言的拉丁文原文，并附有俄文译文，还说是一位青年学者叫他注意这则寓言，那青年是从伦敦皇家图书馆的一本书(陀思妥耶夫斯基推测,可能是现存的孤本)里找到的。这段预言显然和俄罗斯的“命定扩张说”一致,它令陀思妥耶夫斯基着迷。

我发现,在芝加哥的一家图书馆里竟然有利希滕贝格1528 出版的这本书,我得到了此书的一份缩微胶卷。我对这则“寓言”的研究揭示,它是拼贴出来的:就是说,第 11 章那一段拉丁文引文是用散见于不同页面并且是在不同语境中的只言片语连缀而成。这个结论使我相信,要么是叫陀思妥耶夫斯基注意这则预言的那位“青年学者”在愚弄陀思妥耶夫斯基,要么是他本人也像陀思妥耶夫斯基一样对俄罗斯的“命定扩张说”着了迷。

其实,正是这种痴迷使我相信陀思妥耶夫斯基真的患有临床意义上的精神疾病。

由于做了这种推测,本书第 7 章(引入陀思妥耶夫斯基)我背离了一直采用的做法,即我的对话者的台词要么是他作品里的原文,要么是从他们全集不同作品中搜集来的材料的转述。

回想起来,我几乎后悔自己使用了这种变通的做法,因为这样对待一个我部分崇敬又部分鄙视(我自己的俄罗斯矛盾心理)的人的亡灵可能是不恰当的。然而,我还是决定保留它。毕竟它是我在创作这本书的过程中所经历的一部分。谨此向费奥多尔·米哈伊洛维奇的阴魂和将不得不包涵这种做法的他的崇拜者们致歉。

阿纳托尔·拉波波特

附录

阿纳托尔·拉波波特简历

出生:1911 年 5 月 22 日,洛佐瓦亚(Lozovaya),俄国。

公民身份:美国,1973 年在加拿大获准永久居留。已婚,三个孩子分别出生于 1952 年、1957 年、1962 年。

教育:1922—1929 年,芝加哥公立学校;1929—1934 年,维也纳,国立音乐和表演艺术学院;1937—1941 年(1938 年获科学学士学位,1940 年获科学硕士学位,1941 年获数学博士学位),芝加哥大学。

服兵役:1942—1946 年,美国空军,中尉,后升为上尉。

学术职位

1946—1947 年,数学讲师,伊利诺州技术学院。

1947—1954 年,研究成员,后为助理教授,数学生物学委员会,芝加哥大学。

1955—1970 年,副教授,后为教授和资深数学家,精神健康研究所,密歇根大学。

1970—1980 年,心理学和数学教授,多伦多大学。

1980—1984 年,高级研究所所长,维也纳。

1984—1996 年,和平和冲突研究教授,多伦多大学。

1996 年，心理学退休教授，多伦多大学。

客座教授

1961—1962 年，华沙大学。

1968 年，高级研究所，维也纳。

1968—1969 年，丹麦技术大学。

1976—1977 年，高级研究所，维也纳。

1978 年，微观技术的研究和发展国家研究所，柏林。

1978 年，广岛大学。

1988 年，曼海姆大学。

1989 年，慕尼黑大学。

1991—1999 年，伯尔尼大学，每年夏天。

编辑职务

《一般系统论》主编。

《冲突解决期刊》副主编。

《行为科学》副主编。

《普通语义符号学》复审。

大约 10 种期刊的编辑部成员。

荣誉和奖项

1954—1955 年，研究员，行为科学高级研究中心。

1960— ，研究员，美国艺术和科学院。

1971 年,人文学术名誉博士,西密歇根大学。

1975 年,楞次国际和平研究奖。

1983 年,一般系统研究学会终身成就奖。

1986 年,法学名誉博士,多伦多大学。哈罗德 D. 拉斯韦尔奖,政治心理学杰出科学贡献。

1995 年,科学名誉博士,皇家军事学院。

1997 年,名誉博士,伯尔尼大学。

著述

《科学和人类目标》,1950 年。

《操作哲学》,1953 年。

《争斗、博弈和辩论》,1960 年。

《战略和良心》,1964 年。

《囚徒困境》(与 A. M. Chammah 合著),1965 年。

《二人博弈理论》,1966 年。

《N 人博弈理论》,1970 年。

《中国式扑克》,1971 年。

《人类造成的环境中的冲突》,1974 年。

《语义符号学》,1975 年。

《2×2 游戏》(与 M. Geyer 和 D. Gordon 合著),1976 年。

《社会科学研究中的数学方法》(德文),1983 年。

《社会和行为科学的数学方法》,1984 年。

《一般系统论》,1986 年。

《暴力的起源》,1989 年(修订版,1995 年)。
《决策理论和决策行为》,1989 年(修订版,1998 年)。
《加拿大和世界》,1992 年。
《和平——这个理念的时代已经到来》,1993 年。
《确信和怀疑》(德文),1994 年。
《确信和怀疑》(俄文),1999 年。
《确信和怀疑》,2000 年。

其他

《C. von. 克劳塞维茨论战争》,编辑多卷本,1968 年。
《作为冲突解决理论的博弈论》,编辑多卷本,1974 年。
期刊文章,约 400 篇。
名字作为词条收入约 10 种百科全书。
撰写一章,收入约 40 本书。

学术团体成员

美国数学学会,数理生物学学会,国际普通语义符号学学会(1953—1955 年担任主席);
一般系统研究学会(1965—1966 年担任主席),加拿大和平研究与和平教育协会(1972—1975 年担任主席),争取和平的科学(1984—1986 年担任主席)。

(由校者译自本书俄文版附录)

校者附言

最近一年一直在校订一部译稿,《与俄罗斯人的对话——两个世纪社会进化的系统论观点》。这是系统论的四位创始人当中唯一活到 21 世纪的 A. 拉波波特(1911—2007)在 92 岁时写完的一部书。我于 2000 年在作者家中同 89 岁的他生活了一周。在告别的家宴上,当着全家人的面,老人把自己还在写的这本书的中文版版权授予我,而我也允诺将来一定要在中国做出一个中文版。没想 7 年后作者就离世了,而这个中文版在 12 年后的今天才完成翻译和校改。不过,我终于可以告慰作者的在天之灵,答应过他的可能很快就要实现了。

为了对作者和读者负责,我花了一年时间校订三位年轻译者的译文;其实自己也来日无多,但是我觉得这一年时间花得值,并且很愉快,因为我一直沉浸在丰富的学识和精彩的思想当中。本来校订完译稿也就完事大吉了,然而,实在是有若干感慨在心中难以释怀,我相信,倘若作者依然在世,我写信征求他的意见他也会同意；再请读者谅解，就让我写两则感言附于骥尾吧。

我的第一则感言是：中国知识分子，包括我自己在内，要不断拓展自己的知识结构，提升自己的人格。李慎之先生曾说"顾准是一个够格的知识分子"。拿这个标准来衡量，我敢说，本书作者，阿纳托尔·拉波波特，不但是一个够格的知识分子，而且是一个很够格的知识分子。

同他相比，我们当中没有像他这样的知识分子。他在俄国出生，在那里生活了 10 年，在美国生活 39 年，加拿大 28 年，奥地利 10 年，在美国阿拉斯加 2 年，波兰、丹麦、墨西哥、印度和德国各 1 年。我们当中，谁有他这样全球性的生活阅历，谁有他这样广泛和深入的对俄罗斯、西欧、美国和加拿大社会的由直接观察得来的实际知识？他是一个真正的世界公民，而我们绝大多数人都囿于一国一隅，眼光和见识肯定就有差距了。

同他相比，我们中国也没有这样的知识分子：他能自如地运用俄语、英语和德语这三种语言交谈和写书，还能阅读意地绪语（犹太语）、乌克兰语、波兰语和丹麦语。譬如本书，他就是用俄语和英语两种文字撰写，两种版本几乎同时出版。有这样的语言能力，获取知识、进行交流和搞创作当然就便当了。试想我辈，就拿我自己来说吧，几十年都在学外语，曾经把俄语学到能自如阅读，可是，在耽搁十年之后，一学英语就把俄语慢慢完全撂荒了;英语三十几岁才开始学ABCD,以后四十几年,天天都花点儿时间在学,最后只落得事三倍而功半,勉强能敷衍应用而已。但我想问,五十年代学俄语的一代中国读书人,谁又比我强一些呢?须知,人类社会的文化信息库,目前85%的纸质出版物和网上信息流都是英语,如果你没能同这么大的知识份额充分接通,你能说自己是很够格的知识分子吗?

同他相比,我们中国也没有这样的知识分子:他属于最重视文化和教育的犹太民族,从小接受家庭教育,奠定古典文化基础。就拿阅读托尔斯泰来说吧,他说自己四岁启蒙用的是托尔斯泰写的小故事,六岁开始阅读托尔斯泰的文学作品,读了一辈子,只要有空就读。他把这位伟大作家称作"我的第二个父亲"。2000年,我在他家小住的时候,曾陪他到多伦多大学图书馆借《托尔斯泰全集》第44卷,现在还保留有照片,可以做证。他怕自己的孩子不读古典作品了,于是家里从来没有电视机;而他自己,十岁随父母离开苏联后,先是被送到美国芝加哥接受完备的中学教育,然后回欧洲的"音乐之都"维也纳接受正规的钢琴演奏训练,最后在芝加哥大学四年内把科学学士、科学硕士和数学博士三个学位都拿下来了。古典文化、钢琴、科学、数学,这么大跨度的知识结构,着实令我辈读书人羡慕不已。你再看,作为数学家和科学家,88岁的他还在加拿大举办面向全市的个人钢琴独奏音乐会，试想，我们的数学家和科学家当中，谁有这样的艺术造诣，还有本书透露出来的那样深的文学修养和哲学思维？更何况，A. 拉波波特在多伦多大学是教心理学的终身教授，还获得过哈罗德·拉斯韦尔政治心理学杰出成就奖。

此外，我们中国这几代知识分子，参与过一门新学科创立的都很难举出几位，而本书作者参与过 20 世纪出现的四门新学科的创立——操作主义哲学、博弈论、语义符号学和一般系统论。就拿我了解比较多的一般系统论来说，中国知识界熟知的是 L. 冯·贝塔朗菲创立了一般系统论，而事实上这个说法是不准确的。准确的说法应当是，1954 年 L. 冯·贝塔朗菲与同时任美国科学促进会主席的经济学家 K. 保尔丁，博弈论数学家 A. 拉波波特，神经心理学家 P. 韦斯共同创立了一般系统论。那一年他们四个人发起成立一般系统论学会（后改名为一般系统论研究会），出版会刊《行为科学》杂志，编辑出版《一般系统年鉴》，汇集每年在一般系统论领域发表的重要论文；并且，在随后几十年里，每年召开国际性的学术年会，不断促进一般系统论的发展。事实上 P. 韦斯很快就退出了这项工作，不久 K. 保尔丁就去世了，而 L. 冯·贝塔朗菲在代表作《一般系统论——基础、发展和应用》出版之后四年，于 1972 年也离开了这个世界。因此，在长达半个世纪的时间段里，一直在这门新学科里从事研究、写作、组织和编辑的 A. 拉波波特，实至名归地在 1983 年被一般系统研究会授予终身成就奖。

我曾于1994年组织翻译出版A. 拉波波特撰写的一本《一般系统论》,遗憾的是在某省的一家出版社出版,只印了1000册,因此中国知识界没有多少人读到。希望随着本书的出版发行,中国知识界能有更多的人认识A. 拉波波特这个为一般系统论的创立和发展做出重大贡献的科学家,认同他的系统思维。通过阅读这本书,学习他的科学精神,学会心平气和地、相互尊重地用系统思维讨论问题。

作为一个很够格的知识分子,A. 拉波波特有他自己独立的人格、担当和情怀。刚成为年轻的钢琴家和数学家时,面对世界法西斯主义的猖獗,在被授予数学博士学位的第二天,他就穿上军装走向了二战战场。跟同时代许多欧美知识分子一样,他也曾经受到世界革命大潮的裹挟,憧憬过布尔什维克开创的共产主义远景,加入过美国共产党,可是他很快就从自己遭遇的“喀琅施塔德”当中清醒了——在李森科的科学叫嚣及相关科学家受到政治迫害之后,他退出了共产主义运动。他对资本主义也有独立的分析和判断,晚年的政治倾向是民主社会主义。尽管10岁就离开了俄罗斯,然而A. 拉波波特始终把这个国家当作自己的祖国,怀着从未割舍的家国情怀,注视着它的历史进程,并把生命的最后几年献给对“俄罗斯灵魂”的分析。此外,作为一个世界公民,A. 拉波波特时刻关心人类命运。他是个和平主义者,中年以后,他花很多时间研究战争与和平问题，并且，在本书结尾处，他讨论的最后一个问题是“人类是否能通过对真善美的一致认识走向统一”。

同这样一个很够格的知识分子相比，跟他同时代的中国知识分子立刻显得相当可怜。先是五四运动同传统文化断裂，继而中体西用只学皮毛不学内在精神；50 年代又割断西学全盘苏化，院系调整后办专科大学培养匠人，文理分科造成知识面更加狭窄；十年“文革”砸烂封资修黑货，上山下乡培养出一代半文盲；新时期高考在分数面前人人平等肯定是一大进步，可是应试教育又让新一代都成了从小就戴上眼镜的人格萎缩的考试机器。抛开社会和政治层面不说，单就知识层面而言，你不觉得 20 世纪一代一代的中国读书人被折腾得很可怜吗？在世纪的终点终于冒出钱学森之问：“为什么我们的学校总是培养不出杰出人才？”这“杰出人才”依我看就是这里讲的“很够格的知识分子”。怎么办？现在还活着的知识分子只能自强自救，不断拓展知识结构，不断提升自己的人格；未来寄希望于文化体制改革松绑，教育体制改革减压，留学归来一代开启新风，最后就得靠有见识的家长，像 A. 拉波波特的父母一样，给孩子安排跨国教育和通识教育——不局限于培养专才，而是着意于培养通才；专注孩子的素质教育，而不是只盯着考试分数。

我的第二则感言是：俄国的知识分子和中国知识分子，

都有一个“去文艺腔”的问题。这个问题源自前些年热过一阵儿的一本书《中国不高兴》。由于跟作者当中的黄纪苏是朋友，于是我有幸获得一册。通读之后有两个收获：一是知道了他们几位的路数；二是学到一个说辞——“去文艺腔”。他们的意思是中国的知识分子，特别是“文革”十年先造反然后又上山下乡的一代，由于数学、逻辑和自然科学训练欠缺，沉迷小说、诗歌、电影和歌曲这类文艺作品，缺乏世界历史知识，对国外现状一知半解，故其言谈和写作认识肤浅，思维混乱，不讲逻辑，缺少分析，徒有华丽的辞藻和激昂的感情，直至操持油腔滑调的痞子腔。这种“文艺腔”不能适应中国崛起后的大国担当，所以他们认为一定要尽快去掉。他们无疑是抓住了一个很有价值的重要问题，而我在校阅 A. 拉波波特《与俄罗斯人的对话》这部译稿的过程中，常常想到的是要提升这个问题，把它上升成“俄国的知识分子和中国知识分子，都有一个‘去文艺腔’的问题”。

先说俄国的知识分子。俄罗斯是只有 1100 年文明史的斯拉夫民族，其地域恶性扩张但始终处在相当封闭的状态。如果没有经历改变西欧社会的文艺复兴、启蒙运动和宗教改革三场运动，他们就不可能走出中世纪；或者，像中国人民大学国际关系学教授金灿荣 2014 年在中央电视台做节目时讲的“我跟许多欧美学者接触，发现在他们眼里俄罗斯就是农村，俄国人就是乡下人”。18 世纪初，彼得大帝从莫斯科迁都圣彼得堡，俄罗斯才开始接近和学习西欧，特别是学习法国的文学和艺术。这个民族自命不凡，但他们的天才畸形发展。他们出军事家，出革命家，出科学家。他们在音乐、绘画、芭蕾诸领域创作的奇葩异果在世界享有崇高的声誉。最独特的是，他们的文学出奇地发达，普希金、莱蒙托夫、克雷洛夫、果戈理、屠格涅夫、列夫·托尔斯泰、陀思妥耶夫斯基、车尔尼雪夫斯基、契诃夫、高尔基、A. 托尔斯泰、奥斯特洛夫斯基、马雅可夫斯基、法捷耶夫、肖洛霍夫，这是一长串熠熠生辉的名字，都是具有世界声誉的文学家。更奇怪的是，他们的哲学出奇地不发达，连一个著名的哲学家都没有，更不要说什么世界影响了。别林斯基算得上是个思想家，可他也是通过对文学作品发表评论来阐发自己的思想。赫尔岑也算得上是个思想家，可他仍然是从写三部长篇小说出道，以撰写七卷本《往事与随想》入土，中间写了几篇鼓吹革命的文章，却想把俄罗斯引向民粹主义和建农民国家的错误道路。这种文化传统延续下来，20 世纪末导致苏联解体的思想解放运动，仍然是文学家打头阵，代表人物就是获得诺贝尔文学奖的写《日瓦戈医生》的帕斯捷尔纳克和写《古拉格群岛》的索尔仁尼琴。文学，当然有重要的社会功能和广泛的群众基础，可是靠文学作品支撑起民族的精神大厦，靠文学作品完成本民族的历史反思、文化批判、思维方式改变、价值重建并为社会指明正确的发展方向却是不可能的。质言之，文学家可以做社会的良心，却不可能做社会的大脑。

“托尔斯泰代表俄罗斯文学的广度，陀思妥耶夫斯基代表俄罗斯文学的深度”，这是一个广为流传的说法。然而，本书作者、俄罗斯出生的犹太学者 A. 拉波波特，在离开俄罗斯并在欧美生活大半个世纪之后，用他的阅历和观察，用他的数学和科学知识，用他的逻辑思维方式，用他的系统思维方式，回望祖国并同这两个俄罗斯文学泰斗对话，尽管仍然尊敬和热爱他们，可还是不得不指出他俩思想的陈旧。这里，只需提到托尔斯泰对西欧文明的抵触和陀思妥耶夫斯基对“命定扩张说”的痴迷就够了，其余，读者可以自己到本书当中去品味。再看被誉为“俄罗斯的良心”和“又一个陀思妥耶夫斯基”的索尔仁尼琴。尽管他毕生同专制主义和暴政斗争并受尽折磨，可是，当他经西欧来到美国后，又毫不留情地批评自由主义，痛斥庸俗的物质消费主义，而在苏联解体后恢复名誉荣归祖国，他又大骂戈尔巴乔夫和叶利钦毁了苏联，呼吁“回到俄罗斯的传统”。然而，这“传统”是什么呢？他也说不清楚，所以只能倒退回双头鹰国徽、新沙皇、东正教和命定扩张说。在我看来，索尔仁尼琴显得昏头昏脑，整个俄罗斯民族显得昏头昏脑，原因是他们——借用美国总统奥巴马的用语——“缺乏理性”，于是就难免原地打转转。你说，俄罗斯知识分子不补上文艺复兴—启蒙运动—宗教改革的课程，不“去文艺腔”，不增强哲学理性思维，他们能引领自己的民族走出这怪圈吗？

再说中国的知识分子。我们5000年一脉相承的文化传统，尽管有争论，或只3700年——从发掘出来的商朝的甲骨文算起；然而，有一点是毫无疑问的，在周朝封建制演化到春秋战国时代，在人类所有民族当中，唯中国出现了可以同古希腊媲美的哲学繁荣——诸子哲学，百家争鸣。然而，自从西北边陲的蛮族秦国用武力终结封建制，统一中国，建立中央集权，确立皇权官僚专制主义的政治体制之后，焚书坑儒实行文化专制主义之后，接下来汉承秦制独尊儒术之后，中国被称为“士”的知识分子的理性思维和精神创造能力就被压制住了。代之而起的是两汉经学、印传佛学、魏晋玄学、宋明理学和清代考据学，都主要是在炒冷饭；虽然不能说没有任何学术进步，但是绝没有先秦诸子的精神气象了。在科举做官、文字狱和儒道释三教合流的社会环境下讨生活的中国士人，绝大部分走向了古代的“文艺腔”：书法篆刻，写诗填词，游山玩水，琴棋书画，松竹兰梅，古玩戏曲，散文小说。五四新文化运动之后，受西欧和俄罗斯影响，中国知识分子走向近代的“文艺腔”：白话的诗歌、小说、戏剧这些文艺形式成为中国新文化的主流，鲁郭茅巴老曹——鲁迅、郭沫若、茅盾、巴金、老舍和曹禺，这些文学家是新文化的代表人物。而上世纪的中国革命则一直是在群众性的朗诵诗歌、唱革命歌曲、演话剧、放电影、打腰鼓、扭秧歌和喊口号当中高歌猛进。

1949 年建国后,经过“反右”和“文革”两次大规模摧残,这近代的“文艺腔”便蜕化成当代的“文艺腔”,《中国不高兴》的作者们讲的那种等而下之的“文艺腔”。

中国的知识分子有必要“去文艺腔”,因为非此中国不能理性地认识自己,不能理性地认识世界,不能完成中国的启蒙运动,弄不好还会重蹈覆辙和再遭劫难。回望上世纪的中国知识界,我认为有两个人是始终明白的明白人,一个是胡适,另一个是张东荪,而恰巧两人都是留过洋的哲学博士:前者是美国哥伦比亚大学的哲学博士,后者是日本东京帝国大学的哲学博士。其他人,对不起,就像 A. 拉波波特在本书中讲的俄罗斯的知识分子那样:由于不懂哲学,于是“在德国哲学面前像小学生生一样,表现得过分恭敬”;我还要补充说,由于哲学修养和科学训练都不足,中俄知识界还长期地非常幼稚地把黑格尔辩证法当牛顿力学三定律使用。即便是中国新文化运动主将鲁迅,后半生不也写出“贾府的焦大是不爱林妹妹的”这样的话吗?中国的知识分子有必要“去文艺腔”,还因为舍此他们不可能以“己之昏昏”而令“人之昭昭”;换句话说就是,中国知识界必先完成自身的启蒙,然后才可能完成全民族的启蒙。毛泽东有一句话说得很对,“严重的问题是教育农民”。在农民的汪洋大海当中,只有一两个知识分子是明白人是不够的。

参照两个世纪以前欧洲的启蒙运动,我认为中国的启蒙运动最正确的思路是回到春秋战国时代，回到诸子百家，培养和发展独立的哲学思维。这当然不够，还要阅读和借助西方哲学。仅就阅读而言，我认为中国知识分子只读希腊神话不够，还要读柏拉图和亚里士多德；只读莎士比亚不够，还要读休谟和洛克；只读巴尔扎克不够，还要读孟德斯鸠和卢梭；只读歌德不够，还要读康德和尼采；只读马克·吐温不够，还要读皮尔士和杜威。否则就学偏了，只有文学感性而无哲学理性。在当代新的历史条件下，只有哲学理性还是不够的，还要有科学精神、科学训练、科学知识以及科学思维方式。深入学习科学史和阅读优秀科普读物不失为简便易行的方法。只懂高中物理课讲的力学和电学远远不够，还要学习和掌握20世纪的科学革命的成果相对论、量子力学、分子生物学、大爆炸宇宙学和系统科学的基本知识。假如中国有一批打破学科界线、学贯中西、文史哲不分家，既有哲学理性又有科学修养，甚至还有艺术修养的，像本书作者A.拉波波特这样够格的和很够格的知识分子，那么中国的学术界就会变样，中国人的精神境界就会变样，“钱学森之问”就会有答案，杰出人物就会涌现出来，否则就只能是继续操“文艺腔”混日子和打混仗，并让历史还是在原地循环。

在两则感言写完之后，我还要做几点说明。如前所述，本书作者同时创作和出版了英文版和俄文版，现在这个中文版是照英文版翻译的。可是，由于我手头也有俄文版，而我早年也学过俄文，基于这样一个方便的条件，全书正文开头在飞机上的几句对话，他们二位本来就是用俄文讲的，我就直接取俄文版的俄文对话了。我觉得这样更真实。

本书共计 16 章，黄觉翻译的是第 1、2、3、4、8 章，唐云燕翻译的是 5、6、7、9、10、11 章，高云翻译的 12、13、14、15、16 章。我做的工作是统校全稿，撰写中译本序言和校者附言，配置插图，以及其他有关事宜。我对全书译文质量负责，读者批评指正可以用电邮发给我，我的邮箱是：minjiayin@ vip. sina. com。最后，我衷心感谢三位译者的艰辛劳动。除此之外，我还要感谢布达佩斯俱乐部中国分部副主任陈明先生，他担负起分部的大部分工作，使我在过去一年多的时间内能专心校稿。感谢香港张岩峰先生，他帮助联系出版，做了许多工作。感谢漓江出版社前社长郑纳新先生、现任副总编吴晓妮女士，他们始终积极支持这个选题。当然，还要感谢本书责编王红军先生付出的辛勤工作。

闵家胤

2015 年 11 月 23 日